DRIAULT - RANDOUX - BIZEAU

COURS COMPLET DE

GÉOGRAPHIE

Cours supérieur

LAROUSSE   PARIS

Cours complet de
GÉOGRAPHIE

Cours supérieur

AVANT-PROPOS

Ce *COURS SUPÉRIEUR* comprend :

1° Des **notions de Géographie générale** qui, s'appuyant sur les connaissances de sciences physiques et naturelles que possèdent les élèves du cours supérieur, et faisant appel à l'intelligence autant qu'à la mémoire, donnent dès l'abord à ce cours un caractère *explicatif* autant que *descriptif*;

2° Une **revision**, conforme au programme officiel, de la **Géographie de la France et de ses Colonies**, en leurs grandes régions naturelles avec leurs ressources si variées;

3° Une étude très neuve de l'**Europe physique et économique**, en ses nouvelles limites politiques telles qu'elles résultent des traités qui ont terminé la guerre de 1914-1918;

4° Une étude générale des **Grands Pays du Monde**, avec les **productions** essentielles qui constituent leur contribution à la circulation économique universelle.

Nos 50 leçons, selon la méthode qui a fait le succès de nos volumes précédents, suivent l'ordre logique de l'étude de la nature, puis du travail de l'homme.

Nos lectures complètent les leçons par des précisions sur les points essentiels : notes et récits empruntés à des voyageurs et explorateurs, études économiques, descriptions poétiques et pittoresques.

Nos 50 cartes se présentent toujours dans le même sens que le texte et en soutiennent l'étude dans tout son développement.

150 illustrations, artistiques et documentaires à la fois, toujours éclairées de légendes, achèvent de donner à nos leçons, à nos lectures et à nos cartes une vie intense, la vie même de la géographie.

Nulle science ne répond mieux que la géographie ainsi comprise au premier des préceptes de l'école : *former des têtes bien faites.*

Ce manuel de géographie convient particulièrement au cours moyen 2ᵉ année et au cours supérieur des écoles primaires, aux classes élémentaires des lycées et collèges. — Mais il sera encore utilisé avec profit dans les cours complémentaires pour la préparation du brevet élémentaire, — dans les écoles primaires supérieures où il pourra être complété par les notes dictées par le professeur; il servira enfin à la préparation aux écoles d'arts et métiers dont le programme si vaste demande un livre précis. — Son emploi est ainsi très général et très souple : il appartiendra aux maîtres — soit en supprimant telles ou telles parties, soit en développant telles ou telles autres — de l'adapter aux besoins de leur enseignement et à l'âge de leurs élèves.

Enseignements primaire, primaire supérieur et secondaire

Cours complet
de
GÉOGRAPHIE

par

Édouard DRIAULT
Agrégé de l'Université, Professeur à
l'École normale supérieure de Saint-Cloud

Maurice RANDOUX   Maurice BIZEAU
Professeur d'École   Instituteur
primaire supérieure

Cours supérieur

LIBRAIRIE LAROUSSE, 13-17, rue Montparnasse, PARIS

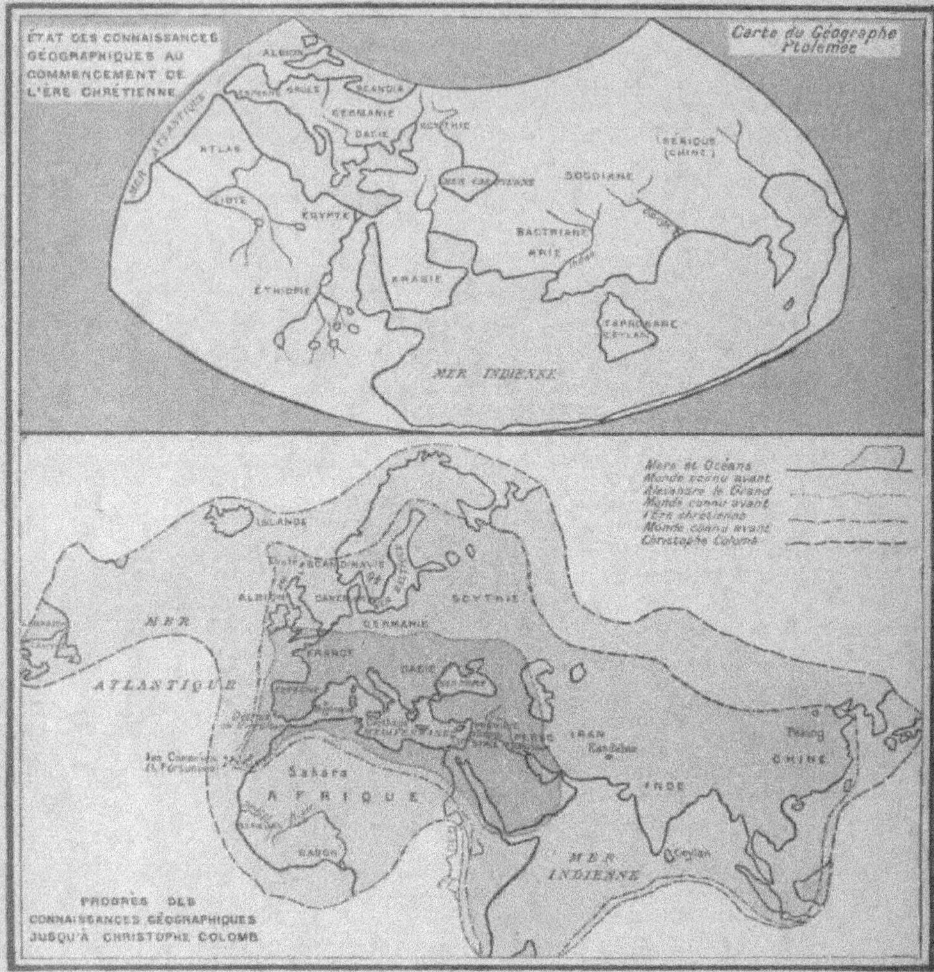

LECTURE. — Un grand géographe de l'Antiquité, Ptolémée. — L'œuvre de Ptolémée montre combien grande avait été, pendant les deux premiers siècles de l'empire romain, l'extension des connaissances.

Malheureusement, des erreurs s'y étaient mêlées. Ptolémée supposait, dans le sud de l'océan Indien, un continent austral, que les navigateurs cherchèrent dans les mers du Sud jusqu'à ce qu'à la fin du XVIII⁰ siècle, Cook en eut constaté définitivement la non-existence. Parmi les positions en latitude et en longitude, ces dernières surtout étaient défectueuses, et leur valeur très exagérée à mesure qu'on se dirigeait vers l'est ; déjà, dans le bassin méditerranéen, la carte de Ptolémée étire l'Italie de l'ouest à l'est, et la côte de la Méditerranée orientale est placée environ 12° plus à l'est, défaut qui ne disparaîtra des cartes qu'au XVIII⁰ siècle.

On devine les conséquences qui devaient en résulter : quand furent publiées au XV⁰ siècle les premières éditions des manuscrits et des cartes retrouvés, on put croire que, des côtes d'Europe, en faisant voile vers l'ouest, on atteindrait assez rapidement les côtes orientales d'Asie ; de cette erreur des cartes ptoléméennes provient en grande partie la conception du plan du voyage de Christophe Colomb; on ne se doutait pas que l'intervalle était bien autrement considérable, et qu'il y avait là la place de deux grands océans au lieu d'un, et d'un continent tout entier.

P. CAMENA D'ALMEIDA — *La Terre* (A. Colin, édit.).

Exercices sur des questions d'examen.

1. Comment les anciens appelaient-ils le détroit de Gibraltar? les îles Canaries? la Roumanie? — 2. Comment Homère se représentait-il la Terre? — 3. Citez deux grands géographes de l'antiquité? — 4. Le continent américain ne fut-il pas touché, avant Christophe Colomb, par des navigateurs? — 5. Quel est le voyageur qui a atteint la Chine, au moyen âge?

1. LA CONNAISSANCE DE LA TERRE AVANT COLOMB

Une galère des premiers temps de la Grèce; elle marchait à la voile et avait plusieurs paires de rames (modèle réduit reconstitué).

Un bâtiment des pirates normands; ces navires tenaient bien la haute mer et pouvaient aussi remonter les fleuves.

Égyptiens et Phéniciens. — Nous ne pouvons pas ici passer en revue toutes les idées que les peuples de l'Amérique, de l'Afrique, ou même de l'Asie, ont pu se faire de la forme et de la surface de la Terre. Il ne s'agit donc que des connaissances acquises par les peuples de la Méditerranée : car c'est le développement progressif de ces connaissances qui a finalement abouti à la science géographique d'aujourd'hui.

L'Égypte a une très vieille histoire; mais ses habitants ne connurent guère que la vallée du Nil jusque vers Khartoum et les pays voisins du côté de la Syrie.

Les peuples de la **Mésopotamie**, *Assyriens, Chaldéens*, étendirent leur empire des plateaux de l'Iran à la Méditerranée; ils ne furent pas de grands géographes; mais leurs prêtres, ou *mages*, furent des astronomes savants.

Les **Phéniciens**, et après eux les **Carthaginois**, ont fait du commerce par terre ou par mer avec presque tous les pays de l'ancien monde.

Les Phéniciens, en partant de leurs grandes villes, *Sidon, Tyr*, et en se dirigeant vers l'est, avaient ouvert les routes de l'Iran et de l'Inde dont ils recherchaient les richesses. Vers l'ouest leurs navires parcouraient toute la Méditerranée depuis la mer Noire jusqu'au détroit de Gibraltar, qu'on appelait alors les *Colonnes d'Hercule*. Même au delà, leurs marchands connaissaient les îles *Fortunées* (ou Canaries) : ils allaient jusqu'au Danemark et on a retrouvé leurs monnaies sur les rivages de la mer Baltique.

Un voyageur *carthaginois* longea le rivage de l'Afrique occidentale jusqu'au Gabon. Il est même possible que des navigateurs carthaginois aient fait tout le tour de l'Afrique par mer.

Les Grecs et les Romains. — Les connaissances géographiques des **Grecs** et des **Romains** n'ont pas été beaucoup plus étendues que celles des Phéniciens et des Carthaginois. Homère se représentait le monde sous la forme d'un disque, avec l'Olympe au milieu.

La conquête d'*Alexandre le Grand* élargit et précisa les connaissances dans la direction de l'Inde, où il ouvrit des routes commerciales qui furent très fréquentées pendant des siècles, jusqu'au milieu du moyen âge. *Kandahar*, dans l'Afghanistan, est une ancienne *Alexandrie*. On commença d'avoir des notions sur le pays des *Sères* ou des *Sines*, c'est-à-dire la Chine, le pays de la soie.

Les Ptolémées, qui régnèrent sur l'Égypte, poussèrent l'exploration du Nil, et l'on connut l'existence des deux bras du Nil : le Nil blanc et le Nil bleu.

Un marchand grec de Marseille, *Pythéas*, connut l'île de *Thulé*, qui correspond sans doute aux îles Shetland, au nord de l'Écosse.

Les **Romains** firent le tour de la Grande-Bretagne, connurent la *Germanie* sur la rive droite du Rhin, et la *Dacie*, à laquelle resta le nom de Roumanie; deux centurions (ou capitaines) de l'empereur Néron remontèrent le Nil jusque dans la région où est aujourd'hui Fachoda.

Platon, le grand philosophe grec, croyait à l'existence d'une *Atlantide*, c'est-à-dire d'un grand continent au delà de l'Atlas en plein océan Atlantique. *Aristote* avait l'idée de la rotondité de la Terre et prétendait qu'on pouvait aller dans l'Inde en naviguant vers l'ouest : ce devait être l'idée de Christophe Colomb.

Mais les plus grands géographes de l'antiquité, **Strabon, Ptolémée**, n'ont guère décrit dans leurs ouvrages que les pays de la Méditerranée; du moins ils en avaient une connaissance assez précise.

Le Moyen Age. Les Arabes. — Le moyen âge, c'est-à-dire l'époque comprise entre l'antiquité et les temps modernes, du Ve au XVe siècle de l'ère chrétienne, n'a pas fait faire de très grands progrès à la connaissance de la Terre. Cependant il serait injuste de le considérer comme une époque de pure ignorance.

L'exploration des pays de la Méditerranée a été élargie vers l'ouest et vers l'est.

Ainsi les *Normands*, qui étaient venus de la Scandinavie s'établir en France, et qui ensuite avaient conquis l'Angleterre, se risquèrent audacieusement sur l'océan Atlantique et abordèrent sur le continent américain du côté du *Labrador*, vers l'embouchure du Saint-Laurent.

Les **Arabes**, dont les conquêtes avaient fait tout le tour de la Méditerranée par le sud, eurent d'illustres et savants géographes. Des voyageurs arabes parcoururent et découvrirent l'Asie occidentale jusque vers la Perse, l'Inde et la Chine.

Le Vénitien **Marco Polo** séjourna longtemps en *Chine* à la fin du XIIIe siècle; il vécut à Péking, au service du gouvernement chinois. Il revint à Venise, les poches pleines de rubis, d'émeraudes, de diamants, riche aussi des plus merveilleux récits.

On était donc arrivé aux extrémités de l'ancien continent et on touchait l'Amérique : il ne restait plus qu'à joindre les deux bouts, qu'à nouer autour de la Terre le ruban de la science géographique.

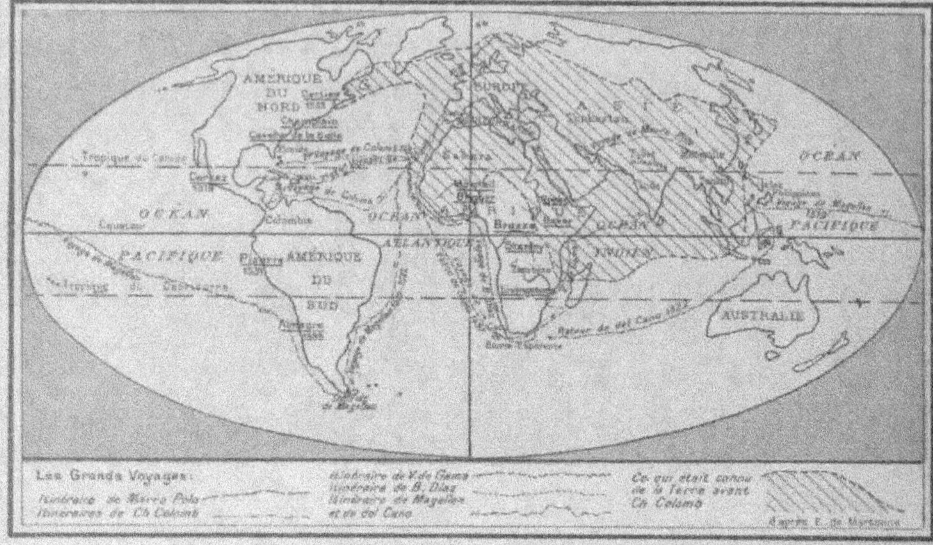

LECTURES. — LES DERNIERS VOYAGES DE COLOMB. — Dans son troisième voyage, Colomb suivit une route plus méridionale : c'était en effet une idée très répandue parmi ses contemporains, que les produits précieux des trois règnes de la nature, les épices, les perles et l'or, devaient se trouver dans la zone tropicale. C'est ainsi que Colomb arriva à l'île de la Trinité, et, bientôt après, à l'embouchure d'un grand fleuve, l'Orénoque. Jusque-là, il n'avait visité que des îles ; cette fois, à son troisième voyage, il mit le pied sur le continent, mais il fut loin de soupçonner l'importance de ce qu'il venait de voir. La masse énorme des eaux roulées par le fleuve ne pouvait provenir que d'une terre de grandes dimensions, qu'aucune carte n'indiquait, et qui devait être une terre nouvelle ; Colomb au lieu de conclure de la sorte s'imagina qu'il avait devant lui un des grands fleuves qui, d'après les Livres saints, arrosent le Paradis terrestre.

Du reste, d'autres soucis l'appelèrent ailleurs : la colonie d'Espagnols laissée à Haïti était en pleine révolte ; à la suite de plaintes qui lui furent adressées, le roi chargea Bobadilla de faire une enquête, et celui-ci renvoya en Espagne Colomb et ses frères, déclarés prisonniers d'État et enchaînés. Le roi le délivra et le dédommagea, sans aller cependant jusqu'à lui rendre ses fonctions de vice-roi. C'est tout au plus s'il consentit à le charger d'une quatrième expédition, en 1502.

Dans l'intervalle, on avait appris la réussite des Portugais et leur arrivée dans l'Inde. Les descriptions qu'ils en avaient données ne coïncidaient pas avec ce que Colomb avait observé dans ses voyages. Colomb en conclut qu'il n'avait dû visiter que les abords de l'Inde, et que l'Inde véritable se trouvait à l'ouest des pays qu'il avait abordé. Trouver, entre Cuba et la terre qu'arrose l'Orénoque, une route menant vers l'Inde, tel fut le but de cette dernière expédition de Colomb.

Elle fut lamentable : Colomb, arrivé sur la côte du Honduras, y chercha obstinément un détroit qui pût le conduire vers l'ouest et vint ainsi jusqu'à l'isthme de Panama sans soupçonner le voisinage du Grand Océan ; chemin faisant, croyant à l'existence de l'or dans le pays de Veragua, sur la baie de Chiriqui, il crut reconnaître là la Chersonèse d'Or de Ptolémée. Enfin, devant l'hostilité des Indiens, il se décida au retour, mais ses navires, en mauvais état, durent être abandonnés sur les côtes de la Jamaïque. Colomb envoya demander des secours à Haïti, et c'est sur un navire qu'on lui prêta que, naufragé, sans flotte ni escorte, rentra en Espagne l'homme qui, moins de douze années auparavant, y revenait dans l'ivresse du succès et de la popularité (1504). A peu près au même moment mourait sa protectrice, la reine Isabelle ; le roi, moins favorablement disposé, se désintéressa du tort de son ancien vice-roi, et, le 20 mai 1506, Colomb mourut à Valladolid, découragé, mais ni dans la disgrâce ni dans la misère, comme on l'a trop souvent prétendu.

P. CAMENA D'ALMEIDA. — La Terre (A. Colin, édit.).

VERS LE PÔLE. — Nous sommes exténués par le transport des traîneaux par-dessus les crêtes de glace. Pendant cette pénible marche, une fois le soir arrivé, le besoin de sommeil est invincible. Nos yeux se ferment malgré nous ; à peine étendus, nous nous endormons profondément. Le campement est généralement établi à l'abri du vent, derrière une ligne de monticules de glace, un « hummock ».

Pendant que Johansen s'occupe des chiens, je dresse la tente et prépare le souper. Le menu se compose tantôt d'un ragoût de pemmican et de pommes de terre séchées, ou d'un gratin de poisson, tantôt d'une soupe de pois, de fèves ou de lentilles avec du pemmican et du biscuit. Après avoir apporté dans la tente notre matériel culinaire et nos provisions pour le souper et le déjeuner du lendemain, nous nous glissons dans un sac de couchage, afin de dégeler nos vêtements. Pendant la journée, la vapeur qui se dégage de notre corps se condense à la surface des vestes et des pantalons en une couche de glace. Nos membres se trouvent ainsi emprisonnés dans une carapace cristalline abondamment rigide. Les manches de mon vêtement sont dures comme de la pierre et leur frottement contre mes poignets ouvre dans la chair de profondes entailles. La blessure que j'ai au bras droit ayant été « mordue par la gelée », la plaie devint de plus en plus profonde et atteignit l'os. Vainement j'essayai de la protéger à l'aide de bandes de pansement ; elle ne se ferma que l'été suivant. Nous avons beau nous serrer l'un contre l'autre ; pendant plus d'une heure et demie, nous claquons des dents avant de ressentir un peu de chaleur. A la longue, nos vêtements deviennent souples, mais le lendemain, à peine sortis de la tente, ils reprennent leur rigidité.

Fridtjof NANSEN. — Vers le Pôle (E. Flammarion, édit.).

Exercices sur des questions d'examen.

1. Pourquoi la boussole permit-elle les grands voyages maritimes ? — 2. Décrivez le voyage de Magellan. — 3. Quel géographe acheva la connaissance du continent américain ? — 4. Citez les principaux explorateurs du centre de l'Asie, en indiquant les régions qu'ils ont étudiées. — 5. Même question pour l'Afrique.

Une caravelle du temps de Christophe Colomb, bâtiment de haut bord, gréé d'une importante voilure (reconstitution).

Le *Norge*, grand dirigeable, qui, sous la direction d'Amundsen et du commandant Nobile, survola le pôle Nord en 1926.

La Renaissance. — Le nom de **Renaissance**, qu'on donne aux éclatantes manifestations de la civilisation humaine à la fin du XVe siècle et au commencement du XVIe, convient aussi à la géographie, car on se remit alors, avec une curiosité nouvelle, à étudier les travaux des anciens. On retrouva notamment la carte de Ptolémée sur laquelle on reprit l'étude des vraies formes de la Terre, en y ajoutant les connaissances dues aux Arabes et aux voyages de Marco Polo. Ainsi on allongea beaucoup les cartes de l'Asie vers l'est, et ceux qui croyaient à la rotondité de la Terre se persuadèrent que l'extrémité orientale de l'Asie n'était pas éloignée de l'extrémité occidentale de l'Europe.

Les navigateurs, marchands ou savants, se penchèrent avec passion sur les *portulans*, c'est-à-dire sur les cartes marines qui indiquaient les ports et les rivages, et qui chaque jour se complétaient de nouvelles précisions. L'usage de la boussole fut alors perfectionné, et cet instrument allait permettre les plus audacieuses entreprises en donnant le moyen de s'orienter par temps couvert ou brumeux.

Christophe Colomb; — Vasco de Gama; — Magellan : la connaissance des Océans. — Tout d'un coup, en trente ans (1490-1520), la géographie fut illuminée par les découvertes capitales dont on peut dire qu'elles ont révélé enfin, après des siècles d'étude, l'étendue et la forme générale de la Terre.

Christophe Colomb avait la conviction qu'en naviguant vers l'ouest il atteindrait la côte orientale de l'Asie, ce que nous appelons l'Extrême-Orient.

Il partit de Palos, près de Cadix, le 3 août 1492, avec trois petits navires appelés *caravelles*. Au bout de deux mois, il put noter les signes d'une terre voisine, et il aborda, le 12 octobre, sur une petite île de l'archipel des Bahama, près de la Floride. Dans un autre voyage, il connut Cuba, Haïti; plus tard la côte septentrionale de l'Amérique du Sud, qui a pris son nom : la *Colombie*. Mais il crut toujours, jusqu'à sa mort, être arrivé à la côte asiatique, et il confondit les terres qu'il avait découvertes avec les îles du Japon ou des Philippines.

Cependant les Portugais cherchaient le chemin de l'Inde par le tour de l'Afrique. Barthélemy *Diez* avait atteint le cap de Bonne-Espérance; mais il n'avait pas pu le doubler. C'est **Vasco de Gama** qui le premier réalisa le grand voyage rêvé depuis tant de siècles : en 1498, il doubla le cap de Bonne-Espérance, traversa l'océan Indien et aborda sur la côte occidentale de l'Inde. Les Portugais en devaient rester longtemps les maîtres.

Enfin, en 1520, **Magellan** franchit le détroit qui a gardé son nom, à l'extrémité méridionale de l'Amérique, puis il traversa l'océan Pacifique dans sa plus grande largeur. Il fut tué dans un combat aux Philippines; mais son lieutenant, *Sébastien del Cano*, continua le voyage et revint en Europe par le cap de Bonne-Espérance, ayant fait le premier le tour du monde.

L'exploration des continents. — Il restait à pénétrer dans l'intérieur des continents, tâche plus difficile que celle de parcourir les mers.

Dès le lendemain de la découverte de l'Amérique, les Espagnols, sous Fernand *Cortez*, *Pizarre*, *Almagro*, avaient parcouru, conquis et exploité la plus grande partie de l'Amérique du Sud.

Des Français, Jacques *Cartier* (sous le règne de François Ier), *Champlain* (à l'époque de Louis XIII), *Cavelier de la Salle* (au temps de Louis XIV) avaient exploré l'Amérique du Nord, depuis le Canada et le Saint-Laurent jusqu'à la Nouvelle-Orléans et à la Louisiane.

La connaissance du continent américain a été achevée au commencement du XIXe siècle par un grand savant allemand, Alexandre de *Humboldt*, que l'on peut considérer comme le fondateur de la science géographique.

Ce n'est qu'au XIXe siècle qu'on a pu pénétrer au cœur de l'Asie et de l'Afrique.

On doit à un Russe, le major *Prjevalski*, la connaissance de la Mongolie et du Turkestan. Mais ce sont des Français qui ont le plus fait pour l'exploration des hauts plateaux de l'Asie centrale : Gabriel *Bonvalot* et le prince *Henri d'Orléans* ont traversé le continent depuis le Turkestan jusqu'au Tonkin; *Dutreuil de Rhins* et *Grenard* sont allés de l'Inde à la Chine, par-dessus les montagnes du Tibet. On a commencé d'escalader les sommets les plus élevés de l'Himalaya.

L'Afrique a été longtemps le continent noir, c'est-à-dire le continent mystérieux. C'est par l'exploration de ses grands bassins fluviaux qu'elle a été peu à peu connue.

Deux officiers anglais, *Speke* et *Baker*, ont découvert les sources du Nil. Un autre grand Anglais, David *Livingstone*, parti du Cap, parcourut toute la région du Zambèze, découvrit les sources de ce fleuve. Un Américain, *Stanley*, fut le premier à descendre le Congo depuis sa source jusqu'à son embouchure.

C'est à des officiers français, *Binger*, *Monteil*, *Marchand*, qu'on doit la connaissance parfaite des pays du Niger et du Sahara que l'on traverse maintenant en automobile.

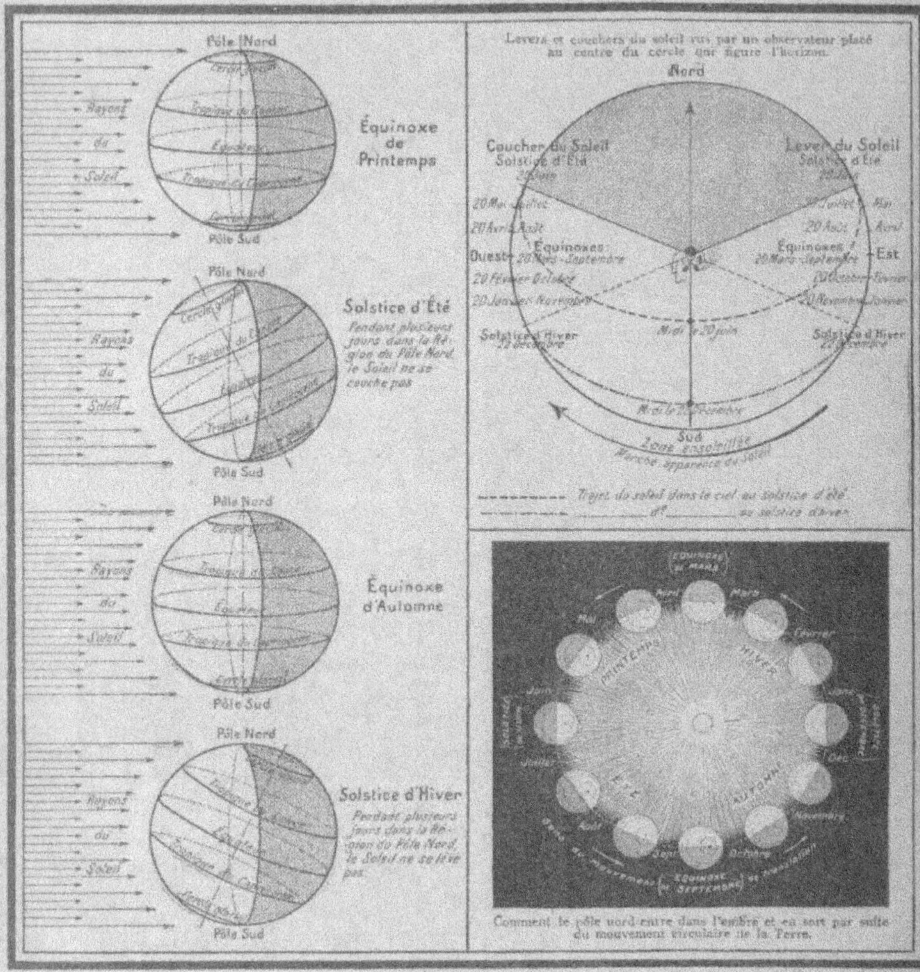

Comment le pôle nord entre dans l'ombre et en sort par suite du mouvement circulaire de la Terre.

LECTURE. — A 72.000 KILOMÈTRES A L'HEURE. — Chacun sait que la révolution annuelle de notre globe autour du soleil n'est pas le seul mouvement dont la Terre soit animée, mais qu'elle tourne sur elle-même, en vertu de sa rotation diurne et qu'elle est le jouet de mouvements différents qu'il serait trop long de décrire ici, parmi lesquels nous ne pouvons manquer de signaler celui de la translation du système solaire vers la constellation d'Hercule. Ce mouvement général, dont notre planète fait partie, a pour résultat qu'elle ne décrit pas autour du soleil une courbe fermée, mais une spirale résultant de la combinaison de la translation du soleil dans l'espace et de notre révolution annuelle, de telle sorte que la Terre n'est jamais passée deux fois par le même chemin.

Et ainsi la réalité nous oblige à nous considérer comme emportés dans le vide éternel par un tourbillon, dont nous pouvons à peine nous former une idée; tandis que notre globe se précipite ainsi en trajectoire hélicoïdale vers un point de l'immensité, notre soleil l'emporte avec une vitesse d'environ 20 kilomètres par seconde ou 1.200 par minute, ou 72.000 à l'heure, vitesse qui se combine avec celle de notre révolution annuelle autour de l'astre du jour, pour produire le mouvement en hélice dont il s'agit.

Camille FLAMMARION.
Contemplations scientifiques (E. Flammarion, édit.)

Exercices sur des questions d'examen.

1. Expliquez cette expression : « la carte d'État-Major est au 1/80 000 ? » — 2. Quelles sont les planètes qui, en plus de la Terre, reçoivent du soleil chaleur et lumière? — 3. A l'aide des chiffres indiqués dans la leçon, dites combien de fois la Terre est plus petite que le soleil. — 4. Dans un train en marche, que remarquez-vous qui puisse expliquer cette apparence que le soleil tourne autour de la Terre? — 5. Comment Laplace expliquait-il la formation de la Terre?

Le soleil de minuit vu du cercle polaire au moment du solstice d'été : il rase la ligne de l'horizon et se relève ensuite obliquement.

Le soleil dans les régions équatoriales, aux deux équinoxes, se lève perpendiculairement à l'horizon et monte droit dans le ciel.

La forme et la représentation de la Terre. — Il est établi que la Terre est ronde. Dès l'antiquité, **Aristote** le prouvait par l'ombre circulaire qu'elle porte sur la lune en cas d'éclipse ; cette preuve est en effet saisissante.

Dès l'antiquité aussi on s'efforça de représenter la Terre sur des cartes.

On inventa le système des *degrés de latitude*, qui se comptent en partant de l'équateur vers le nord ou vers le sud, et des *degrés de longitude*, qui se comptent vers l'ouest ou vers l'est du méridien d'origine. On a adopté universellement maintenant comme méridien d'origine le méridien de Greenwich, près de Londres.

Il n'est pas facile de représenter un corps rond sur une surface plane ; seul, un globe peut donner une image exacte de la Terre entière.

Cependant les cartes à grande échelle, ne représentant qu'une faible étendue de la surface terrestre, se rapprochent beaucoup de la réalité. Notre carte d'état-major est au 80 000°, c'est-à-dire qu'un centimètre y vaut 80 000 centimètres, ou 800 mètres ; notre carte du ministère de l'Intérieur est au 100 000° : un centimètre y représente un kilomètre. A cette échelle la rotondité de la Terre est à peine sensible.

La Terre parmi les étoiles. — Les anciens croyaient que la Terre était le centre du monde, et que le soleil, la lune, les étoiles n'avaient d'autre objet que de l'éclairer.

Nous savons maintenant qu'il y a dans l'espace beaucoup de corps plus importants que la Terre. Il y a en effet des *millions d'étoiles* dans le firmament.

Le **soleil** qui brille au-dessus de nos têtes est une de ces étoiles.

Il est accompagné d'un système de *planètes* ou de corps célestes qui tournent autour de lui à diverses distances : *Uranus, Saturne, Jupiter*, qui sont plus grosses que la Terre ; *Vénus*, qui lui est à peu près égale ; *Mars et Mercure*, qui sont plus petites. La Terre est une des planètes du système solaire.

Le *diamètre* du soleil est de 1 400 000 kilomètres ; celui de la Terre est seulement de 12 750, c'est-à-dire 110 fois plus petit. Elle est à 150 millions de kilomètres du soleil, dont la lumière met 8 minutes à lui parvenir.

Les mouvements de la Terre. — Longtemps on crut que le soleil tourne autour de la Terre. Ce n'est qu'une apparence. De même, dans un train en marche rapide, si l'on regarde par la portière, il semble que ce soient les arbres et les maisons qui se déplacent dans la direction contraire.

A l'époque de la Renaissance, d'illustres savants, **Copernic, Kepler, Galilée**, affirmèrent et démontrèrent que *la Terre tourne*, et nous en sommes maintenant absolument certains : la Terre tourne *sur elle-même* comme une toupie ; elle fait un tour complet en 24 heures, donc un jour. Tous les objets placés à la surface de la Terre sont entraînés par ce mouvement de rotation à une très grande vitesse. A Paris cette vitesse est de 18 kilomètres à la minute.

La Terre, tout en tournant sur elle-même, tourne *autour du soleil en 365 jours environ*, donc une **année**.

La **lune** est seulement à 400 000 kilomètres de la Terre. Elle en fait le tour en 28 jours, ou environ un **mois**. Chaque phase de la lune correspond à peu près à une **semaine** ; mais notre calendrier est solaire, et non lunaire.

Quand une toupie tourne avec une grande rapidité, il est rare qu'elle soit droite sur sa pointe ; elle s'incline doucement : ainsi fait la Terre en tournant autour du soleil ; elle reste inclinée par rapport au cercle qu'elle décrit. C'est cette inclinaison de la ligne des pôles qui fait l'inégale durée des jours et les changements de température selon les saisons, comme le montrent les dessins de la page précédente. Examinez la deuxième figure de la colonne de gauche qui représente la Terre au *solstice d'été* : le pôle nord est éclairé, tout l'hémisphère nord reçoit les rayons solaires plus d'aplomb à ce moment qu'à tout autre, c'est la saison chaude pour nos pays. La figure du haut à droite montre que, pour un observateur vivant dans nos régions, le soleil se lève en été entre le nord et l'est, monte très haut dans le ciel à midi et se couche entre l'ouest et le nord : le jour est alors plus long que la nuit. C'est l'inverse au *solstice d'hiver*.

L'hypothèse de Laplace. — Un grand savant français, **Laplace**, qui vivait au commencement du XIXᵉ siècle, a essayé d'expliquer les origines de la Terre et de son mouvement autour du soleil.

Par suite de la rotation du soleil, qui était à l'origine une masse gazeuse incandescente, la Terre s'en serait détachée comme un éclat ; elle serait restée quelque temps lumineuse comme lui ; puis elle se serait refroidie et couverte d'une écorce solide. Son noyau central seul est encore en fusion : ce qui explique les volcans et les tremblements de terre qui en agitent encore la surface.

Cette hypothèse permet de comprendre la plupart des phénomènes que la géographie étudie.

LECTURE. — LES VOLCANS. — Le volcan classique de nos pays, c'est le Vésuve. Des trois cheminées fumantes que possède l'Europe, celle-ci est la plus facile d'accès, la plus célèbre aussi par l'auréole sinistre que lui a tressée la catastrophe de 79, engloutissant sous ses cendres Pompéi et Herculanum, comme pour permettre à l'archéologie moderne de retrouver presque intacts ces précieux témoins de la civilisation romaine.

...Passé l'Observatoire, on quitte le monde végétal pour entrer dans le domaine de la désolation et du silence. Plus de bruissement d'herbe, de bourdonnement d'insectes ou de cris d'oiseaux; pas un être vivant; le serpent lui-même fuit cette terre désolée où il ne trouverait pas sa pâture. Paysage rougeâtre, sinistre, lunaire, évocation de Sahara montagneux, entre les coulées de lave terne et les espaces mornes de cendre et de pierre. Au flanc du cône de cendre émergent quelques rochers fumants, brûlants, distillant de la pierre en fusion. — bouches de chaleur de la montagne. Et au sommet, s'ouvre brusquement sous les pieds — vision saisissante — l'immense entonnoir béant, déchiqueté — d'une demi-lieue de tour, — au fond duquel, à cinq ou six cents mètres, bouillonne une vapeur blanchâtre; des fumerolles s'échelonnent sur les parois zébrées, rougeâtres, noirâtres ou grises, dont les rebords sont ourlés de soufre, écume jaune de la marmite infernale. Et derrière, au pied du monstre, le golfe splendide et paisible déroule son tapis de lapis jusqu'à l'infini de l'horizon bleu.

Albert DAUZAT. — *Toute la Montagne.*

Exercices sur des questions d'examen.

1. Quelle est, par rapport au diamètre de la Terre, l'importance de l'écorce terrestre? — 2. Décrivez les continents de l'époque primaire? — 3. Quelles montagnes se sont formées pendant l'époque tertiaire? — 4. Quelle région de la France est volcanique?

Les premiers dépôts de l'âge primaire. —
Il y a au centre de la Terre un noyau central composé
de matières en fusion. Il est recouvert d'une mince
écorce ou croûte qui n'a que 50 kilomètres d'épaisseur; ce qui est peu de chose pour un rayon de
6 360 kilomètres : pour une sphère ou un ballon de
10 centimètres de rayon, cela représenterait une enveloppe de moins d'un millimètre.

Cette écorce s'est constituée par refroidissement et
solidification à la surface du globe d'une première
croûte de *granits* dont on retrouve encore d'énormes
masses; cette croûte fut percée en maints endroits
par des éruptions de matières, projetées de l'intérieur,
qui se refroidirent à leur tour en formant des *roches
éruptives*.

Il y eut ainsi d'abord de vastes continents : dans
le nord de l'Amérique, dans le nord de l'Europe vers
l'Écosse et la Scandinavie, en descendant jusque dans
nos pays, par exemple dans le Massif central de la
France, en Asie.

De même, dans l'hémisphère méridional, existait
un vaste continent austral qui comprenait le Brésil,
l'Afrique et l'Australie.

La décomposition des premières roches sous l'influence des eaux et des phénomènes atmosphériques
produisit des dépôts appelés *sédiments*. Parmi les terrains sédimentaires anciens, les plus importants sont
les *terrains schisteux*.

Dès qu'une sorte de terre végétale put se former, il
s'y développa de grandes masses forestières, où domi-
naient les fougères géantes. Ces végétaux ont été ensuite engloutis sous des couches nouvelles de sédiments,
et nous les retrouvons maintenant sous la forme de
gisements houillers, par exemple sur la bordure du
massif schisteux rhénan.

**Le comblement des mers de l'âge secon-
daire.** — Entre les masses granitiques et schisteuses
des premiers continents, s'allongeaient d'immenses
étendues de mers. Par exemple, en France, entre les
formations granitiques du Massif central, de la Bretagne et des Vosges, la mer occupait l'espace où se
trouve aujourd'hui le Bassin parisien.

Les débris provenant de l'usure ou *érosion*
(V. p. 19) de ces premiers terrains ont rempli peu à
peu ces mers de sédiments de toute espèce : des grès

Reconstitution d'une forêt de fougères géantes à l'époque primaire. Engloutis par les alluvions secondaires et tertiaires, ces
végétaux sont l'origine de la houille.

(que les Allemands appellent *sandstein* ou pierre de
sable), des *argiles* dont nous faisons de la terre à
brique, des *calcaires* de toutes sortes, de la *marne*, qui
est un mélange de craie et d'argile, enfin des fragments
de coquilles d'animaux et des débris végétaux.

Car, dans ces limons, la vie s'agitait désormais :
alors vivaient de grands reptiles, maintenant disparus,
et des mollusques à coquillages.

Ainsi, à la place des anciennes mers secondaires,
se sont constituées les plaines calcaires et alluviales
(V. p. 19) que drainent les grands fleuves : la Seine
et la Loire chez nous, ailleurs le Mississipi.

Cette seconde période de l'histoire de notre globe,
toute remplie d'une lente et calme sédimentation, fait
contraste avec les bouleversements éruptifs de la période précédente, et aussi avec les formidables dislo-

cations de la période suivante, dite l'âge *tertiaire*.

**Les grandes dislocations de l'âge ter-
tiaire.** — L'âge tertiaire, c'est-à-dire la troisième
période de la formation de l'écorce terrestre, fut en
effet marqué par des modifications considérables, où
la Terre a pris les traits essentiels qui la marquent
actuellement.

En continuant de se refroidir, la Terre diminua
de volume; son écorce se contracta, se plissa, comme
un vêtement trop large sur un corps amaigri. Il y
eut des effondrements des terrains anciens par grandes
masses; les formations granitiques, schisteuses ou calcaires, furent bouleversées en plissements énormes;
les éléments les plus durs, contractés par de formidables pressions, se dressèrent en aiguilles, en arêtes
de roches vives, et constituèrent les montagnes les plus
élevées de la surface du globe : les Alpes, les Pyrénées, la Cordillère des Andes, l'Himalaya. Elles
étaient d'ailleurs beaucoup plus élevées que nous ne
les voyons; car elles ont été rabotées depuis par de
puissantes érosions.

C'est par suite des grandes dislocations de l'âge
tertiaire que quelques parties des anciennes masses
continentales disparurent. Ainsi l'océan Atlantique
s'ouvrit par le nord et par le sud; le Brésil fut séparé
de l'Afrique, et l'Afrique de l'Australie. (V. la
carte.)

Une manifestation *active* de *volcanisme* se produisit : coulées de laves, éruption de scories, de fumerolles, de pierres brûlées; ainsi notre Massif central
eut son ancien granit recouvert par des dépôts de laves
et de basaltes qui forment la plus grande partie de
nos monts d'Auvergne, avec leurs rangées de *puys* qui
sont d'anciens cratères.

Les montagnes de l'âge tertiaire étant d'abord très
élevées furent couvertes d'épais glaciers qui s'étendaient très loin, par exemple ceux des Alpes jusque
vers Lyon. Ce sont ces glaciers qui ont pratiqué sur les
montagnes la plus puissante érosion. Les torrents et
les rivières continuent le même travail d'usure, et
l'écorce achève de prendre l'aspect qu'étudie la géographie.

Ainsi la géographie est une science très vivante,
car les formes et les aspects, même naturels, de la
Terre changent incessamment.

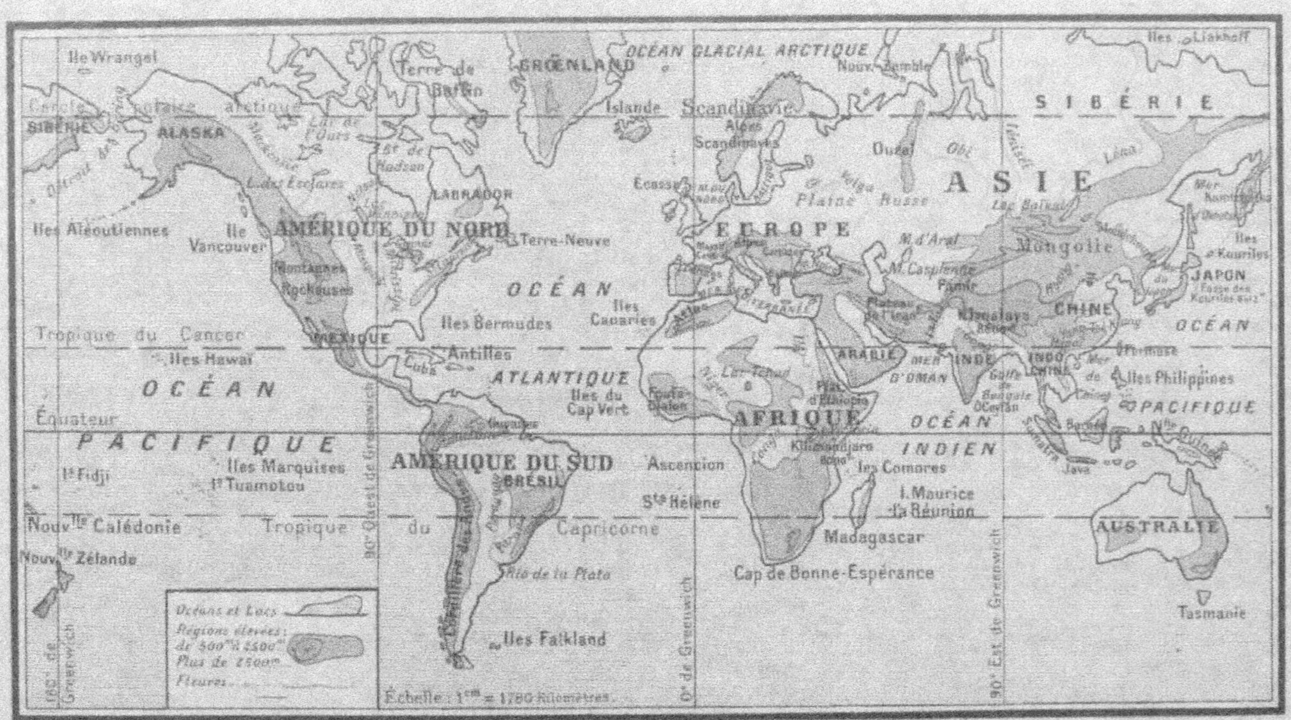

LECTURE. — LA FORMATION DES MONTAGNES. — Les affaissements succèdent aux soulèvements; le fond des mers est projeté sur les sommets des Alpes, jusqu'à la cime escarpée du Cervin qui est une pyramide de schistes, tandis que les chaînes anciennes, en Bretagne, en Norvège, en Dalmatie, s'enfoncent dans la mer qui les découpe en presqu'îles et en îlots et les ronge peu à peu. Le plissement des Alpes a redressé et disloqué les Cévennes. Volcans et éruptions se suivent, s'accroissent, se bousculent. Et l'eau, sous toutes ses formes, use la montagne en attendant de nouvelles poussées du feu intérieur.

La montagne a été faite par le feu et par l'eau, par les soulèvements et les érosions, celles-ci ou ceux-là étant plus ou moins caractéristiques, suivant les régions. Les soulèvements l'ont seulement ébauchée. C'est l'eau qui l'a sculptée : la pluie a désagrégé les rocs, évidé les flancs les plus tendres, comblé de terre les replis pour les habiller ensuite de végétation; le torrent a creusé, entaillé la vallée, scié la gorge, vrillé dans le souterrain; le glacier a rongé son ravin, frotté son lit, corrodé ses bords.

Albert DAUZAT. — *Toute la Montagne.*

Exercices sur des questions d'examen.

1. *Résumez les grandes manifestations qui constituent le relief actuel de l'écorce terrestre.* — 2. *Comment les terres et les océans sont-ils répartis à la surface du globe?* — 3. *Quelles remarques peut-on faire sur les grandes hauteurs par rapport aux grandes profondeurs?* — 4. *Citez les altitudes les plus élevées des montagnes jeunes en Europe, en Asie, en Afrique, en Amérique.* — 5. *Indiquez une région ancienne, et une région jeune, dans l'Amérique du Nord.*

La distribution du relief terrestre. — L'état actuel du relief terrestre s'explique par la formation de l'écorce, c'est-à-dire par les sédimentations et les éruptions de la période *primaire*, constituant un sous-sol de granit et de schiste profondément usé et transformé à travers les siècles; ensuite par les immenses sédimentations de la période *secondaire* : grès, argile, craie, marne, sables diversement agglomérés; enfin par les grands plissements et effondrements de la période tertiaire, et par les érosions et alluvions de l'époque actuelle qui se font sous nos yeux et que nous constatons chaque jour : car l'écorce terrestre ne cesse pas de se modifier.

Par suite des dislocations de la période tertiaire, le relief se trouve réparti d'une manière très irrégulière.

Les fondations anciennes du relief sont disposées en deux bandes longitudinales :

1° **L'ancien continent septentrional,** assez bien conservé dans le nord de l'Amérique, le nord de l'Europe, en Écosse et Scandinavie, et dans le nord de l'Asie, vers la Mandchourie;

2° **L'ancien continent austral,** presque entièrement démoli, mais dont on retrouve les morceaux dans le Brésil, l'Afrique et l'Australie;

3° Entre ces deux bandes, une zone qui correspond au *Mexique,* à la *Méditerranée* et à l'*océan Indien,* zone fragile de l'écorce, où se sont produits les plus importants plissements montagneux et les plus remarquables manifestations volcaniques.

De la démolition qu'a subie l'ancien continent austral, il résulte que l'hémisphère septentrional, au nord de l'équateur, renferme la plus grande étendue des continents, tandis que l'hémisphère méridional est presque entièrement maritime. On a calculé qu'en prenant pour pôle le village de *Cloyes,* près de Châteaudun (Eure-et-Loir), on aurait un hémisphère presque entièrement continental, qui comprendrait 120 millions de kilomètres carrés, sur les 145 millions de surface continentale du globe.

La mesure du relief. — Des dislocations de la période tertiaire, il résulte encore que la surface immergée ou maritime est beaucoup plus étendue que la surface émergée ou continentale : elle comprend les 7/10 de la surface totale de la Terre. C'est une proportion d'ailleurs insuffisante à la production des

Les grands glaciers de l'Himalaya dans la région la plus élevée du globe. Vue prise pendant l'expédition pour l'ascension du mont Everest. — *Phot. Frédéric Gadmer.*

pluies et des neiges nécessaires pour arroser toutes les régions continentales, puisqu'il y a encore d'immenses étendues sèches ou même désertiques.

Le relief immergé est aussi accidenté que le relief émergé, mais on connaît naturellement mieux le relief des continents, car il est visible.

On sait du moins que les profondeurs extrêmes des mers sont un peu supérieures aux altitudes des continents, que le relief en creux peut donc se comparer au relief en élévation : en effet, les hauts sommets de l'Himalaya atteignent 8 800 mètres; les grandes profondeurs du Pacifique dépassent 9 000 mètres. (V. la leçon suivante.)

On peut remarquer aussi que les grandes profondeurs ne sont pas éloignées des grandes hauteurs : ainsi au pied de l'Himalaya, la fosse marine du golfe de Bengale, au nord de l'île de Ceylan, dépasse 5 000 mètres; au pied de la Cordillère des Andes, qui atteint presque 7 000 mètres au-dessus de Valparaiso, les profondeurs de l'océan Pacifique descendent à plus de 6 000 mètres. C'est que les grandes profondeurs, comme les grandes hauteurs, sont le résultat des dislocations et des plissements de l'écorce terrestre.

Le relief des continents. — Il ne faudrait pas employer en géographie les dénominations d'*ancien continent* pour désigner l'Europe, l'Asie et l'Afrique, et de *nouveau continent* pour désigner les deux Amériques. Ces expressions sont purement historiques. Les deux continents, ceux que les historiens appellent l'ancien et le nouveau, ont l'un et l'autre des parties anciennes et des parties plus récentes.

L'Europe a des restes de l'ancien continent de la période primaire : ce sont des montagnes usées; elles ont encore 1 200 à 1 300 mètres en Écosse, 2 000 en Scandinavie, 1 800 dans notre Massif central. Mais les montagnes les plus élevées de l'Europe sont naturellement les plus jeunes : les *Alpes,* 4 808 mètres au mont Blanc; les *Pyrénées,* qui atteignent presque 3 500 mètres; les *Carpates* et les *Balkans,* où l'on trouve des sommets de 2 500 à 3 000 mètres.

L'Asie porte de vieux plateaux de la période primaire du côté de la Mandchourie; mais, dans ses régions méridionales, s'élèvent les plus hauts sommets du monde : le mont *Everest,* dans l'Himalaya, atteint 8 840 mètres, et le *Dapsang,* dans le Pamir, 8 615.

L'Afrique australe a d'anciens plateaux de l'époque primaire : les plateaux du *Transvaal* dépassent en quelques points 3 000 mètres; mais les plus hauts sommets de l'Afrique, résultat de plissements plus récents, sont aux environs de l'équateur : 5 900 mètres dans le *Kilimandjaro,* 5 500 dans le *Rouenzari.*

Les Amériques ont leurs plissements dirigés du nord au sud et non, comme l'Europe et l'Asie, de l'est à l'ouest. Elles ont aussi de vieux plateaux dans leur région orientale, *Labrador* au nord, *Brésil* au sud. Mais leurs plus hautes montagnes sont récentes : les *montagnes Rocheuses* dans l'Amérique du Nord, avec 5 000 et 6 000 mètres, et la *Cordillère des Andes* dans l'Amérique du Sud, avec près de 7 000 mètres. La pente, très rapide du côté du Pacifique, s'abaisse lentement vers l'Atlantique.

LECTURE. — LE GULF-STREAM. — Le *Gulf-Stream*, à son origine, a une épaisseur de près de 1 100 mètres et atteint la vitesse de 10 kilomètres à l'heure; mais, aux Bermudes, il est très ralenti et n'atteint pas 200 mètres d'épaisseur. Le *Gulf-Stream*, en sortant du golfe du Mexique, où s'échauffe encore sa racine principale formée par le courant équatorial, atteint dans le détroit de Floride une température de 32°. Sa couleur d'un bleu vif tranche sur la couleur verte du voisinage. Sa salinité et sa densité sont fortes. Il débite 33 millions de mètres cubes par seconde, c'est-à-dire 200 fois le débit du Mississipi.

Il s'écarte ensuite du continent dont il est séparé par le courant froid descendu du Canada, le *Cold Wall* des Américains, qui refroidit le climat des États-Unis. Là, par suite de la rotation de la Terre, il est dévié vers l'est, où il commence à se diviser en branches, dont les rameaux, en éventail, abordant l'Europe, remontent jusqu'au Spitzberg; une branche descendante arrive aux Canaries, puis rejoint le courant équatorial, enfermant ainsi la mer des Sargasses dans un vaste anneau tournant.

Dʳ L. JOUBIN. — *La Vie dans les océans* (Flammarion, édit.).

Exercices sur des questions d'examen.

1. Décrivez sommairement les animaux et les végétaux des mers. — 2. Pourquoi l'océan Pacifique porte-t-il ce nom? Est-il ainsi bien désigné? — 3. Quelle est l'origine du nom de l'océan Atlantique? — 4. Quelles sont les plus grandes profondeurs relevées : dans l'océan Pacifique, dans l'océan Atlantique? — 5. Citez quelques-uns des grands fleuves dont les eaux arrivent dans l'océan Atlantique, ainsi que dans les mers qui s'y rattachent.

L'océanographie. — L'océanographie est une science nouvelle ; elle n'a guère que cinquante ans.

Des contributions décisives y ont été apportées par le prince de *Monaco* ; il a conduit lui-même de nombreuses expéditions océanographiques ; il a fondé le *Musée océanographique* de Monaco, l'*Institut océanographique* de Paris.

On lui doit la première grande *carte des profondeurs*, qui a été établie en 1905 ; ces études sont aussi aidées par la pose des câbles sous-marins.

Ainsi on commence à connaître : les dépôts littoraux d'origine organique et terrienne, — les algues et les varechs, — les crustacés, les coquillages que la mer dépose sur le rivage à chaque marée, — les innombrables espèces de poissons de mer qui sont d'ailleurs pour la plupart bien connues des pêcheurs, — une multitude d'êtres vivants microscopiques, animaux ou végétaux : méduses, infusoires, algues qui flottent au gré des vents et des courants en couches parfois assez étendues, et qu'on appelle *plankton*, — dans les profondeurs, des espèces étranges dont la forme et les organes s'adaptent au milieu, — enfin, tout au fond des océans, des dépôts d'argile rouge, faite de débris volcaniques décomposés par l'eau de mer.

La répartition et les formes des océans. — Il y a cinq grands océans : l'océan Pacifique, l'océan Atlantique, l'océan Indien, et les deux océans polaires, Arctique et Antarctique.

L'océan Pacifique a été nommé ainsi par Magellan, qui le traversa dans une période de calme. Mais il ne mérite pas ce nom : il a, tout comme un autre, d'effroyables tempêtes et il est aujourd'hui encore bouleversé sur tout son pourtour par le volcanisme : au Japon, au Mexique, dans les Andes, dans les îles de la Sonde. Il a des profondeurs énormes : la fosse des *Kouriles* ou du *Tuscarora*, 8 500 mètres ; la fosse du *Nero*, près des îles Mariannes, 9 600 mètres.

Les îles *Hawaï* ou *Sandwich* ont des volcans en activité. Ailleurs, sur des récifs volcaniques, les *coraux* construisent des îlots circulaires, en forme de couronne avec un lac intérieur, ou en forme de fer à cheval, qu'on appelle des *atolls*.

Ce « cercle de feu » formé par les volcans qui l'entourent, cette activité géologique des coraux, ces profondes cassures révélées par les fosses sous-marines,

Le phare de Bell Rock, en Écosse, pendant une tempête. Il a 40 mètres de hauteur et les vagues furieuses l'enveloppent presque jusqu'au sommet.

font de cet océan une des régions les plus troublées et les plus disloquées de la Terre.

On peut donc appeler l'océan Pacifique, tout simplement, le « Grand Océan », puisqu'à lui seul il occupe le tiers de la surface totale de la Terre, et qu'il a la forme d'un immense bassin.

L'océan Atlantique apparaît tout différent : sensiblement plus petit, il n'occupe que la cinquième partie de la surface de la Terre. Son nom vient de l'*Atlas* : il n'a pas, comme le Grand Océan, la forme circulaire d'un bassin ; il est plutôt semblable à un grand fleuve aux rivages parallèles, mais sinueux, s'ou-

vrant largement vers le sud ; voyez-le sur la carte.

Ses profondeurs, à peu près égales à celles du Grand Océan, descendent vers 8 300 mètres à la fosse des îles *Vierges*, dans les Antilles.

Ce qui le distingue tout particulièrement et le fait au moins aussi important que l'autre, c'est l'étendue considérable des bassins fluviaux dont il reçoit les eaux : des montagnes Rocheuses et de la Cordillère des Andes, jusqu'aux plateaux du cap de Bonne-Espérance et aux montagnes de partage qui s'allongent vers le détroit de Behring, il recueille les eaux courantes de plus de la moitié de la Terre : d'une part, le Saint-Laurent, le Mississipi, le fleuve des Amazones, le Rio de la Plata ; de l'autre, le Congo, le Niger, le Rhin, le Rhône, le Danube, le Nil, le Pô, etc. Le Grand Océan, joint à l'océan Indien, ne draine qu'un quart de la surface de la Terre.

Ainsi, l'océan Atlantique représente un gigantesque fossé, vers lequel sont penchées, d'une part les deux Amériques, de l'autre la plus grande partie de l'Afrique, une partie de l'Asie et toute l'Europe.

Les autres océans offrent moins d'intérêt : il y a contraste entre l'océan Indien, qui, sous l'équateur, est une formidable chaudière, et les océans polaires qui roulent des champs de glace, des banquises et des icebergs, jusque devant New-York et Buenos-Ayres.

Les mouvements des mers. — Les mers sont animées d'une vie intense. Elles ont :

1° Les *vagues*, agitées et poussées par le vent, parfois soulevées en redoutables tempêtes qui donnent l'assaut aux rivages les plus solides ;

2° Les *marées*, que produit l'attraction lunaire, à raison de deux marées par 24 h. 50 m., et qui sont comme une respiration. Ces marées remontent quelquefois loin dans l'estuaire des fleuves, par exemple celui de la Seine ou de la Gironde ;

3° Les *courants*, produits par les vents réguliers, par l'évaporation des eaux équatoriales qui appelle les eaux des régions froides, et par la rotation de la Terre. Chacun des deux grands océans a des courants semblables : le *Kouro-Sivo* dans le Grand Océan, et le *Gulf-Stream*, ou courant venu du golfe du Mexique, dans l'océan Atlantique. Ces courants agissent sur les climats, par exemple le *Gulf-Stream* sur le climat de la Bretagne et sur celui de l'Angleterre.

LECTURE. — LA NEIGE ET L'AVALANCHE — La neige est la compagne inséparable de la grande montagne : suivant la saison, elle descend, s'amoncelle, s'épaissit ou se retire et remonte vers les sommets, flux et reflux annuel aussi régulier que celui des marées, mais elle ne disparaît jamais. Les massifs d'altitude moyenne ou de latitude méridionale, qui perdent en été leur fourrure blanche, ne sont pas pleinement des montagnes : un élément essentiel leur fait défaut.

Patrie des eaux en furie, la montagne recèle aussi la neige courroucée : c'est l'avalanche, sœur de la cascade, plus terrible parce qu'intermittente, soudaine, et, dans une certaine mesure, imprévue. Le torrent le plus impétueux a sa trajectoire dont il ne s'écarte jamais et qui n'est déviée qu'à la longue, progressivement, au fur et à mesure de l'usure du roc. Sans doute, l'avalanche suit un chemin de prédilection, on connaît ses couloirs favoris. Mais on ignore toujours la minute à laquelle se détachera la masse menaçante.

L'avalanche d'été, qui détone au milieu de chaudes journées sur les pentes rocheuses des cimes supérieures, ne menace que l'aventureux hasardé dans ces dangereux parages : éclatement sec, coup de canon sonorisé par l'écho et disproportionné, semble-t-il, au mince filet de neige qu'on voit glisser là-haut sur la paroi. Il faut songer que cette fusée plongeante, même à distance, déverse des tonnes de neige capables d'engloutir sans merci toute une caravane.

Plus terribles encore les avalanches d'automne et surtout de printemps : c'est la lutte de la neige contre le soleil et l'autan, c'est l'hiver qui se débat en sursauts courroucés contre l'étreinte des premières chaleurs. Appelée en renfort, la neige tombe en masses compactes ; mais vaincue à son tour, elle annonce la ruine à se défaire et roule, irrésistible, sur les pentes, sa trombe formidable qui ravage le sol, entraîne les rocs et la boue, broie maisons et arbres, ne laissant derrière elle que la dévastation et la mort.

Albert DAUZAT. — *Toute la Montagne.*

Exercices sur des questions d'examen.

1. Quelle différence faites-vous entre les climats continentaux et les climats maritimes? — 2. Qu'appelle-t-on vents alizés et vents contre-alizés? — 3. Que savez-vous des moussons? — 4. Montrez comment l'importance des chutes de pluie peut dépendre de la latitude. — 5. Quel est aujourd'hui le principal rôle des glaciers au point de vue géographique?

Paysage de climat froid : au Canada, vers le 50ᵉ degré de latitude nord. Végétation de sapins, immenses étendues neigeuses.

Influence des vents sur la forme des arbres : celui-ci demeure incliné par la prédominance des vents du sud-ouest.

L'atmosphère. — L'atmosphère est la couche gazeuse qui entoure le globe terrestre. Son épaisseur est mal connue : on l'a évaluée tantôt à 50 et tantôt à 300 km. Elle est composée de divers gaz (surtout d'oxygène et d'azote) et de vapeur d'eau. Elle se laisse pénétrer par les rayons du soleil, dont elle tempère et répartit la chaleur.

Les températures. — Le soleil est l'unique source de chaleur ; l'écorce terrestre est trop épaisse et le feu central trop éloigné pour se faire sentir à la surface.

La température exprime le degré de chaleur ou de froid. Ce degré varie suivant les heures de la journée : pour Paris, elle est minimum après le lever du soleil et maximum vers 14 heures, — et suivant les mois de l'année : le plus froid étant janvier pour nos régions, et le plus chaud juillet.

La température varie avec la *latitude*. Elle est très forte dans les régions tropicales, où les rayons du soleil arrivent presque perpendiculairement à la surface de la Terre ; elle diminue en allant vers les pôles à mesure que les rayons tombent plus obliquement. Mais elle varie aussi avec l'*altitude* : il y a des neiges éternelles au sommet des Alpes et des orangers à leur pied, — et avec la répartition des terres et des mers : les océans atténuent les variations de température (étés moins chauds et hivers moins froids).

Le degré le plus bas de température (— 76°) a été relevé à Verkhoïansk (Sibérie), et le plus haut (56°,6) sur un plateau des montagnes Rocheuses.

Les vents. — Les vents sont les courants aériens qui circulent au sein de l'atmosphère.

L'air se déplace de lui-même : l'air chaud est plus léger, il s'élève ; l'air froid vient le remplacer ; ainsi les cheminées, où il y a du feu, font un appel d'air.

Les vents réguliers obéissent aux mêmes lois que les courants maritimes. L'évaporation et l'allègement de l'atmosphère dans les régions chaudes y produisent un appel d'air des régions froides : ces vents, qui viennent des régions polaires aux régions équatoriales et tropicales, s'appellent les *alizés*.

Sous l'équateur se produisent des courants ascendants qui s'élèvent vers les hauteurs de l'atmosphère. En s'élevant, ils se refroidissent, retombent vers la surface du globe et y sont entraînés dans la circulation atmosphérique qui les ramène vers les régions froides : ce sont alors les *contre-alizés*.

Les moussons de l'océan Indien soufflent en été vers le Bengale, parce qu'alors les rayons solaires sont perpendiculaires au tropique du Cancer, et en hiver vers l'Afrique parce qu'alors les rayons solaires sont perpendiculaires au tropique du Capricorne. Les vents locaux s'expliquent de la même manière. Le *mistral* est appelé vers la côte du Languedoc et de la Provence parce qu'il y fait plus chaud que sur les plateaux du Massif central.

Les pluies et les neiges. — Les pluies dépendent des climats et surtout de la latitude.

Dans la *région équatoriale*, l'évaporation est intense ; les pluies y sont quotidiennes et très abondantes, comme dans nos pays quand une extrême chaleur détermine des orages torrentiels.

Dans la zone tropicale de l'hémisphère nord, le soleil est perpendiculaire au tropique du Cancer lors du solstice en juin et c'est alors que les pluies sont quotidiennes et grosses. Au contraire, dans l'hémisphère sud il pleut chaque jour abondamment lorsque le soleil est perpendiculaire au tropique du Capricorne, lors du solstice de décembre, pendant que la zone tropicale du Cancer connaît une saison sèche. Il y a donc deux saisons dans les *régions tropicales* : une saison humide et chaude et une saison moins humide et moins chaude.

Les moussons d'été déterminent d'énormes chutes de pluie dans les pays qui sont au pied de l'Himalaya (12 m. annuellement).

Les *zones tempérées* reçoivent les pluies qu'apportent les vents contre-alizés chargés de nuées ; ces pluies dépendent aussi du voisinage ou de l'éloignement de la mer, et de celui des montagnes, car les montagnes arrêtent les nuages et en précipitent la vapeur d'eau.

La pluie devient de la neige au-dessous de 0°.

La neige reste « éternelle » dans les hautes montagnes au-dessus de 2 500 ou 3 000 mètres, et y forme d'épais glaciers. Les glaciers ont une grande importance pour la formation des eaux courantes ; ce sont de puissants réservoirs hydrographiques.

Les climats. — La combinaison de ces trois éléments : *températures, vents, pluies*, constitue les climats. On en distingue trois grandes variétés :

— le **climat continental** : étés chauds avec orages, hivers froids avec neiges, — et grands écarts de température entre les saisons, comme entre le jour et la nuit ;

— le **climat maritime** : étés tièdes, hivers doux, et pluies réparties pendant toute l'année ;

— le **climat méditerranéen** : étés chauds et très secs, hivers doux avec pluies.

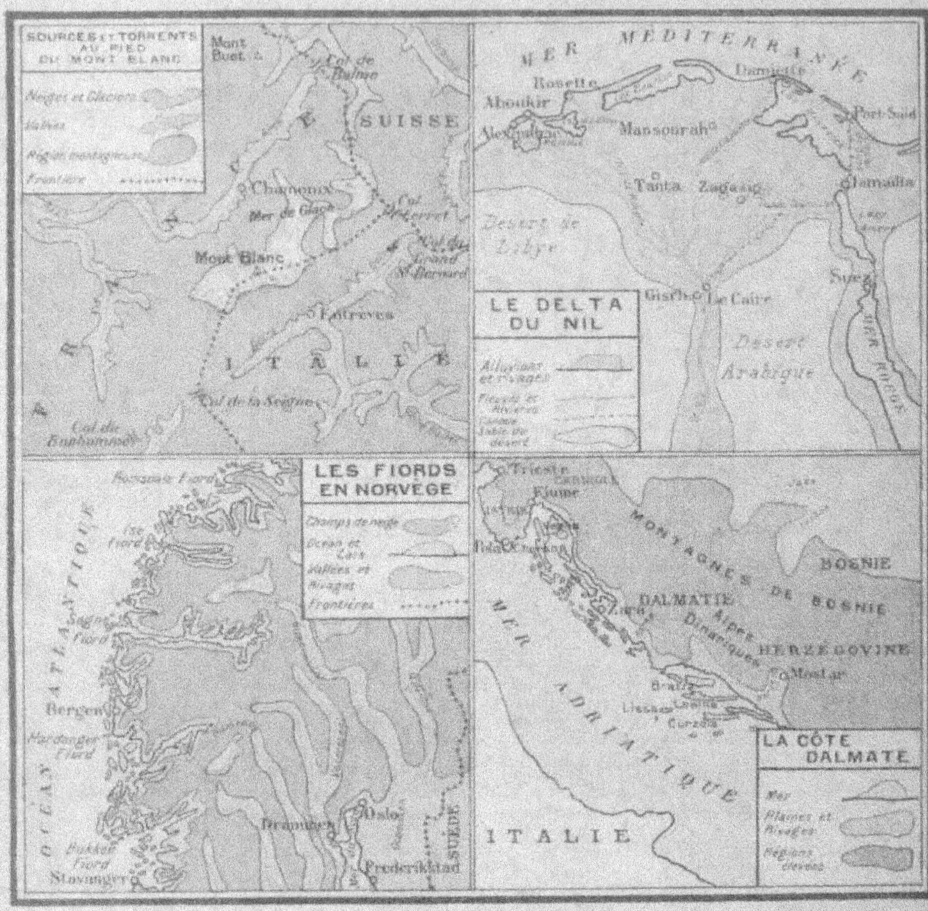

LECTURE. — LES SOURCES D'UNE RIVIÈRE. — La nature se rit de nos mots, de nos distinctions, de nos définitions, de nos catégories. Pas un torrent qui ne s'apaise entre temps et ne glisse mollement comme une rivière; pas une rivière qui ne s'irrite, au moins un peu, comme le torrent, à de stricts passages entre les rochers.

Ce n'est pas toujours dans leur pays natal que les cours d'eau déploient leur colère, mais aussi bien au milieu, quelquefois à la fin de leur voyage. Cela dépend de leur pente, et des obstacles qu'il plait au relief de leur opposer.

Voici des hêtres, des sapins, des prairies; une eau fraîche se déroule, elle est calme, elle sourit, et une Arcadie sourit autour d'elle. On est sur un plateau pastoral qui finit par pencher parfois jusqu'au vertige et s'abattre sur le bas pays; alors la rivière, jusque-là paisible ou tout au plus un peu mutine çà et là, devient le torrent aux bonds éperdus dans les puits de l'abîme: en deux lieues, elle descend de la hauteur d'une maison; en deux autres, elle tombe de la hauteur des flèches d'une cathédrale; après quoi, dans les terres basses, elle redevient tardigrade.

Très peu de grands courants ressemblent à la Saône; elle ne se courrouce, encore très peu, que dans son jeune âge, à peine sortie du berceau, à la descente des Faucilles, quand ses menues colères se bornent à rendre plus sonore un vallon silencieux. Dès qu'elle a seulement dix mètres entre rives, elle ne se presse plus; bientôt elle dort pendant cent lieues, et ne se hâte un peu qu'au-devant de sa mort, quand elle approche du Rhône.

Presque toutes les rivières mènent, au contraire, une vie accidentée, ayant ses heures d'angoisse. Les grands drames, les gorges « inondables », les cascades arrivées du ciel, les courants fous, les gouffres sinistres, les roches empilées, les patois vertigineux font la tragique horreur des passages en montagne; et la traversée des collines, des plaines impose de durs travaux aux rivières des pays modérés, même à celles des plates campagnes.

Onésime RECLUS. — Manuel de l'Eau
(Touring-Club de France, édit.).

Exercices sur des questions d'examen.

1. Citez quelques lacs que traversent des rivières. — 2. Donnez des exemples de plaines formées par des alluvions. — 3. Pourquoi la Seine a-t-elle un régime régulier et la Loire un régime irrégulier? — 4. Quelle est l'origine des fiords de Norvège? — 5. Connaissez-vous des côtes faites d'alluvions fluviales?

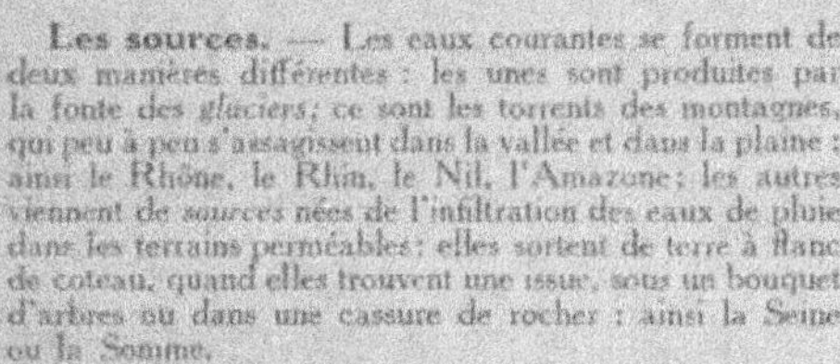

Terrains d'alluvions au bord du Nil : on y voit l'épaisseur des dépôts
effectués dans la suite des temps. — Phot. Gervais-Courtellemont.

Polders de Hollande : terres riches et fertiles gagnées sur la mer ;
les moulins à vent actionnent des pompes d'assèchement.

Les sources. — Les eaux courantes se forment de
deux manières différentes : les unes sont produites par
la fonte des *glaciers*; ce sont les torrents des montagnes,
qui peu à peu s'assagissent dans la vallée et dans la plaine :
ainsi le Rhône, le Rhin, le Nil, l'Amazone; les autres
viennent de *sources* nées de l'infiltration des eaux de pluie
dans les terrains perméables; elles sortent de terre à flanc
de coteau, quand elles trouvent une issue, sous un bouquet
d'arbres ou dans une cassure de rocher : ainsi la *Seine*
ou la *Somme*.

Il en est qui se perdent longuement dans le sol pour
reparaître beaucoup plus loin : le *Loiret* est une dérivation
souterraine de la Loire; la fontaine de *Vaucluse* naît
d'une perte du Calavon, affluent de la Durance.

On appelle ces sortes de sources des sources *vauclu-
siennes*.

Le ruissellement. — Qu'elles proviennent de glaciers ou de sources, les eaux courantes ruissellent sur les
pentes.

Elles entraînent avec elles du sable, du gravier, du
cailloutis, de la terre argileuse ou calcaire enlevée à leurs
bords, surtout s'ils sont déboisés. Les torrents descendus
des glaciers pratiquent une *érosion* très active, creusent
de profondes vallées jusque vers la plaine et contribuent
grandement ainsi à donner au terrain sa forme, sa pente
et son aspect. (V. la carte des sources et des torrents au
pied du Mont-Blanc.)

Souvent ils apaisent leur course folle dans des *lacs* qui
sont d'anciens lits de glaciers aujourd'hui retirés dans la
haute montagne : le lac d'*Annecy*, le lac du *Bourget*.
(V. la carte de la 20ᵉ leçon, p. 46.)

L'alluvionnement par les eaux courantes.
— Arrivées dans la plaine, les eaux courantes y déposent
les débris de toutes sortes qu'elles ont arrachés à la montagne et sur les pentes de leur cours supérieur. On peut
suivre ce travail aux embouchures des fleuves : on l'appelle l'*alluvionnement*.

L'*Égypte* est faite presque tout entière des alluvions
apportées par le *Nil*. La *plaine chinoise* est couverte par
les alluvions de ses grands fleuves, le *Hoang-Ho* et le
Yang-tsé-Kiang, et les riches plaines du *Bengale* par les
alluvions de l'*Indus* ou du *Gange*. (V. les cartes des
pages 98 et 100.)

Le régime des rivières et des fleuves. — Les
eaux courantes, réunies en ruisseaux et en rivières, forment
les *fleuves* dont le régime varie selon leur origine, et
ensuite selon la pente et le terrain.

Ceux qui viennent des glaciers sont le plus abondants
au printemps et au commencement de l'été, c'est-à-dire
lors de la fonte des neiges. Les autres le sont dans la
saison des pluies, par exemple, pour l'Europe, en automne
et en hiver.

Le régime fluvial dépend aussi de la pente et de la
nature du terrain. La *Loire* est plus rapide et plus irrégulière que la *Seine*, parce qu'elle vient de plus haut, qu'elle
coule longtemps sur un terrain de granit imperméable et
qu'ainsi elle déborde sous les gros orages. La *Seine* au
contraire perd une partie des eaux de pluie qu'elle reçoit
dans son lit de calcaire perméable.

**Les côtes de la mer. Les embouchures
des fleuves.** — Les continents ont une forme générale
qui provient des grands plissements et des grandes dislocations orographiques; il en est ainsi de presque toutes
les côtes de l'océan Pacifique ou de l'océan Indien, et
il est facile de reconnaître sur les cartes les rivages qui
ne doivent rien à l'alluvionnement : par exemple, en
France, la Bretagne et la plus grande partie de la côte
provençale; ailleurs l'Espagne, l'Italie péninsulaire, la
Grèce, la Turquie d'Asie, etc.

Les *fiords* de la Norvège, au pied des montagnes Scandinaves, sont d'anciens lits de glaciers découpés par l'action incessante des vagues et des tempêtes. (*V. la carte
et comparer avec les vallées qui entourent le Mont-Blanc.*)

La mer attaque parfois avec violence les côtes les plus
dures, de calcaire, de granit ou de schiste; elle mine les
falaises les plus élevées; elle y pratique des brèches profondes. Par exemple, dans la mer Adriatique (V. la
carte), les îles nombreuses sont des morceaux détachés
du rivage; elles ont conservé l'orientation parallèle à
celle de la côte de Dalmatie et des montagnes voisines.

Mais les rivages sont souvent aussi modifiés par les
apports fluviaux : par exemple en France, aux embouchures de la Somme, de la Seine, de la Loire, surtout au
delta du Rhône.

Presque toute la plaine allemande est faite d'alluvions
fluviales; de même, toute la Lombardie le long du Pô,
depuis Turin jusqu'aux lagunes de Venise, les plaines
basses de Roumanie aux embouchures du Danube, toute
la côte du Bengale dans l'Inde, presque toute la côte
chinoise, celle de la Cochinchine, la côte de la Louisiane
aux embouchures du Mississipi, celle du Brésil septentrional aux embouchures de l'Amazone.

Les formes des rivages sont le résultat d'une incessante
destruction, mais aussi d'une incessante construction, dans
l'éternelle bataille des éléments.

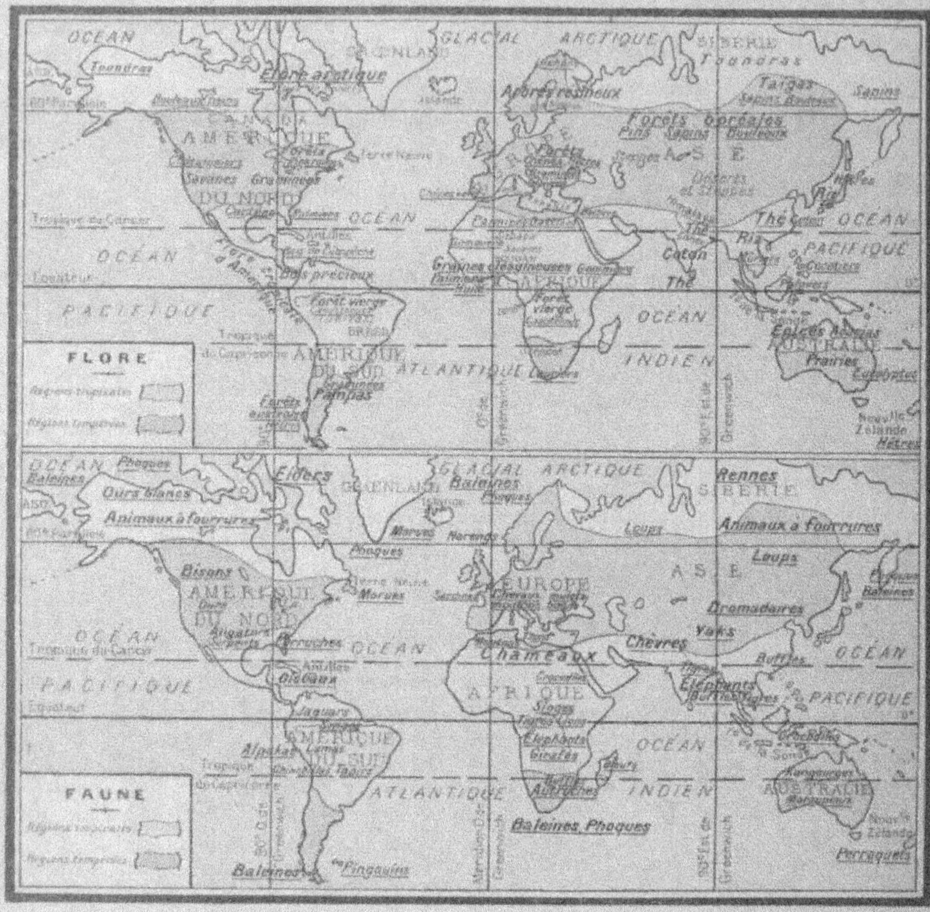

LECTURE. — LA GRANDE FORÊT ÉQUATORIALE. — Imaginez toute la France et toute l'Espagne revêtues d'arbres d'une hauteur variant entre 6 et 54 mètres. Les cimes de ces fûts, dont le diamètre mesure de quelques pouces à 120 centimètres et plus, sont tellement rapprochées qu'elles s'enchevêtrent, et empêchent de voir le ciel et le soleil. Lancez d'un arbre à l'autre des câbles épais de 5 à 40 centimètres; contournez-les, tordez-les en anses, en spirale, en festons, en guirlandes, faites-en des W et des M gigantesques, plaquez-les contre les troncs, ou enroulez-les tout autour et jusqu'aux sommets comme un anaconda sans fin. Prodiguez-leur les feuilles et les fleurs, et que là-haut ils aident les ramures à cacher le soleil; des branches les plus élevées, qu'ils retombent par centaines à quelques pieds du sol; mêlez-y les torsades de la plus fine passementerie, des houppes, des cordelettes ténues; passez-y maintenant une multitude d'autres câbles, d'autres cordes, se traversant aussi confusément que possible. Que sur chaque fourche, sur chaque branche horizontale, s'élèvent des choux géants, et de ces végétaux à larges feuilles ensiformes qu'on appelle la plante à oreille d'éléphant, puis des touffes d'orchidées, merveilles des tropiques, et une draperie de ces délicates fougères, si communes dans la grande forêt; couvrez branches, rameaux, lianes, de mousses épaisses, ressemblant à une verte fourrure. Une fois chaque arbre en place avec sa parure de lichens et de plantes sarmenteuses, il ne reste plus qu'à étendre sur le sol un tapis verdoyant de phryniums, d'amomes et de buissons nains.

Voilà la grande Forêt, la sylve antique et compacte.

Mais quand la foudre a brisé la tête de quelque colosse et laissé entrer le soleil; quand elle a fendu un fût géant jusque dans ses racines, ou qu'une tornade a jeté bas un groupe d'arbres de haute futaie, les jeunes s'élancent en foule vers le ciel et se disputent l'air et la lumière, se poussant, s'étranglant, s'étouffant, jusqu'à ce que le tout devienne une impénétrable brousse.

Henry STANLEY. — Dans les ténèbres de l'Afrique
(H. Tallandier, édit.).

Exercices sur des questions d'examen.

1. La faune de l'Australie ne présente-t-elle pas des caractères particuliers? — 2. Énumérez les animaux qui vivent dans les zones chaudes. — 3. Quel est l'arbre caractéristique des oasis? — 4. Quels noms donne-t-on à certains grands espaces des régions tempérées particulièrement propres à la culture? — 5. Indiquez les animaux qui vivent dans les régions froides.

Plantation de bananiers dans l'Amérique centrale : puissante végétation où la voie ferrée passe par une véritable tranchée.

Dans l'Afrique du Sud, paysage de savanes où s'ébattent les animaux sauvages. — Phot. Rubidⁿ Gaumont.

Conditions générales de la répartition des végétaux et des animaux. — La flore et la faune dépendent de la nature du sol, du climat, de l'altitude (on a toutes les zones de végétation en montant du pied de l'Himalaya jusqu'à ses neiges éternelles), de l'exposition, de l'humidité ou de la sécheresse, de la température surtout, donc de la latitude.

Les montagnes font barrière entre les espèces végétales ou animales : par exemple, l'Himalaya ; quelquefois, il y suffit d'un détroit : le détroit de Bali (V. la carte, p. 102), à l'extrémité orientale de Java, sépare complètement la flore et la faune de l'Asie et des îles de la Sonde, de celles de l'Australie. L'Australie a gardé les espèces d'animaux et de végétaux particulières à l'ancien continent austral dont la plus grande partie s'est effondrée dans les dislocations de la période tertiaire : marsupiaux comme le kangourou ; l'ornithorynque, mammifère à bec de canard ; fougères arborescentes.

La flore et la faune des continents, sauf ces exceptions, sont régies par des lois générales.

Les deux éléments naturels de la flore sont : *l'arbre*, qui est l'élément de la forêt ; la *graminée* aux multiples variétés, qui est l'élément de la prairie.

Ils se présentent, à la surface de la Terre, selon les deux grandes zones déterminées par les climats : les pays chauds, et les pays tempérés ou froids.

La flore et la faune des pays chauds. — Les **zones équatoriale et tropicales** reçoivent les rayons perpendiculaires du soleil et d'énormes quantités de pluie ; ces conditions naturelles leur donnent une végétation luxuriante.

La zone équatoriale est couverte par la *forêt vierge*, dans les bassins du Congo et de l'Amazone : des arbres gigantesques de 60 mètres de hauteur, de grandes fougères et des lianes enchevêtrées, un sous-bois inextricable où les rayons du soleil ne parviennent pas et où grouillent dans la boue chaude des masses de reptiles et d'insectes.

Les zones tropicales ont les *hautes prairies* ou *savanes*, car la saison sèche, qui dure six mois, ne permet pas la végétation des grands arbres : ce sont, par exemple, les savanes des États-Unis et du Brésil, les grandes prairies du Soudan, ou les *jungles* de la vallée inférieure du Gange.

Parmi ces hautes herbes, au bord de la grande forêt, vivent les grands herbivores : les éléphants, les hippopotames et les rhinocéros ; les antilopes que chassent les carnassiers : les lions et les hyènes ; les tigres, dans l'Inde et l'Indochine ; les jaguars en Amérique ; les serpents de toutes sortes, et notamment les énormes boas ; toutes les espèces de singes, les gorilles qui ont une taille de 2 mètres, les chimpanzés (1 m. 50), les orangs-outangs, puis les sapajous, les ouistitis, etc. ; les perroquets de toutes couleurs, les papillons, les oiseaux-mouches ; toutes les variétés possibles de la vie animale comme de la vie végétale.

La **zone désertique** (V. la 7e leçon, p. 17) n'a que des oasis, avec le *palmier-dattier*. Elle limite très nettement, par le nord et par le sud, les zones chaudes et annonce une flore et une faune nouvelles.

La flore et la faune des pays tempérés. — Il faut distinguer d'abord, à cet égard, la **zone tempérée sèche**, qui correspond, en Europe, à la **zone méditerranéenne** : elle a des étés secs et ainsi ses végétaux ne peuvent pas être de grande taille ; ce sont des buissons ou des maquis, par exemple en Corse et en Sardaigne, des chênes-verts ou des chênes-lièges, le pin-parasol qui caractérise si curieusement le paysage (V. la gravure p. 88), le laurier, l'olivier et l'oranger, les plantes odorantes, le thym, la lavande. Par tous ces traits, les pays de la Méditerranée sont des pays privilégiés, où se sont d'ailleurs développées les premières civilisations : celles des Égyptiens, des Phéniciens, des Hébreux, des Grecs, des Romains.

Dans la forêt de la **zone tempérée proprement dite** poussent des arbres de hauteur moyenne : chêne, érable (l'érable est très abondant dans les forêts du Canada), puis le sapin, le pin et le mélèze ; les pins et les sapins caractérisent la grande forêt sibérienne, ou « taïga ».

La prairie des *régions tempérées* n'a pas les herbes hautes de la prairie tropicale ; mais ses graminées y deviennent par la culture les bienfaisantes céréales, et elle se prête naturellement à l'élevage : ce sont, par exemple, les *pampas* de l'Amérique du Sud, les *prairies* de l'Australie, les *steppes* de la Hongrie et de la Russie méridionale, aujourd'hui transformées en riches terres à blé.

Les animaux de la région tempérée vivent autour de nous ; parmi ceux qui ne sont pas domestiqués, le loup, le lièvre ; en Russie, l'aurochs ; en Amérique, le bison ; et, parmi les animaux domestiques, le cheval, le bœuf, le mouton. L'influence de l'homme a beaucoup modifié les caractères naturels de la faune comme de la flore.

Dans les **régions polaires**, au nord du Canada et de la Sibérie, se trouve une admirable faune d'animaux aux riches fourrures : ours blanc, renards, hermines. Le renne, si précieux aux habitants des solitudes glacées, vit sur la *toundra*, parmi les plaques de lichens neigeux.

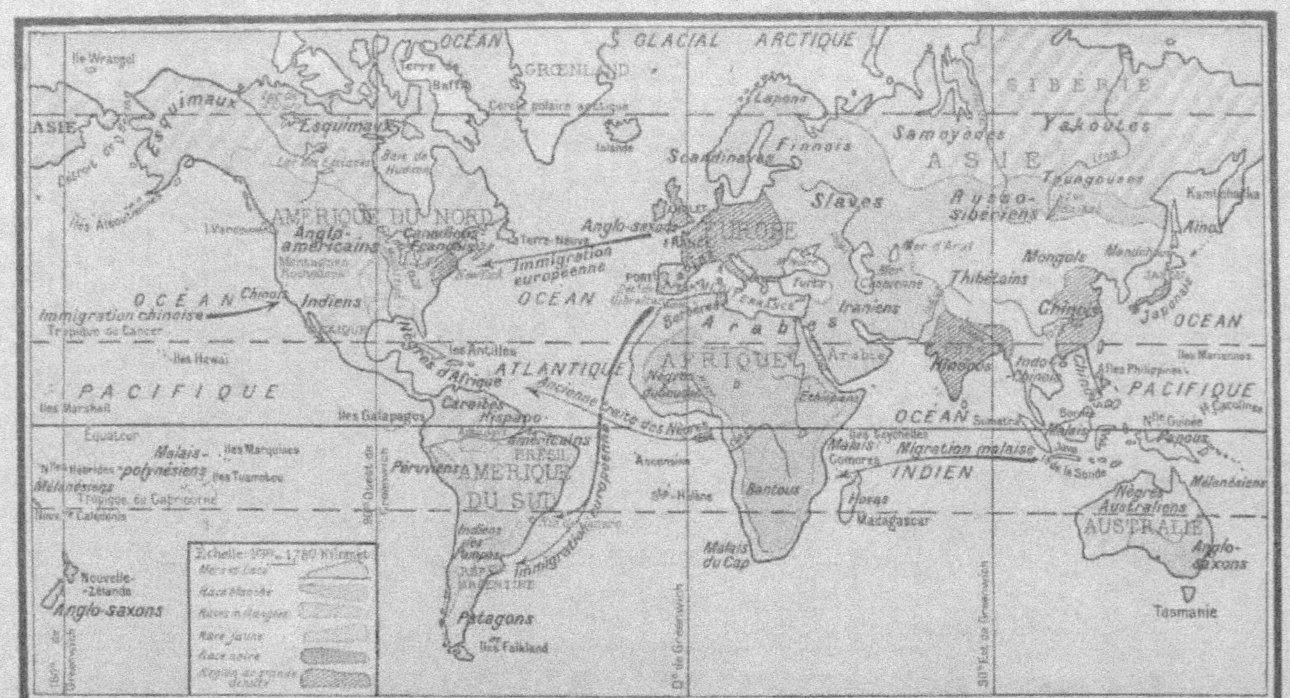

Exercices sur des questions d'examen.

1. Qu'appelle-t-on période glaciaire? — 2. Comment peut-on diviser actuellement les hommes, au point de vue de leur genre de vie? — 3. Indiquez le chiffre de la population de chacune des parties du monde. — 4. Quelles sont les grandes races humaines et quelle est l'importance numérique de chacune? — 5. Comment les conditions naturelles déterminent-elles la répartition et le genre de vie des populations à la surface du globe?

Les conditions naturelles du peuplement humain. — Les recherches géologiques ont révélé l'existence de l'homme tout à la fin de l'époque *tertiaire*, et dans la *période glaciaire* au commencement de l'ère *quaternaire*; alors, par suite de l'élévation du relief, les glaciers s'étendaient sur une grande partie de la France comme des autres régions de la Terre : c'était « l'âge du renne ».

Les premiers hommes dont on a retrouvé la trace savaient se faire des armes avec des morceaux de *pierre éclatée* en forme de hache, qu'ils attachaient au bout d'une grosse branche. Ils avaient déjà une sorte de sentiment artistique, puisqu'ils s'amusaient à dessiner sur des os plats ou sur les parois des cavernes des figures d'animaux : par exemple, un renne paissant.

Puis ils apprirent à *polir la pierre*, à vivre en des *cités lacustres* pour y échapper aux attaques des bêtes de proie, à cultiver le blé, à tisser le lin. Ils édifièrent des monuments funéraires, *tumulus, mégalithes, dolmens et menhirs* : ils avaient donc le culte des morts.

Puis ils utilisèrent les métaux, le cuivre, le bronze, enfin le fer ; d'où sont venues les désignations des « âges » ou époques successives.

A notre époque, il est des hommes qui se contentent encore des fruits de la terre : *peuples chasseurs* ou *pasteurs*, nomades qui poussent leurs troupeaux devant eux, « peuples de la tente », capables d'ailleurs de la plus délicate civilisation, comme les Arabes.

Les autres, plus actifs ou plus ambitieux, s'établissent d'une façon durable : *peuples agricoles* ou *sédentaires*, ils ne se contentent pas de l'élevage nomade; ils se livrent à toutes les formes de l'agriculture et de l'industrie, et ils améliorent tous les jours davantage leur bien-être matériel.

Les populations humaines. — On compte qu'il y a sur la Terre environ 1 milliard 800 millions d'hommes : en Asie, 900 millions; en Europe, 400 millions; en Afrique, 100; en Amérique, 200; on estime que la population humaine a doublé depuis un siècle.

La distribution de l'espèce humaine sur le globe ne répond pas à des zones de végétation comme celle des espèces animales; l'homme est partout et s'adapte à peu près partout : il y a là d'ailleurs un phénomène d'intelligence corrigeant la nature.

L'espèce humaine se partage en quatre races :

Un bateau chargé d'émigrants arrivant en Amérique. Les passagers, qui sont de condition modeste, se préparent à descendre avec leur petit bagage. — *Phot. Wide World.*

1° La **race rouge** — ou plutôt cuivrée — qui ne compte plus guère que 10 millions d'hommes en Amérique, Indiens dits « Peaux-Rouges », dans les savanes au pied des montagnes Rocheuses, ou sur les bords de l'Amazone; la population du Mexique est celle qui a le mieux conservé, en les modifiant, les traits caractéristiques de la race rouge;

2° La **race noire**, 150 millions. C'est en Afrique qu'elle a ses plus beaux types. Elle a été transportée par la traite en Amérique où elle s'est beaucoup développée. Des nègres vivent aussi dans l'Inde, en Australie et dans quelques îles du Grand Océan;

3° La **race jaune**, 650 millions. On y peut distinguer un groupe malais dans les îles de la Sonde; un groupe finnois le long des rivages de l'océan Glacial Arctique, par où il est venu jusqu'en Europe; le groupe chinois et japonais, de beaucoup le plus important, avec ses 500 ou 600 millions d'hommes qui ont déjà fourni à la civilisation humaine de remarquables contributions;

4° La **race blanche**, 800 millions, qui comprend le groupe sémite, de coloration foncée, Juifs et Arabes surtout, et le groupe caucasique ou indo-européen, de coloration claire, qui occupe la plus grande partie de l'Inde et presque toute l'Europe.

Les Noirs sont *fétichistes* ou *musulmans*. Les Jaunes sont presque tous *bouddhistes*. Les Blancs sémites pratiquent la religion *juive* ou la religion *musulmane*. Les Blancs indo-européens, presque tous *chrétiens*, se divisent en *catholiques* (250 millions), *protestants* (150 millions), *orthodoxes* (150 millions).

L'homme et la nature. — L'homme ne peut rien contre les grandes forces de la nature : il ne peut pas agir sur les dislocations et les grands plissements orographiques, — ni sur les puissantes manifestations océaniques, sur les marées et les tempêtes et les grands courants des mers, — ni sur les mouvements des glaciers, ni sur les eaux courantes, ni sur les grandes pluies et les sécheresses.

Il est dominé par les climats, qui lui imposent ses habitations, ses vêtements et sa manière de vivre, qui règlent ses mouvements d'émigration : les Européens qui émigrent, par exemple en Amérique, y recherchent des climats semblables à ceux qu'ils quittent.

La nature, par les avantages qu'elle offre en quelques points, détermine aussi le développement des agglomérations de populations : les hommes se pressent dans les vallées et les plaines que la nature a rendues fertiles, nos vallées européennes, les riches plaines chinoises, les vallées du Nil, ou du Gange et de l'Indus, — et aussi, maintenant, dans les régions où gisent d'abondants minerais qui alimentent l'industrie.

Mais, sous ces réserves, l'homme sait exploiter et corriger la nature jusqu'à un certain point. Sans doute, c'est la nature qui a séparé la France de l'Angleterre par le Pas de Calais, l'Espagne du Maroc par le détroit de Gibraltar; mais c'est l'homme qui a séparé l'Afrique de l'Asie en coupant l'isthme de Suez, et les deux Amériques en coupant l'isthme de Panama.

La nature est un inépuisable réservoir de richesses. Il y a encore des régions minières qui ne sont pas exploitées, des plaines fertiles qui ne sont pas parfaitement cultivées. Tous les jours, par le travail, l'homme tire de la nature de nouvelles ressources.

Pêche de la Baleine

LECTURE. — Forces motrices. — Mais voici que l'eau en tant que force motrice est en train de conquérir une place de premier ordre, depuis que l'on a trouvé le moyen de rendre cette force transportable à des centaines de kilomètres, et divisible à l'infini, en sorte que la force de l'eau peut rayonner à volonté autour du point où la nature semblait l'avoir enchaînée. C'est ainsi que le Rhône qui, depuis qu'il coule, se dépensait inutilement à user des galets, va aujourd'hui dans les chambres hautes de la Croix-Rousse faire marcher les métiers des canuts lyonnais! Déjà la force motrice se distribue à domicile comme l'eau et le gaz.

Toutefois, houille noire et houille blanche sont l'une et l'autre limitées. La première s'épuise par l'usage comme un trésor où nous puisons en prodigues et qui bientôt sonnera creux. La seconde a l'avantage de ne pas se consommer par l'usage, — nous n'usons ici que du revenu et non du capital; — mais nous n'avons aucune chance de voir la quantité augmenter au fur et à mesure des besoins, il tant est même que la diminution constatée des glaciers ne nous menace pas d'une décroissance de la force motrice de l'eau. Il est donc permis de se demander avec quelque anxiété ce qu'il adviendra de l'industrie humaine, si un jour, la houille noire et la houille blanche venant à lui faire défaut, elle doit éteindre ses feux ou arrêter ses dynamos?

Il est vrai qu'on rêve d'aller chercher à la source de toute force, au soleil lui-même, la chaleur dont nous avons besoin. Mais, en admettant qu'on y réussisse, cette force empruntée au soleil aura plus encore que les autres forces naturelles, l'inconvénient de ne pouvoir être développée ni où l'on veut, ni quand on veut, ni comme on veut. Le soleil ne brille ni toujours, ni partout. Si c'est lui qui doit faire marcher un jour nos usines, ce sera pour l'Angleterre bien pis que la concurrence de la houille blanche! Les brouillards de la mer du Nord deviendront son linceul et ce sera désormais au fond du Sahara que l'industrie humaine devra aller bâtir ses capitales.

Charles Gide,
Principes d'Économie politique (Larose et Tenin, édit.)

Exercices sur des questions d'examen.

1. Quels sont les pays grands producteurs de blé? — 2. Dites ce que vous savez sur le riz. — 3. D'où viennent les principaux métaux que l'homme exploite? — 4. Quels sont les pays grands producteurs de textiles d'origine végétale. — 5. Même question pour les textiles d'origine animale.

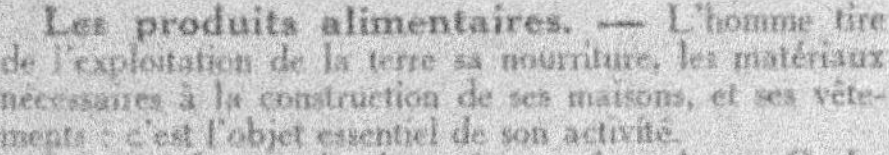

Cueillette du coton, en Égypte, sur quatre rangées de cotonniers à la fois, au moyen de la cueilleuse électrique.

Une exploitation houillère en Angleterre : les puits de mines et les machines d'extraction en plein travail. — Phot. Wide World.

Les produits alimentaires. — L'homme tire de l'exploitation de la terre sa nourriture, les matériaux nécessaires à la construction de ses maisons, et ses vêtements : c'est l'objet essentiel de son activité.

Les **céréales** sont la plus précieuse des cultures. On les trouve dans les grandes plaines qui ont été comblées par les alluvions (V. p. 19) de la période secondaire ou dans les vallées alluviales des grands fleuves.

Le *blé* est cultivé aux États-Unis en grande quantité, en Russie, en France, puis dans l'Inde, l'Italie, la Hongrie, la Roumanie. Le Canada est devenu dans les dernières années un grand producteur de blé.

Le *riz*, céréale des pays chauds, constitue la nourriture fondamentale des peuples de race jaune : on le cultive surtout en Chine et au Japon, dans l'Inde et l'Indochine, qui en exportent de grandes quantités vers l'Europe.

Les autres produits alimentaires sont diversement répartis à travers le monde : la *pomme de terre* en Allemagne, Russie, Autriche, France ; le *sucre de betterave* en Allemagne, Autriche, France, Pologne, Russie ; le *sucre de canne* dans les pays tropicaux, le *vin* en France surtout et en Italie, le *café* au Brésil et dans les îles de la Sonde, le *thé* dans les pays du riz, dont il est le complément.

L'**élevage** apporte une contribution importante à la nourriture de l'homme ; il occupe de vastes espaces dans les États-Unis, la Russie, la république Argentine, l'Australie. On élève le *gros bétail* surtout aux États-Unis et en Russie, aussi en Argentine, en Allemagne, en France ; les *moutons* dans la république Argentine et l'Australie, aussi en Russie et aux États-Unis ; les *porcs* aux États-Unis, en Russie et en Allemagne.

On se livre à la *grande pêche* sur les côtes européennes, en Islande, à Terre-Neuve, et sur les côtes du Japon septentrional.

Les minéraux et les métaux. — Depuis un siècle environ, la civilisation humaine est entrée dans une période d'activité prodigieuse, par la naissance et l'énorme développement de la *grande industrie* : la géographie en a été toute modifiée.

Ce fut l'ère de la *houille* qu'on trouva dans les cassures des terrains anciens. Toute une bande houillère est ainsi exploitée de l'Angleterre centrale à l'Allemagne centrale, en passant par la Belgique et la France. Les États-Unis ont aussi des gisements houillers très abondants.

De nos jours, le *pétrole* a pris presque autant d'importance que la houille ; on le trouve en grande quantité surtout aux États-Unis, en Caucasie, en Roumanie, en Asie Mineure.

On a aussi appris à utiliser les *chutes d'eau* dans les montagnes pour la production de l'énergie électrique qui tend à remplacer celle de la vapeur : c'est ce qu'on appelle la *houille blanche*.

Ces diverses sources d'énergie permettent de traiter les divers métaux : les *métaux précieux*, l'or des États-Unis, de la Sibérie, du Canada, de l'Australie, du Transvaal ; l'*argent* du Mexique ; et les métaux utiles, le *fer*, abondant aux États-Unis, en France, en Allemagne et en Angleterre ; le *cuivre* des États-Unis, du Canada, du Chili, de la Suède et de l'Espagne ; le *plomb* des États-Unis ; l'*étain* des îles de la Sonde. On exploite aussi les riches minerais diamantifères du Transvaal.

La grande industrie métallurgique et textile. — Ainsi se sont constituées de grandes régions industrielles où la population humaine se presse et s'agite comme une fourmilière.

L'**industrie métallurgique** est celle des machines, machines-outils, locomotives, rails, chaînes et ancres de marine, navires de guerre ou de commerce, clous, fils métalliques, automobiles, avions, etc.

Les **textiles** d'origine végétale sont principalement le *lin* et le *coton*. Le lin est travaillé surtout en Russie, en France et en Pologne ; le coton est cultivé dans l'Inde, aux États-Unis et en Égypte ; on le travaille dans les grands centres industriels : les États-Unis, l'Angleterre, l'Allemagne, la France (notamment en Alsace).

Les textiles d'origine animale sont la *soie* et la *laine*.

La culture du mûrier et l'élève du ver à soie se font notamment en France, en Italie, et en Chine ou aux États-Unis ; l'industrie des soieries est la plus remarquable en France, dans la région de Lyon et de Saint-Étienne, et en Chine, à Canton et Nanking.

Ce sont aujourd'hui les grands troupeaux de moutons de l'Argentine et de l'Australie qui fournissent la plus grande partie de la laine brute nécessaire à l'industrie drapière.

L'industrie du *caoutchouc* a pris un grand développement ; le caoutchouc vient des forêts vierges de la zone équatoriale : régions de l'Amazone et du Congo. On le cultive aussi dans l'Indochine et les îles de la Sonde.

Enfin l'**industrie chimique,** en utilisant des richesses naturelles, autrefois ignorées, nous fournit des *engrais* (phosphates, nitrates), des *textiles* (soie artificielle), des *métaux* (aluminium, cobalt, radium), des *matières colorantes*, des *parfums*, des *explosifs*, etc.

LECTURE. — GRANDES CITÉS MODERNES.

Voici les docks et les havres et les chantiers
Pleins de marteaux, et de compas et de charpagnes (1),
Où les câbles des treuils et les bras des leviers
Font mouvoir lentement des morceaux de montagne;
Voici les cargaisons chargeant les vieux pavés,
Et des ballots de laine échoués dans la boue,
Et des ponts tout à coup jusqu'au ciel soulevés,
Et des tournoiements fous de chaînes et de roues.
Et des Malais bronzés et des Arabes blancs,
Et leurs cris gutturaux et leurs chansons barbares,
Et leur travail rapide ou leurs pas indolents
Autour des bricks légers et des lourdes gabarres.
Plus loin montent des toux, sonores d'un bruit d'eau.
En des hangars fumeux circulent des flambeaux.
De grands élévateurs soufflant dans la poussière
Aspirent jusqu'aux toits les grains myriadaires.
Barres d'acier, plaques de fer, lingots de plomb
Glissent presque sans bruit en des steamers profonds.
Au bout du port, en des enclos gardés, s'isolent

Les hauts réservoirs blancs de naphte et de pétrole.
La fumée est si dense à travers les grands mâts
Que le soleil dans les cieux d'or ne se voit pas
Et que l'effort musclé de la cité entière
Paraît à tels moments se bander sous la terre.
Comptoirs, comptoirs, bureaux, sous vos abat-jour verts,
Avec vos mille mains griffant la page blanche,
Vous consignez la vie illuminant la mer
Des Antilles au Cap et du Cap à la Manche;
Vous masserez la force énorme entre vos doigts,
Et le courage humain se nombre sous vos plumes,
Et la peine, et l'ardeur, et la rage et l'effroi
Et l'ahan de la forge, et les bonds de l'enclume.

É. VERHAEREN. — Les Rythmes souverains (Merc. de France).

(1) Pièce de bois courbée servant à transporter les pierres.

Exercices sur des questions d'examen.

1. Citez quelques grands tunnels. — 2. Quel commerce fit-on aux temps modernes, par l'océan Atlantique et l'océan Indien? — 3. Quelles sont les deux plus grandes voies maritimes actuelles? — 4. Où trouve-t-on les matières premières nécessaires à l'industrie?

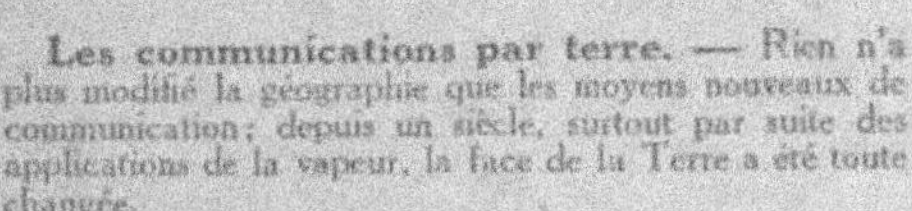

Le port de Hambourg : grands navires en partance ou en chargement, circulation d'embarcations. — Phot. Hambourg Amerika.

Train électrique de la Compagnie d'Orléans; l'énergie électrique provient de chutes d'eau aménagées par des barrages.

Les communications par terre. — Rien n'a plus modifié la géographie que les moyens nouveaux de communication; depuis un siècle, surtout par suite des applications de la vapeur, la face de la Terre a été toute changée.

Autrefois, comme voies de communication par terre, on ne connaissait que les *routes*. La France a eu, dès le temps des rois, et a gardé jusqu'à nos jours, les plus belles routes qu'il y ait en Europe et dans le monde entier. La grande circulation des *automobiles* leur donne une importance et un développement de plus en plus grands.

Mais ce sont surtout les *voies ferrées* qui ont modifié, depuis un siècle, les conditions de la circulation sur terre. On y apporte tous les jours de nouvelles améliorations; elles traversent les montagnes, par des *tunnels*, comme ceux du *Brenner*, du *Mont-Cenis*, du *Saint-Gothard*, du *Simplon*, en Europe; ceux des montagnes Rocheuses et des Andes, en Amérique. Elles franchissent les vallées par des *viaducs*.

Des *Transcontinentaux* traversent l'Europe et l'Asie, de Paris ou de Londres par Berlin et Moscou, vers l'Extrême-Orient et Péking, ou vers l'Inde par le Turkestan; il y a plusieurs transcontinentaux américains, à travers le Canada, ou à travers les États-Unis, ou à travers la république Argentine et le Chili. Il y aura bientôt des transcontinentaux à travers l'Afrique.

Les communications par eau. — Toujours les hommes ont circulé sur l'eau, par bateaux. A partir des temps modernes, ils ont su construire des *canaux* pour faire passer les bateaux d'un fleuve à un autre; et aujourd'hui, beaucoup de pays ont des systèmes de canaux bien compris et bien organisés, par exemple l'Allemagne, l'Angleterre, la France, les États-Unis. Il y a aussi des *canaux transcontinentaux*; on peut aller par bateau de l'Europe occidentale à la mer Noire en empruntant les canaux qui réunissent le Rhin et le Danube.

Sur mer, les moyens de transport ont été considérablement transformés et multipliés par la *navigation à vapeur*. Il y a encore des voiliers, mais ils sont peu à peu remplacés par les bateaux à vapeur.

Les grands ports ont été aménagés pour construire et recevoir les grands navires de guerre ou de commerce.

Autrefois la *Méditerranée* était la grande voie du commerce entre les hommes; il en fut ainsi jusqu'à la découverte de l'Amérique. Alors, pendant trois siècles, la Méditerranée fut un peu abandonnée, et c'est à travers l'océan *Atlantique* et l'océan *Indien* que circulèrent les navires qui transportaient les épices de l'Inde,

l'or et l'argent de l'Amérique, et aussi les esclaves dont on faisait grand commerce tout au long de la côte d'Afrique.

Depuis le milieu du XIX⁰ siècle, l'ouverture du *canal de Suez*, inauguré en 1869, a rendu à la Méditerranée son importance commerciale d'autrefois; désormais, les deux plus grandes voies maritimes sont celles qui réunissent les ports de l'Europe occidentale : *Hambourg, Anvers, Londres, Le Havre*, avec ceux de l'Amérique : *New-York*, la *Nouvelle-Orléans, Rio de Janeiro, Buenos-Ayres, Valparaiso*; et celles qui traversent la Méditerranée, la mer Rouge et l'océan Indien, par *Marseille, Port-Saïd, Bombay, Singapour*, vers les grands ports de la Chine et du Japon.

L'ouverture du *canal de Panama* verra se développer des conséquences analogues, et elle permettra de réunir les lignes de navigation de l'océan Atlantique avec celles qui, venues de la Méditerranée et de la mer Rouge, aboutissent à l'Extrême-Orient.

Les marchandises en circulation. — La plus grande partie des marchandises circule d'abord dans les pays mêmes où elles sont récoltées ou fabriquées. Cependant, quelques produits essentiels sont l'objet d'une circulation quasi universelle.

Ce sont les **produits alimentaires** : le *blé*, les *vins*, le *riz*, la *viande* (sur pied ou abattue et frigorifiée) ; les États-Unis, la France, la Chine et le Japon, la république Argentine en sont les principaux exportateurs.

Ce sont ensuite les **matières premières** nécessaires à l'industrie : la *houille*, exportée par les États-Unis, l'Angleterre et l'Allemagne; le *pétrole*, exporté surtout par les États-Unis; le *coton*, exporté par l'Inde et les États-Unis vers les régions industrielles de l'Europe; la *laine*, qui vient de la république Argentine et de l'Australie.

Ce sont, dans d'autres sens, les **produits fabriqués** : *machines* de toutes sortes, *cotonnades, lainages, soieries*, partent des grands pays producteurs dans toutes les directions : des États-Unis, de la France, de l'Angleterre, de l'Allemagne, de la Belgique, de la Suisse, de l'Italie, de la Pologne, de la Tchécoslovaquie, de l'Autriche.

Voici que maintenant des relations commerciales s'organisent par la voie des airs, par des *lignes régulières d'avions*. Les affaires se traitent par la *télégraphie* ou la *téléphonie* sans fil ou avec fil, qui enveloppe le globe tout entier d'un réseau de plus en plus serré.

Il faut prévoir une extension de plus en plus grande de l'industrie humaine et des échanges entre les hommes, car ils ont besoin les uns des autres.

1. La connaissance de la Terre avant Colomb.

Une ancienne carte de la Terre; on y voit l'idée d'un autre monde (alter orbis).

Ce sont les PEUPLES DE LA MÉDITERRANÉE qui ont fait le plus pour l'exploration de la Terre.

Les *Égyptiens* n'ont guère connu que la vallée du Nil et les pays voisins. Les *Phéniciens*, franchissant les colonnes d'Hercule, allèrent jusqu'aux îles Fortunées et jusqu'à la mer Baltique. Leurs successeurs, les *Carthaginois*, longèrent les côtes de l'Afrique orientale.

Les Grecs et les *Romains* ajoutèrent peu de chose aux connaissances acquises par les Phéniciens et les Carthaginois. Cependant, les conquêtes d'Alexandre le Grand firent mieux connaître les routes et les pays de l'Inde; un Grec alla jusqu'en Islande, et les Romains en Grande-Bretagne, en Germanie, en Dacie.

Le moyen âge a fait faire quelques progrès à la science géographique. Après avoir conquis l'Angleterre, les *Normands*, se risquant sur l'océan Atlantique, abordèrent au continent américain du côté du Labrador. Des voyageurs se rendirent, en traversant l'Asie, aux puissants empires mongols qui s'étaient constitués dans ce continent. Au XIIe siècle, le Vénitien *Marco Polo* séjourna longtemps en Chine et fit de son voyage les plus merveilleux récits.

2. La connaissance de la Terre depuis Colomb.

Les marins se servent d'un instrument appelé sextant pour faire le « point ».

L'époque de la *Renaissance* apporta une activité nouvelle aux études géographiques. On compléta les cartes des géographes de l'antiquité en allongeant beaucoup l'Asie vers l'est; on améliora aussi les cartes marines, ou portulans. Et l'usage de la *boussole* allait permettre de grands voyages.

En 1492, CHRISTOPHE COLOMB, parti de Palos, navigua vers l'ouest pour atteindre la côte orientale de l'Asie. Mais il aborda à une île voisine du continent américain, puis dans un autre voyage au continent lui-même. Il crut jusqu'à sa mort être arrivé au continent asiatique.

En 1498, VASCO DE GAMA doubla le cap de *Bonne-Espérance* et pour la première fois atteignit les Indes par un voyage maritime.

En 1523, l'expédition de MAGELLAN fit le premier tour du monde.

Il restait à connaître l'intérieur des continents. L'Amérique du Sud fut parcourue, aux XVIe et XVIIe siècles, par les Espagnols *Cortez, Pizarre* et *Almagro*; l'Amérique du Nord par des Français : *Jacques Cartier, Champlain, Cavelier de la Salle*. Mais ce n'est qu'au XIXe siècle que de hardis explorateurs pénétrèrent au cœur de l'Asie et de l'Afrique; parmi les plus connus sont *Stanley* et *Livingstone*.

3. La Terre dans l'espace.

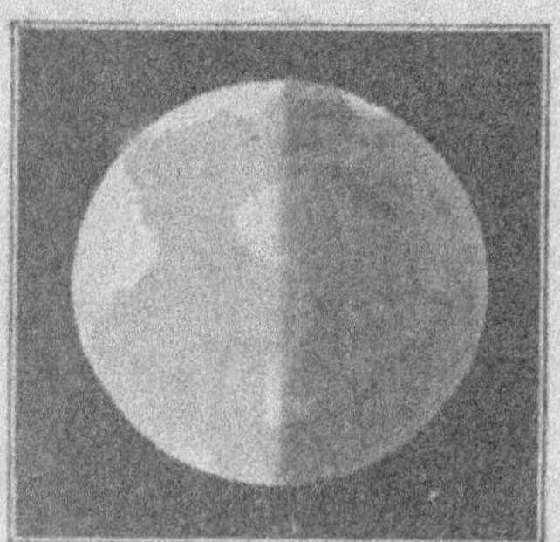

La Terre au solstice d'hiver; l'ombre est plus étendue dans l'hémisphère nord.

La Terre est RONDE; dès l'antiquité, Aristote le prouvait par l'ombre circulaire qu'elle porte sur la lune pendant les éclipses. Un globe seul peut donner l'image exacte de la Terre. Les cartes à grande échelle se rapprochent aussi beaucoup de la réalité, car la rotondité de la Terre n'apparaît pas sur de petites étendues.

Les anciens croyaient que notre Terre était le centre du monde. Elle n'est en réalité qu'une PLANÈTE, satellite du *soleil*. Or, le soleil lui-même n'est qu'une étoile, et il y en a des centaines de millions qui brillent dans l'univers.

Le diamètre du soleil est égal à 110 fois celui de la Terre. Sa lumière met 8 minutes à nous parvenir.

On crut longtemps que le soleil tournait autour de la Terre. Ce sont des savants de l'époque de la Renaissance, *Copernic, Képler, Galilée*, qui ont prouvé qu'au contraire la Terre tournait *autour du soleil*.

La Terre tourne sur elle-même en 24 heures, soit un jour, et autour du soleil en 365 jours environ, soit une année. La lune tourne autour de la Terre en 28 jours.

Selon *Laplace*, la Terre se serait détachée du soleil, puis refroidie.

4. La formation de l'écorce terrestre.

La Terre se compose d'un *noyau central* de matières en fusion recouvert d'une croûte solide d'environ 50 kilomètres d'épaisseur.

Ce fut à l'origine une masse incandescente, dont la surface s'est progressivement refroidie; les premiers éléments solides ainsi formés sont des *granits*, puis des *schistes*, caractéristiques de l'ÈRE PRIMAIRE. D'immenses forêts de *fougères géantes*, ensevelies ensuite par des formations nouvelles de terrains, se sont transformées en houille.

Entre les masses granitiques et schisteuses formant les anciens continents, des mers s'étendaient. Beaucoup furent comblées par des sédiments apportés en masse par les eaux pluviales ruisselant à la surface des terrains, et s'emplirent de *grès*, d'*argiles*, de *calcaires*, de *marne*. C'est la PÉRIODE SECONDAIRE, relativement calme.

L'AGE TERTIAIRE fut marqué par des dislocations considérables de l'écorce terrestre. En continuant de se refroidir, la Terre diminua de volume; son écorce se plissa, elle fut bouleversée. Les éléments les plus durs se dressèrent en montagnes élevées : les *Alpes*, les *Pyrénées*, la *Cordillère des Andes*, l'*Himalaya*. Ce bouleversement fut accompagné d'une imposante manifestation de *volcanisme*.

Couches de terrains plissés et redressés dans la région houillère de Firminy.

5. Le relief terrestre.

L'écorce terrestre n'est pas stable : pluies, gelées, vents, glaciers, eaux courantes en modifient constamment le relief et l'aspect.

Les fondations anciennes de cette écorce sont disposées en deux bandes longitudinales : l'*ancien continent septentrional*, assez bien conservé; l'*ancien continent austral*, presque entièrement démoli; entre les deux, une zone fragile et bouleversée, sujette aux tremblements de terre et aux éruptions volcaniques.

La surface immergée est les 7/10 de la surface totale de la Terre; son relief, très accidenté, comprend des *profondeurs de plus de 9 000 m*. Les sommets les plus hauts de la partie émergée sont dans l'HIMALAYA : ils atteignent 8 840 m.

Les dénominations d'ancien continent pour désigner l'Europe, l'Asie et l'Afrique, et de nouveau continent pour l'Amérique ne sont pas exactes en géographie, puisque chacune des parties du monde a des parties plus récentes et des parties plus anciennes : en Europe, l'Ecosse et les monts Scandinaves; — en Asie, les plateaux de la Mandchourie; — en Afrique, les plateaux du Transvaal; — en Amérique, les Apalaches et le Brésil, sont de formation ancienne.

Une montagne à neiges éternelles : la neige se tassera et formera des glaciers.

6. Les océans.

L'océanographie est une science nouvelle qui ne date guère que d'une cinquantaine d'années; le prince de Monaco a beaucoup contribué à son développement : il a fait établir la première grande *carte des profondeurs sous-marines*. On commence ainsi à connaître le fond des mers, leur sol, les étranges animaux qui y vivent, etc...

L'OCÉAN PACIFIQUE est un formidable bassin effondré; son pourtour est bouleversé par le *volcanisme*, et beaucoup de ses îles sont d'origine volcanique; il occupe à lui seul le tiers de la surface totale de la Terre.

L'ATLANTIQUE est comparable à un grand fleuve aux rivages parallèles. Il reçoit les eaux courantes de plus de la moitié de la Terre.

Les mers sont constamment agitées : par les *vagues*, formées par le vent et soulevées parfois en redoutables tempêtes, — par les *marées*, produites par l'attraction lunaire, à raison de deux marées par 24 heures 50 m., — par les *courants*, dus aux vents réguliers et à l'évaporation des eaux équatoriales remplacées par celles des régions froides. Deux grands courants traversent, l'un l'océan Atlantique : c'est le *Gulf-Stream*; l'autre le Pacifique : c'est le *Kouro-Sivo*.

Matelot filant une ligne de sonde pour déterminer en cet endroit la profondeur de la mer.

7. Les climats, les vents, les pluies, les neiges.

Lancement d'un ballon sonde pour déterminer
la direction des courants aériens.

L'ATMOSPHÈRE est l'enveloppe gazeuse qui entoure la Terre. Son épaisseur est mal connue : de 50 à 300 kilomètres. La pression qu'elle exerce à la surface de la Terre varie : elle est mesurée par le *baromètre*.

Les CLIMATS sont très variables. Ils dépendent de la *latitude*, car la chaleur varie avec l'inclinaison des rayons solaires par rapport à la surface de la Terre, — de l'*altitude*, — du *voisinage de la mer* qui adoucit les excès de chaleur et de froid. On distingue ainsi essentiellement les climats maritimes et les climats continentaux.

Les VENTS sont de l'air qui se déplace : l'air chaud est plus léger, s'élève et l'air froid vient le remplacer. Il existe des vents réguliers qui soufflent sensiblement dans une même direction, comme les vents *alizés* et les *contre-alizés*; il y a aussi des vents locaux, comme les *moussons* de l'océan Indien et le *mistral* de la vallée du Rhône.

Les PLUIES dépendent beaucoup de la latitude (elles tombent pendant toute l'année à l'équateur, pendant six mois aux tropiques, etc...), du voisinage ou de l'éloignement de la mer et des montagnes. Au-dessous de 0°, la pluie devient de la neige qui, sur les hauts sommets, reste éternelle à partir de 2 500 mètres.

8. Les eaux courantes, les côtes.

Blocs de rochers entraînés par les eaux torrentielles et arrondis par le frottement.

Les EAUX COURANTES viennent de la fonte des *glaciers* (le Rhône), ou de sources nées de l'infiltration des *eaux de pluie* (la Seine), ou de la réapparition d'une perte d'un fleuve (le Louret).

Les eaux ruissellent sur les pentes, entraînant de nombreux matériaux qu'elles déposent dans la plaine quand leur cours s'est assagi : ainsi l'Égypte est faite presque tout entière des alluvions du Nil.

Le *régime des fleuves* varie selon leur origine (fonte des glaciers ou des neiges, chute de pluies), de la pente et de la nature du terrain (une rivière est sujette à des crues rapides si son bassin est imperméable).

Le *ruissellement*, qui creuse les régions hautes et comble les régions basses, a aplani presque complètement le lit de certains fleuves.

Les CÔTES ont été formées principalement au cours des grandes dislocations de l'écorce terrestre qui ont englouti des morceaux de continents; ainsi les côtes de l'océan Pacifique, celles de la Bretagne. Mais leur aspect s'est beaucoup modifié : d'abord sous l'action continuelle de la mer qui ronge les roches tendres, ensuite par l'apport des alluvions que les fleuves charrient et qui peuvent combler de larges espaces : c'est le cas du delta du Rhône.

9. La flore et la faune.

Exemple de végétation puissante : un baobab
géant dans l'Afrique centrale.

La flore et la faune dépendent de la nature du sol, de l'altitude (on a toutes les *zones de végétation* en montant du pied de l'Himalaya jusqu'à ses neiges éternelles) et beaucoup aussi de la latitude.

Les éléments principaux de la flore sont l'ARBRE et la GRAMINÉE.

Les zones *équatoriales* et *tropicales*, qui reçoivent beaucoup de chaleur et d'humidité, ont une végétation luxuriante. La zone équatoriale a la *forêt vierge*; les zones tropicales sont couvertes de *savanes*, hautes prairies couvrant d'immenses espaces. Grands *herbivores*, carnassiers, singes, perroquets vivent dans ces régions chaudes.

La *zone désertique* n'a que des oasis.

Dans les pays tempérés, la *zone tempérée sèche* (méditerranéenne) a des étés secs : c'est la région du maquis, du chêne-liège, du pin-parasol, de l'olivier, de l'oranger.

La *zone tempérée* proprement dite a des forêts (chêne, hêtre, érable, sapin) et se prête à la culture des *céréales* qui est une de ses principales richesses. L'homme y a domestiqué des animaux : le cheval, le bœuf, l'âne, le mouton, etc... qui lui rendent les plus grands services.

Les *régions polaires* ont une faune d'animaux aux riches fourrures.

10. Le peuplement humain.

Des traces certaines de l'existence de l'homme ont été retrouvées dans des terrains de la *fin de l'époque tertiaire*. Les premiers hommes savaient se faire des armes avec des morceaux de *pierre éclatée* qu'ils attachaient au bout d'une grosse branche; ils apprirent ensuite à *polir la pierre*, puis à utiliser les métaux : *cuivre, bronze, fer*.

La Terre est actuellement peuplée d'environ *un milliard 800 millions* d'hommes, dont près de la moitié vivent en Asie. L'espèce humaine se partage inégalement en quatre RACES : la *race rouge*, qui ne compte guère que 10 millions d'Indiens « Peaux-Rouges » vivant en Amérique; la *race noire* (150 millions d'hommes), la plupart en Afrique et aussi en Amérique, où elle a été transportée par la traite; la *race jaune* (650 millions), dont le groupe principal peuple la Chine et le Japon; la *race blanche* (800 millions), qui occupe la plus grande partie de l'Inde et presque toute l'Europe.

Le peuplement de la Terre est dominé par des conditions naturelles et par des forces contre lesquelles l'homme ne peut rien : c'est le climat, ce sont la plus ou moins grande fertilité du sol et la plus ou moins grande richesse du sous-sol.

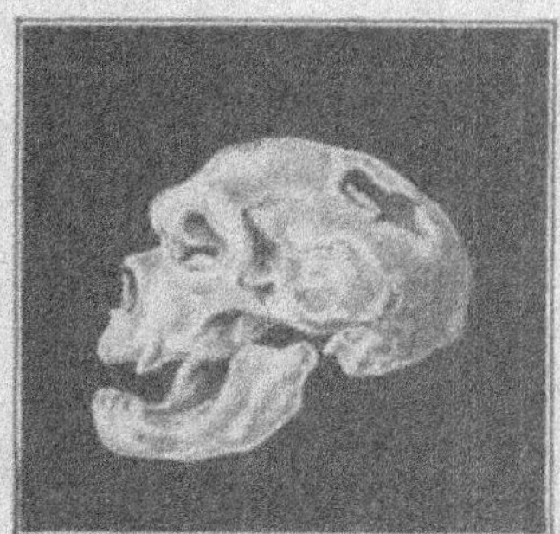

Un des plus anciens crânes humains fossiles, trouvé dans les terrains quaternaires.

11. L'exploitation de la nature. Agriculture et industrie.

L'homme exploite la terre pour en tirer les produits nécessaires à sa nourriture. Au premier rang viennent les CÉRÉALES, cultivées dans les plaines formées par les alluvions de la période secondaire ou dans les vallées alluviales des grands fleuves : le *blé*, l'*orge* et le *seigle*, le *riz*. Il a besoin aussi d'autres produits alimentaires : *pomme de terre, sucre, vin, café, thé;* — des produits de l'*élevage* : gros bétail, moutons, porcs, et de ceux de la *pêche*.

La *grande industrie* s'est développée depuis un siècle environ. Dans les terrains anciens, l'homme a trouvé la HOUILLE et l'en a retirée; de nos jours, il demande aussi une part importante de la force motrice au *pétrole* et à la *houille blanche*. Il travaille tous les métaux qu'il extrait du sol : *or* et *argent*, *fer* et *cuivre*, *plomb* et *étain*, *aluminium*.

L'*industrie métallurgique* réalise des machines de plus en plus puissantes et de plus en plus délicates. L'*industrie textile* a fait aussi de grands progrès, qu'il s'agisse du tissage des textiles végétaux : *lin, coton*, ou animaux : *soie, laine*, ou même de textiles créés par l'*industrie chimique*, comme la soie *artificielle*. A l'*industrie chimique* se rattachent aussi les engrais, les matières colorantes, etc.

Puits de pétrole en Californie; on voit combien ils sont pressés les uns contre les autres.

12. La circulation des marchandises. Le commerce.

Les premiers *moyens de communication* furent les ROUTES, auxquelles la circulation des automobiles a rendu depuis peu une importance que la construction des VOIES FERRÉES leur avait fait perdre. Celles-ci traversent aujourd'hui les montagnes, unissent les continents, l'Europe et l'Asie par exemple, avec une ligne qui va de Paris à Péking.

De tout temps, les hommes ont circulé sur eau, par bateaux. A partir de la Renaissance ils ont construit des CANAUX pour unir un fleuve à l'autre. Sur mer, les moyens de transport ont été multipliés par la *navigation à vapeur*.

Jusqu'à la découverte de l'Amérique, la Méditerranée fut la grande voie du commerce entre les hommes; puis ce fut l'océan Atlantique. L'ouverture du *canal de Suez*, en 1869, a rendu à la Méditerranée son importance commerciale. Et l'ouverture du *canal de Panama* va donner une nouvelle activité aux lignes de navigation de l'océan Pacifique.

Certains produits sont l'objet d'une circulation entre pays des différentes parties du monde; ainsi les *produits alimentaires*, comme le blé et le riz; les *matières premières*, comme la houille, le pétrole, le coton, la laine; les *produits fabriqués*, comme les machines et les tissus.

Une grande gare de marchandises aux États-Unis, avec docks et quais d'embarquement.

LECTURE. — BEAUTÉS NATURELLES DU SOL FRANÇAIS. — Nombre des principales splendeurs terrestres sont représentées en France par de typiques « échantillons ». Les gorges du Tarn sont loin de valoir en grandeur et en couleurs le cañon du Colorado, mais par leurs parois à pic de 500 mètres, elles en suscitent modestement l'image. Les gouffres comme celui de Padirac et les grottes comme celles de Dargilan, les sables de nos dunes ou le Sahara de notre Crau, les rivages attaqués, morcelés, hachés par les vagues des mers à marée violente, les droites falaises de craie, les colonnades prismatiques de basalte refroidi, telles que celles d'Espaly, ou les dykes tels que ceux du Puy, les rocs cratériformes comme ceux d'Auvergne ou grossiers comme ceux des Vosges ou des Pyrénées, et l'infinie beauté des hauts sommets couronnés de neige ou des arêtes acérées en aiguilles et aux blocs croulants dont les creux sont occupés par ces fleuves de glace... Tout cela nous le possédons.

Cependant, l'idéal pour les hommes ce sont des plaines de dimensions restreintes, parties de versants aux pentes faibles; ce sont des collines dont les talus harmonieux permettent aux laboureurs comme aux vignerons la culture jusqu'à leurs sommets. Or, notre France est d'une richesse exceptionnelle en ce qu'on pourrait nommer « les petits versants »... Si tous ne sont pas des « côtes rôties » ou des « côtes d'or », tous se sont admirablement prêtés à l'effort fécond et enrichissant de l'homme.

Jean BRUNHES. — *Géographie humaine de la France* (Plon, éd.).

Exercices sur des questions d'examen.

1. Quelles sont les montagnes françaises qui se formèrent à l'époque tertiaire? — 2. Par quelles sortes de terrains le relief de la France est-il formé? — 3. Indiquez les sommets les plus élevés du Massif central? Qu'ont-ils de particulier? — 4. Citez les points culminants des Vosges? des Pyrénées? du Jura? des Alpes? — 5. Quels sont les seuils qui permettent un passage facile entre les grandes régions françaises?

13. GÉOLOGIE ET RELIEF DU SOL FRANÇAIS

La presqu'île de Crozon en Bretagne : roches de granit qui résistent aux assauts des vagues et des tempêtes.

Montpellier-le-Vieux, dans les Causses, roche calcaire usée ; on dirait une ville en ruines.

Formation du sol français. — La France a des terrains de toutes les époques géologiques.

Les fondations du sol français sont faites de terrains de la période primaire, des *granits* et des *schistes*, avec des *gisements houillers* en plusieurs endroits, notamment dans le Nord, et autour du Massif central. Ces terrains primaires sont généralement usés, et en grande partie recouverts par des terrains secondaires ou tertiaires.

En effet, dans les dépressions de ces terrains primaires, les anciennes *mers secondaires* ont été peu à peu comblées par des dépôts argileux, puis calcaires et crayeux, mêlés de débris organiques.

Toute la région sud et sud-est de la France fut bouleversée par les grandes dislocations de la période tertiaire. Alors se formèrent les grands plissements montagneux du sud-est et du sud de la France, les *Alpes* et le *Jura*, d'une part, les *Pyrénées*, de l'autre.

De nouvelles *éruptions volcaniques* se produisirent dans le Massif central, monts d'Auvergne, monts du Vivarais ; les traces en sont encore très remarquables : *puys* en forme de cratère, laves, pierres noires.

En même temps, les montagnes nouvelles, beaucoup plus élevées qu'aujourd'hui, étaient couvertes d'immenses *glaciers* ; ceux des Alpes, par exemple, s'étendaient jusque dans la région de Lyon (V. la carte).

Le relief du sol français. — Le relief de la France est donc modelé sur des terrains plus ou moins durs, des granits, des argiles, des calcaires ou des sables. En voici les principaux traits, qui constituent le *portrait de la France.*

1° Le **Massif central** : c'est un massif usé, car il est très ancien. Il est presque entièrement granitique, sauf dans la région des *Causses*, qui, comme leur nom l'indique, sont calcaires. Il a été relevé dans sa région orientale par les éruptions volcaniques, et c'est là que sont les sommets les plus élevés, le *puy de Sancy* (1 886 mètres), le *Mézenc*, le *Gerbier-de-Jonc*, le *Lozère*. Vers l'ouest, au contraire, il s'abaisse doucement en plateaux presque réduits à l'état de plaine, — d'où le nom de *pénéplaine*, — les monts du *Limousin*, de la *Marche*, les collines du *Périgord*.

2° Les plateaux du Massif central, les collines de *Bretagne* et de *Normandie*, qui atteignent à peine 400 mètres, les *Vosges* et le plateau Lorrain (1 426 mètres au *ballon de Guebwiller*, 1 250 au *ballon d'Alsace*),

les collines d'*Artois*, qui ne dépassent guère 250 mètres, enveloppent le **Bassin de Paris**, dont le fond et le centre sont, à Paris même, à 26 mètres seulement au-dessus du niveau de la mer.

3° Entre le Massif central, les collines de *Vendée* (285 mètres au mont *Mercure*, voir la carte p. 40), et les hautes chaînes des *Pyrénées*, dont le point culminant, le *pic d'Aneto*, atteint 3 404 mètres, le **Bassin aquitain**, sensiblement plus petit que le Bassin parisien, est très doucement incliné, des deux côtés de la Garonne, vers les rivages de l'océan Atlantique.

4° Le dernier trait essentiel du relief français consiste dans un long et étroit sillon, constitué par les vallées de **la Saône et du Rhône**, creusé parmi les terrains qui ont été hautement relevés lors des grandes dislocations de la période tertiaire. Du côté de l'ouest, le Massif central domine ce sillon de ses sommets les plus abrupts ; de l'autre côté, les plissements parallèles du *Jura* arrivent à 1 725 mètres au *Crêt de la Neige*. Enfin, au sud-est, les *Alpes* ont les massifs les plus imposants et les pics les plus élevés de la France : le *Mont-Blanc* (4 808 mètres), — le *Mont-Pelvoux* (4 103 mètres à la *Barre des Écrins*).

Les avantages du relief français. — La disposition de ce relief offre de grands avantages.

Les vieilles montagnes ont des granits, des schistes ardoisiers, des gisements houillers pour l'industrie ; dans les montagnes récentes, de hautes chutes d'eau permettent le développement de l'énergie électrique et l'établissement d'usines de toutes sortes ; les plaines, de sols variés, sont généralement fertiles, et l'agriculture constitue l'une des plus grandes richesses de la France.

La disposition des montagnes et des plaines est encore plus avantageuse que leur nature même. Elles sont harmonieusement réparties autour du Massif central.

Les grandes régions naturelles sont reliées par des passages faciles : on va aisément et naturellement du Bassin parisien au Bassin aquitain par le *seuil du Poitou*, — du Bassin aquitain à la vallée du Rhône par le *seuil du Lauraguais*, — et du Bassin parisien à la vallée de la Saône par le *seuil de Bourgogne*.

La France n'est pas moins heureusement ouverte vers l'extérieur, vers les plaines du nord de l'Europe, vers l'océan Atlantique, vers la Méditerranée. Aucun pays n'a une plus forte unité territoriale et une figure plus attrayante.

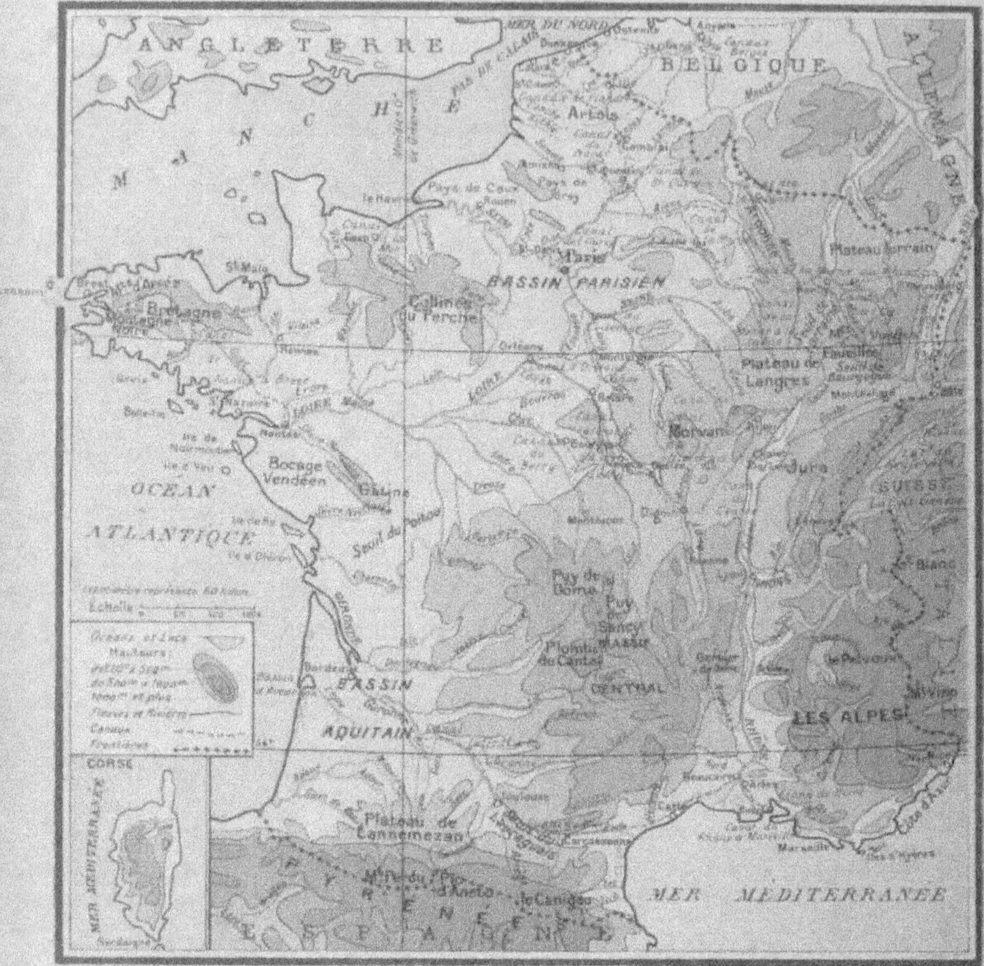

LECTURE. — LES LACS FRANÇAIS. — C'est une vieille croyance qu'il s'agit de détruire : les lacs ont passé pour être extraordinairement profonds, et l'inondabilité, si l'on veut me passer ce barbarisme expressif, était une des nombreuses légendes inventées par l'imagination des riverains. Or, le lac de Genève, le plus profond des lacs français, n'atteint pas 310 mètres et aucun des autres lacs n'atteint 150 mètres. Cette profondeur du lac de Genève est d'ailleurs très faible, si on la compare aux dimensions horizontales de la surface; ainsi elle n'est que le 1/237 de la longueur et la largeur est le 1/5 de la longueur. Si l'on faisait un modelage du lac, à l'échelle de 1/80 000, soit celle de nos cartes d'État-Major, le creux du bassin n'atteindrait pas tout à fait 4 millimètres, alors que sa longueur aurait presque 1 mètre.

Dans l'imagination facile, dans le langage des poètes, un lac est nécessairement bleu, mais ici encore nous avons affaire à une légende. Sans doute, si par un beau jour d'été nous regardons un lac du haut des coteaux qui l'environnent, ce lac nous paraît bleu, mais il nous renvoie alors la couleur du ciel; ce n'est pas sa propre couleur qu'il nous montre. Pour connaître celle-ci, il faut éliminer les rayons étrangers qui se réfléchissent sur le lac et regarder celui-ci verticalement; nous avons ainsi la vraie couleur de son eau, vue par transparence, et non plus la couleur des objets étrangers, vue par réflexion. Cette couleur n'est pas toujours bleue : souvent elle est verte, parfois même elle est presque jaune.

André DELEBECQUE. — Les Lacs français
(Chamerot et Renouard, édit.)

Exercices sur des questions d'examen.

1. Montrer, par une indication précise, que la France se trouve dans une zone tempérée. — 2. Quelles sont les deux principales origines des eaux courantes? — 3. A quelles rivières le Massif central donne-t-il naissance? — 4. Quels sont sur la carte les canaux de la région du Bassin parisien? — 5. Quels sont sur la carte les canaux de la région de la Saône?

Les gorges du Tarn dans leur partie la plus étroite; la rivière a creusé son lit en découpant la roche calcaire.

Un grand confluent, celui de la Saône et du Rhône, à Lyon; photographie prise en avion. — Phot. Serv. phot. de l'armée.

Le climat. Les glaciers et les sources. — Le climat de la France est celui de la zone tempérée, puisque le 45ᵉ degré de latitude nord passe un peu au nord de Bordeaux.

Les régions de l'est et du nord-est ont un *climat continental*; ainsi la Lorraine et le Jura ont des hivers très froids et des étés très chauds. Mais la plus grande partie de la France est sous le régime du *climat maritime*; l'influence du Gulf-Stream est très heureuse sur les côtes de la Bretagne; le contre-alizé du sud-ouest (V. page 17) est dominant sur tous les rivages de l'Atlantique. Le climat de la Méditerranée est particulièrement favorisé : le littoral a été nommé la Côte d'Azur.

Les pluies sont modérées et fréquentes; leur hauteur moyenne annuelle est de *50 à 60 centimètres* pour l'ensemble de la France, *80* pour la Bretagne.

Les eaux courantes de la France viennent des *glaciers* et des neiges dans les hautes montagnes, ou des *sources* à flanc de coteau.

Les eaux du Massif central. — Le Massif central est le grand réservoir de la France ; nous pourrions l'appeler notre « château d'eau ». Comme il est fait surtout de terrains imperméables, les eaux qui y ruissellent ont souvent des crues redoutables.

Ces eaux s'en vont dans tous les sens. Les unes s'écoulent vers le Bassin parisien : la *Loire* a presque la moitié de son bassin sur les terrains imperméables du Massif central; elle en reçoit l'*Allier*, le *Cher*, l'*Indre* et la *Vienne*. Les autres eaux du Massif descendent vers le Bassin aquitain par la *Dordogne*, le *Lot*, le *Tarn* ou vers la Saône et le Rhône.

Les eaux du Bassin parisien. — Les rivières de la Bretagne sont courtes, mais abondantes; de même, celles de la Normandie. Les rivières des Vosges et du plateau lorrain vont vers le *Rhin* par la *Moselle* et la *Meuse*; celles de l'*Artois*, vers la Belgique par l'*Escaut* et la *Lys*. La *Somme* en Picardie se jette directement dans la Manche.

La plus grande partie des eaux qui arrosent l'intérieur du Bassin parisien est recueillie par la *Seine* et la *Loire*. Ces deux fleuves ne se ressemblent pas : la *Seine* sort de sources peu élevées et suit une pente douce; son bassin est presque entièrement de terrain perméable, sauf dans la région de l'*Yonne* qui descend du Morvan granitique; ses autres affluents, l'*Aube*, la *Marne*, l'*Oise*, lui ressemblent par la modération et la régularité de leur allure.

La *Loire* est beaucoup plus instable, avec ses sources élevées au *Gerbier-de-Jonc* (1 551 mètres), sa pente rapide, son terrain imperméable. Elle a des crues dangereuses et des inondations fréquentes dans son cours moyen, aux rives plates : lors de la crue de 1846, elle monta de 6 mètres en six jours. Ses affluents ont le même régime, excepté la *Maine*, formée du *Loir*, de la *Sarthe* et de la *Mayenne*.

Les eaux du Bassin aquitain. — Au pourtour du Bassin, la *Sèvre Niortaise* et la *Charente* sont des rivières de pente et d'allure modérées. L'*Adour*, et surtout ses affluents, les *gaves*, sont des torrents qui roulent du haut des Pyrénées.

Au centre même du Bassin, la *Garonne* coule très vite jusqu'à Toulouse. Ensuite elle reçoit les rivières qui descendent en éventail du plateau de *Lannemezan*, mais elle est surtout alimentée par les eaux du Massif central, le *Tarn*, le *Lot*, et elle est rejointe par la *Dordogne* qui forme avec elle la *Gironde*, large estuaire que la marée remonte jusqu'à Bordeaux.

Le Bassin de la Saône et du Rhône. — La *Saône* et le *Rhône* sont très différents l'un de l'autre.

La *Saône* ressemble à la Seine : elle vient des *Faucilles*, qui sont un seuil peu élevé, et elle coule lentement à travers une vallée qu'elle a peu à peu comblée de ses alluvions; le *Doubs*, qui descend du Jura, lui apporte des eaux plus rapides et plus irrégulières. Avec son régime à peu près constant, elle rend de grands services à la navigation.

Le *Rhône*, au contraire, vient de très haut, et, quoiqu'il se soit assagi en traversant le lac de Genève, il garde un cours rapide et un débit variable. Ses affluents du Massif central ont une pente très forte; — ceux de la rive gauche, l'*Isère*, la *Drôme* et la *Durance*, descendent de la haute montagne et sont alimentés par les glaciers des Alpes; l'Isère, en particulier, reçoit le *Drac* grossi de la *Romanche*, qui lui apporte les eaux de la fonte des glaciers du Pelvoux.

Ainsi le Rhône est chargé d'alluvions qu'il dépose dans la partie inférieure de son bassin et qui forment à son embouchure un *delta* sans cesse accru.

L'hydrographie de la France, comme son orographie, se caractérise donc par la variété : quelques-unes de ses rivières, comme la Seine, la Saône, sont naturellement favorables à la navigation; d'autres, la Loire et le Rhône par exemple, doivent être régularisées par le travail des hommes. Les unes et les autres sont complétées à cet égard par des canaux qui sont surtout bien aménagés autour du Bassin parisien et dans la région de la Saône.

LECTURE. — LE PAYSAN FRANÇAIS. — Il y a partout en France de bons comme de mauvais pays. Le cultivateur des bons pays a du mépris pour la terre qui ne nourrit pas son homme. Un certain air de compassion tempéré de raillerie accueille les habitants des ingrats terroirs, voués au sarrasin, ou à la châtaigne, ou des pays incapables de se suffire et obligés de se pourvoir chez le voisin. Les pauvres habitants de la Woëvre excitaient ce sentiment quand ils paraissaient chez leurs riches voisins de la Comté, en quête de cendrier de lessive pour amender leurs maigres terrains de craie. Il est probable que le joyeux habitant des vallées tourangelles éprouvait quelque chose de semblable pour ces pays de sable et de craie où il vient plus d'arbres que de blé. Rabelais ne trouve pas d'autre expression pour peindre quelque part le dénuement de Panurge que de nous le montrer « tant mal en ordre qu'il ressemblait à un cueilleur de pommes du pays de Perche »...

Le pain avec des légumes et des végétaux, une nourriture animale, dont la volaille et le porc font surtout les frais, telle est l'alimentation conforme à un sol où les céréales avec les genres d'herbages qui en dépendent tiennent la plus grande place. Le blé est l'aliment préféré des méridionaux de l'Europe et précisément nos principales terres à blé sont au Nord. Autant le Français se distingue de l'Anglais et même de l'Allemand par son mode de nourriture, autant il se ressemble à lui-même vers ce point au Nord et au Sud. Pour les peuples germaniques qui nous avoisinent, notre paysan appréciateur de pain, grand amateur de végétaux et ingénieux dans l'art de les produire est un objet d'attention et de curiosité... Nos pêcheurs bretons, tous plus ou moins jardiniers sur leur territoire doux et humide, font à Terre-Neuve l'étonnement des équipages anglais en trouvant moyen de faire croître quelques salades sur cette côte stérile.

VIDAL DE LA BLACHE.
Tableau de la Géographie de la France (A. Colin, édit.).

Exercices sur des questions d'examen.

1. *Citez les peuples qui habitèrent la Gaule.* — 2. *Quelle est la proportion des ouvriers par rapport aux paysans?* — 3. *Comment la Gaule romaine était-elle divisée?* — 4. *Citez des noms d'anciennes provinces.* — 5. *Par qui la France est-elle gouvernée?*

Les bonnes conditions d'hygiène et les soins que les bébés trouvent dans les pouponnières bien installées préservent un grand nombre de petites existences précieuses. — Phot. « Entr'aide des femmes françaises ».

Par le fait de la guerre 1914-1918, la population de notre pays a été diminuée de 2 millions d'habitants; c'est à peu près ce nombre que nous a valu le retour de l'Alsace-Lorraine à la France.

Le peuplement de la France. — La France est aux extrémités de l'Europe, sur les grandes voies qui viennent de partout, par le continent ou par la mer. Elle a donc des populations d'origines très diverses.

La population essentielle des premiers temps de son histoire fut celle des *Celtes* ou *Gaulois*, qu'on peut considérer comme les ancêtres de la plupart des Français.

Plus tard, à partir de Jules César, la Gaule fut conquise par les Romains; ils y introduisirent leurs lois et leur langue, et c'est ainsi que la France allait être une *nation latine*.

Elle connut ensuite les grandes *invasions germaniques* des *Francs*, *Burgondes*, *Wisigoths*, plus tard celles des *Normands*. Ainsi le type français présente des caractères physiques très différents.

La répartition de cette population est très variable : elle est peu serrée dans les régions montagneuses, de plus en plus clairsemée dans les campagnes, très dense dans les régions industrielles et autour des grandes villes. La superficie de la France de 550 000 kilomètres carrés, pour environ 40 millions d'habitants, fait une moyenne de 73 habitants par kilomètre carré, dans une heureuse proportion de paysans et d'ouvriers : 45 p. 100 d'ouvriers, 55 p. 100 de paysans.

L'unité politique. — La *Gaule romaine* avait une unité politique; elle était divisée en quatre grandes provinces : la *Narbonnaise*, l'*Aquitaine*, la *Lugdunaise* et la *Belgique*, car elle s'étendait jusqu'au Rhin. Après les grandes invasions, elle eut encore une certaine unité sous Charlemagne. Les fiefs de l'époque féodale se groupèrent en *provinces*. Et les provinces formèrent peu à peu le *royaume de France*. Il y avait :

— au centre du pays : l'*Auvergne*, qui gardait le souvenir de Vercingétorix, le *Limousin*, la *Marche*, le *Poitou*, le *Bourbonnais*, le *Nivernais*;

— au pourtour du Bassin parisien : la *Bretagne* et la *Normandie*, l'*Alsace* et la *Lorraine*, la *Flandre*, l'*Artois* et la *Picardie*, le *Berry*, l'*Orléanais*, la *Touraine*, le *Maine* et l'*Anjou*; enfin, au centre du bassin, la *Champagne* et l'*Ile-de-France*, d'où l'autorité royale devait peu à peu s'étendre sur toute la France;

— dans le Bassin aquitain : l'*Aunis*, la *Saintonge* et l'*Angoumois*, le *Béarn* et le comté de *Foix*, le *Languedoc*, la *Guyenne*, la *Gascogne*;

— dans la vallée de la Saône et du Rhône : la *Franche-Comté* et la *Bourgogne*, le *Lyonnais*, la *Savoie* et le *Dau-phiné*, le *Roussillon* et la *Provence*, le *Comtat-Venaissin*, le comté de *Nice*, et, en face, la *Corse*.

Ces provinces avaient gardé, jusqu'à la Révolution, leur administration et leurs institutions particulières. Pour achever l'unité nationale, l'Assemblée Constituante supprima les provinces et créa les *départements*, tous semblables; le 14 juillet 1790, jour anniversaire de la prise de la Bastille, les gardes nationaux de tous les départements, réunis sur le Champ-de-Mars, à Paris, autour de l'autel de la patrie, célébrèrent la fête de la *Fédération* : la France était désormais « une et indivisible ».

Le gouvernement et l'administration. — La Révolution et Napoléon ont organisé la France moderne dans une très forte *centralisation politique et administrative*.

Le *gouvernement* de toute la France siège à Paris : il est fondé sur la souveraineté nationale, représentée par deux *Chambres* : le *Sénat* et la *Chambre des députés*, qui forment le Parlement. Elles élisent le *président de la République*, qui exerce le pouvoir exécutif par l'intermédiaire d'un *Conseil des ministres* sous le contrôle des deux Chambres.

Les lois sont appliquées dans toute la France par les soins de fonctionnaires nommés par le pouvoir exécutif. Dans chaque *département*, il y a un *préfet* et des *sous-préfets*, un *conseil général* et des *conseils d'arrondissement*; les communes sont administrées par les conseils municipaux et par les *maires* qu'ils élisent; les communes sont groupées en cantons pour certaines institutions.

L'*administration financière* est assurée par les deux directeurs départementaux des contributions directes et des contributions indirectes, par les *trésoriers-payeurs généraux* et les *receveurs particuliers*, par les *contrôleurs*, les percepteurs et autres agents des contributions.

La *justice* est rendue, dans chaque département, au criminel, par la *cour d'assises* et les tribunaux de *police correctionnelle*; au civil, par les *justices de paix* et les tribunaux de première instance.

La facilité plus grande des communications a permis de grouper les départements en *régions* pour les besoins de certains services. La France est divisée en 17 *académies*; dans chacune, un recteur dirige les services de l'Instruction publique; 27 *cours d'appel* peuvent recevoir les affaires jugées par les tribunaux de première instance. L'organisation de l'armée et l'administration des choses militaires sont réparties entre 20 *régions de mobilisation*.

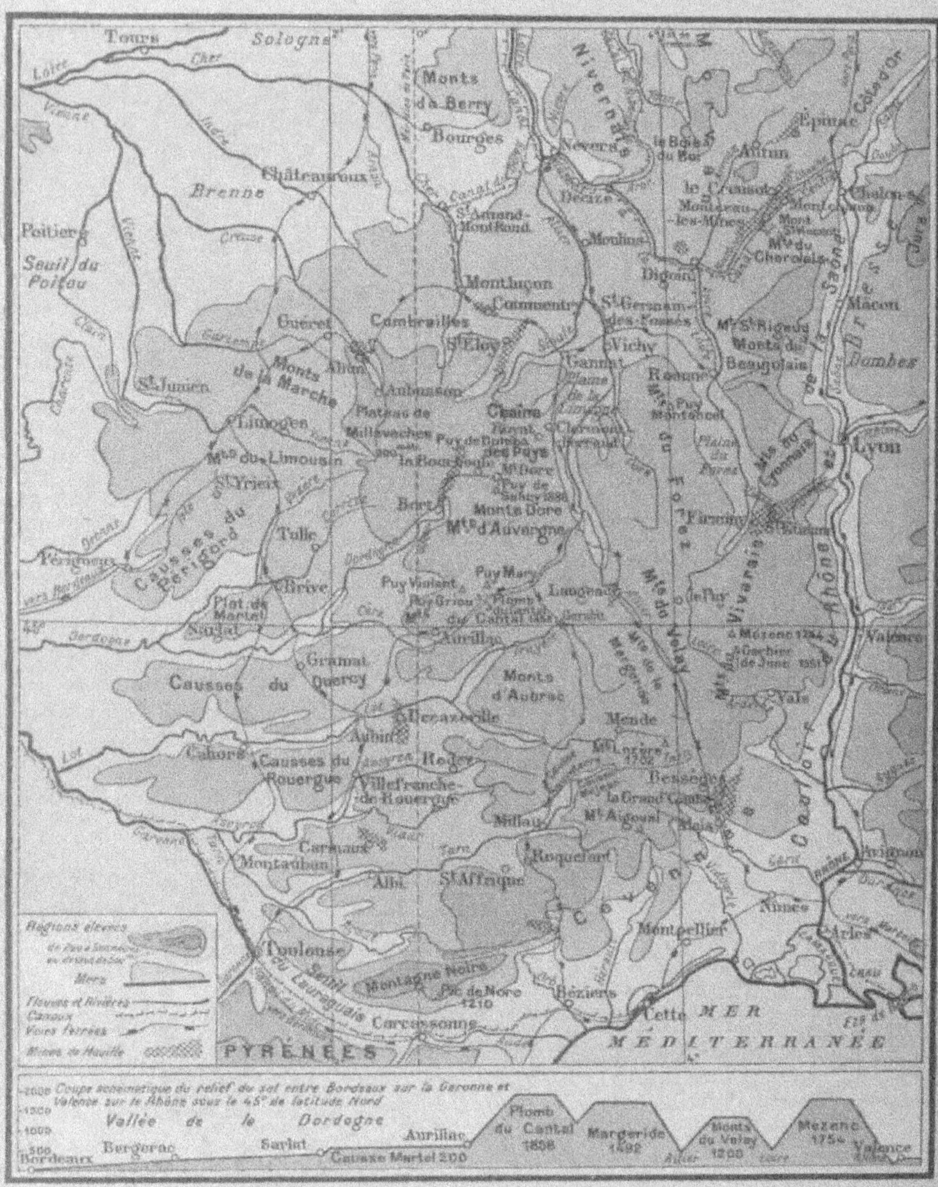

Exercices sur des questions d'examen.

1. Indiquez deux traits essentiels de la disposition du relief du Massif central. — 2. Citez deux plaines fertiles dans le Massif central? Énumérez leurs principales productions. — 3. Quelles sont les villes d'eaux minérales du Massif central? — 4. Citez des endroits célèbres dans les monts d'Auvergne. — 5. Quels sont les bassins houillers du Massif central?

Le lac Chambon (Puy-de-Dôme) vu du volcan du Tartaret; le lac lui-même est un ancien cratère. — Phot. été climatique du lac Chambon.

Vue de Limoges avec un vieux pont sur la Vienne. Région granitique, couverte de pâturages.

Le Massif central, par son relief et par ses eaux, est l'assise fondamentale de la France, dont il occupe environ la sixième partie. (V. la 13ᵉ et la 14ᵉ leçon, p. 33 et 35.)

Il domine les trois autres grandes régions naturelles de la France : le Bassin parisien, le Bassin aquitain et le sillon de la Saône et du Rhône.

Du Vivarais au Morvan. — Du mont *Lozère*, vers les sources de la Loire, jusque vers le *Morvan*, sont disposés du sud au nord une série de massifs de granit, de 1 000 à 1 700 mètres, séparés par de courtes vallées. Ce sont, sur la rive droite de la Loire : les monts du *Vivarais*, du *Lyonnais*, du *Beaujolais*, du *Charolais*, et, plus loin, le *Morvan*; sur la rive gauche de la Loire, le *Velay* et le *Forez*.

La *Loire* et l'*Allier* coulent rapidement, sur ce terrain imperméable. Mais ces cours d'eau traversent les fertiles plaines du *Forez* et de la *Limagne*, où l'on cultive le blé et les arbres fruitiers. Les montagnes sont couvertes de grasses prairies que paissent des troupeaux renommés, comme les bœufs du *Charolais*.

On exploite la *houille* dans le bassin du *Furens*. Saint-Étienne est ainsi devenu une des plus grandes villes industrielles de la France : machines, armes, soieries.

Plus au nord, dans la dépression qui s'allonge entre les monts du Charolais et ceux du Morvan, le *Creusot* possède les plus puissants ateliers métallurgiques de la France. Le *Nivernais* a aussi d'importantes usines.

Les volcans du Massif central. Les monts d'Auvergne. — Les monts du *Velay* et les monts d'Auvergne, *Aubrac*, *Cantal*, monts *Dore* et la chaîne des *Puys*, sont recouverts d'une épaisse couche de laves et de pierres noires produite par les éruptions de la période tertiaire : ce sont, après les Alpes et les Pyrénées, les plus hautes montagnes de la France : le *puy de Sancy*, dans les monts Dore, en est le point culminant (1 886 mètres).

Les flancs de ces montagnes portent de belles prairies : les *bœufs de Salers* sont très estimés; les *fromages du Cantal* sont célèbres.

Le Mont-Dore, la Bourboule, Royat, Vichy ont des *eaux minérales* réputées et sont très fréquentés.

Clermont-Ferrand, au pied du *puy de Dôme*, au bord de la plaine de la *Limagne*, doit aux fruits de la région et à l'industrie du *caoutchouc* une très remarquable et croissante prospérité.

Les monts d'Auvergne sont une des régions les plus pittoresques de la France : la *Grotte du Chien*, à Royat, a encore des émanations d'acide carbonique; les *Orgues*

de *Bort*, sur la Dordogne, sont des formations basaltiques très impressionnantes. Le plateau de *Gergovie* au-dessus de Clermont-Ferrand rappelle la glorieuse défense de Vercingétorix contre César. Les monts d'Auvergne furent alors la forteresse de la Gaule.

Le Limousin. Le versant du Bassin parisien. — A l'ouest des monts d'Auvergne, le Massif central est réduit à l'état de *pénéplaine*, c'est-à-dire presque à l'état de plaine. Les monts du *Limousin* et de la *Marche*, de part et d'autre de la Vienne supérieure, atteignent 900 et 700 mètres à leurs points culminants.

Inclinés vers l'ouest, donc très arrosés, ils sont couverts de prairies, surtout au plateau de *Millevaches*.

Des rivières abondantes en descendent. La *Vienne* est la plus importante; elle est la grande rivière du *Limousin*, puis du *Poitou*. La *Creuse* descend des monts de la *Marche* pour rejoindre plus loin la Vienne. L'*Indre* et le *Cher* s'en vont directement vers la Loire.

Ce sont surtout des *pays d'élevage*. *Limoges* est un grand marché de gros bétail; dans ses environs, on exploite le *kaolin*, ou terre à porcelaine, avec lequel on fabrique la célèbre porcelaine de Limoges.

Commentry a de la houille, et *Montluçon* d'importantes usines métallurgiques et textiles (*cotonnades*).

Le versant du Bassin aquitain. — Du mont Lozère vers le sud-ouest, s'allonge une haute chaîne granitique qui porte le nom général de *Cévennes* et qui domine la vallée inférieure du Rhône et la côte de la Méditerranée, de l'*Aigoual* à la *montagne Noire* (1 700 et 1 200 mètres).

Les pentes méridionales, très rapides, le long de l'*Ardèche*, du *Gard*, de l'*Hérault* et de l'*Orb*, sont couvertes de *vignobles* et de *mûriers*. On extrait la *houille* des bassins d'*Alès* et de la *Grand'Combe*.

Le versant occidental de ces montagnes, des Cévennes au Limousin, en dehors du *Rouergue* qui est granitique, est formé de plateaux *calcaires*, restes des anciennes mers secondaires : on les appelle pour cela les *Causses*, du *Quercy* ou du *Périgord*. Les rivières qui les traversent, la *Dordogne*, le *Lot*, surtout le *Tarn*, y découpent des vallées profondes et sinueuses (V. la gravure p. 35).

Ces plateaux sont secs, car les pluies s'y perdent très vite dans le sol perméable; on y élève des *moutons*, on y fait le *fromage de Roquefort*. A leur pied sont les gisements houillers de *Carmaux*, *Aubin* et *Decazeville*.

Albi, *Cahors*, *Périgueux* sont surtout de grands marchés agricoles.

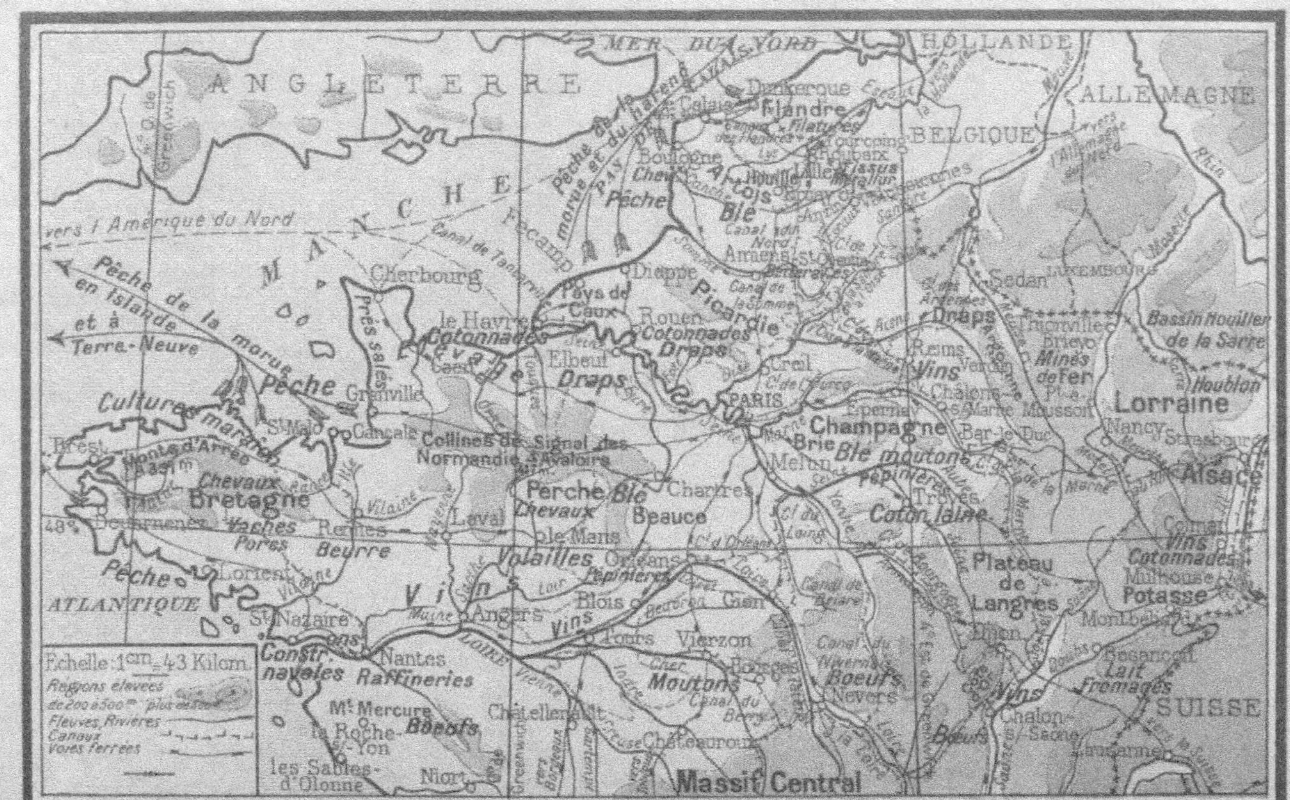

Exercices sur des questions d'examen.

1. Quelles sont les régions qui entourent le Bassin parisien? les terrains qui les constituent? — 2. Pourquoi le climat de l'ouest de la France est-il doux? — 3. Indiquez les principaux ports de pêche de la Bretagne, les ports de guerre. — 4. Quelles sont les productions de la Champagne? Dans quelles villes leur commerce est-il surtout centralisé? — 5. Citez des rivières de la Flandre, des rivières de l'Artois (v. sur la carte).

REMARQUE. — Le fond du Bassin parisien, formé de terrains tertiaires et quaternaires, est délimité sur la présente carte par un liséré en pointillé rouge; on le retrouvera sur la carte de la leçon suivante où le Bassin parisien est plus spécialement étudié.

Falaises de schiste à Granville (Manche); la mer y pénètre à marée haute à travers les rochers.

Le Bassin parisien est une cuvette de terrains tertiaires emboîtée dans des terrains primaires et secondaires. Son cadre est fait, en dehors du Massif central, par les terrains primaires, granitiques et schisteux de la Bretagne et de la Normandie, de l'Alsace et du pays rhénan, et par les sédiments secondaires de la Normandie, de la Champagne, de l'Artois et de la Picardie.

La Bretagne et la Normandie. — Le relief de la Bretagne et de la Normandie, qui est ancien, n'est que de 391 mètres au point le plus élevé des *monts d'Arrée* en Bretagne, et de 417 mètres au *Signal des Avaloirs* dans les *collines de Normandie*.

Le climat y est doux à cause du voisinage de l'Océan et de l'influence du *Gulf-Stream*, et les pluies sont abondantes et les rivières nombreuses.

La *Loire*, avant d'atteindre son estuaire, a reçu la *Maine*, qui lui apporte les eaux du *Loir*, de la *Sarthe* et de la *Mayenne*. La *Seine* arrive à la mer à travers les terrains secondaires de la *Basse-Normandie*, où elle décrit de nombreuses sinuosités.

La Bretagne a autour de Rennes de belles cultures de céréales. On y élève aussi beaucoup de gros bétail sur de riches prairies. La Normandie a des vallées d'une admirable fertilité.

Les côtes sont peuplées et riches : *Dieppe*, *Granville*, *Saint-Malo*, *Douarnenez*, sont des ports de pêche importants. *Cherbourg*, *Brest*, *Lorient*, des ports de guerre.

Aux embouchures de la *Loire* et de la *Seine* se trouvent de grands centres industriels et commerciaux : à *Nantes* et *Saint-Nazaire*, industries alimentaires, raffineries de sucre, *constructions navales*; — à *Rouen*, *Elbeuf*, *Le Havre*, grande importation de *coton* et de *laine*, grande fabrication de cotonnades et de drap.

L'Alsace, la Lorraine, la Champagne. — A l'est du Bassin de Paris, l'Alsace et la Lorraine sont dominées par le massif primaire des *Vosges*, abrupt vers l'Alsace, de pente douce vers le plateau lorrain. L'**Alsace** est une riche vallée d'alluvions, bordée par le *Rhin* sur une longueur de 180 kilomètres, et traversée par l'*Ill*. Elle cultive les *céréales* et le *houblon*, la vigne au bas des montagnes; elle a de magnifiques prairies. Elle possède les *mines de potasse* les plus importantes de l'Europe. *Strasbourg*, *Colmar* et *Mulhouse* fabriquent des cotonnades et des toiles. Elle est une des plus riches provinces, et *Strasbourg* une des plus grandes villes de la France.

La **Lorraine** s'étend sur un plateau sec et froid. Elle produit du *seigle* et de l'*orge*; elle exploite les *bois de sapin* des Vosges, où il y a d'importantes *papeteries*. Elle est arrosée par la *Moselle* et la *Meurthe*. Elle exploite surtout les mines de fer de *Thionville*, *Briey*, *Nancy*, *Pont-à-Mousson*, qui sont parmi les plus riches et les plus actives du monde. Le *bassin de la Sarre* a d'abondantes mines de *houille* qui appartiennent à la France.

La *Meuse*, par *Verdun* et *Sedan*, dessine toute la bordure occidentale du plateau lorrain. Le *Barrois*, par *Bar-le-Duc*, ouvre la porte vers Paris.

Entre l'*Argonne* et le *plateau de Langres*, s'étend la **Champagne**; c'est une plaine d'argile, et de craie ensuite : d'où la *Champagne humide* et la *Champagne pouilleuse*, la première couverte de prairies, la seconde sèche et stérile, nourrissant seulement quelques troupeaux de *moutons*. L'*Aube*, la *Marne* et l'*Aisne* sont les grandes rivières champenoises. La plus grande richesse de la Champagne consiste dans ses vins, dont la consommation est universelle : *Reims*, *Epernay* en sont les principaux centres. *Troyes*, l'ancienne capi-

Les *Dames de Meuse*, collines schisteuses aux environs de Givet; la Meuse y trace son cours sinueux.

tale, garde sa vieille industrie cotonnière et lainière. *Châlons* est le centre du commerce des moutons.

Flandre, Artois, Picardie. — La région du Nord est dominée par le plateau d'**Artois**, qui s'incline en pente rapide vers la **Flandre** et la Belgique, en pente douce vers la **Picardie**.

Les eaux de la Flandre, *Sambre*, *Escaut* et *Lys* s'en vont vers la Belgique et vers la mer du Nord. Celles de l'Artois et de la Picardie descendent à la Manche par la *Canche* et la *Somme*; la *Somme* notamment traverse, aux environs d'*Amiens*, les fertiles tourbières de la Picardie.

Les côtes sont élevées au Pas de Calais, basses vers Dunkerque et l'embouchure de la Somme.

Tout ce pays, humide, souvent enveloppé de brouillards, a de riches prairies, de belles cultures de betterave à sucre et de *céréales*, notamment en Picardie autour d'*Amiens*. Mais c'est surtout la *région la plus industrielle de la France*, avec les grands bassins houillers de *Valenciennes*, *Anzin*, *Lens*, *Bruay*; avec les usines *métallurgiques* et *textiles*, extrêmement actives, de *Lille*, *Roubaix*, *Tourcoing*.

Dunkerque, *Boulogne*, *Calais*, font un commerce intense avec la Belgique, l'Angleterre et les pays du nord de l'Europe.

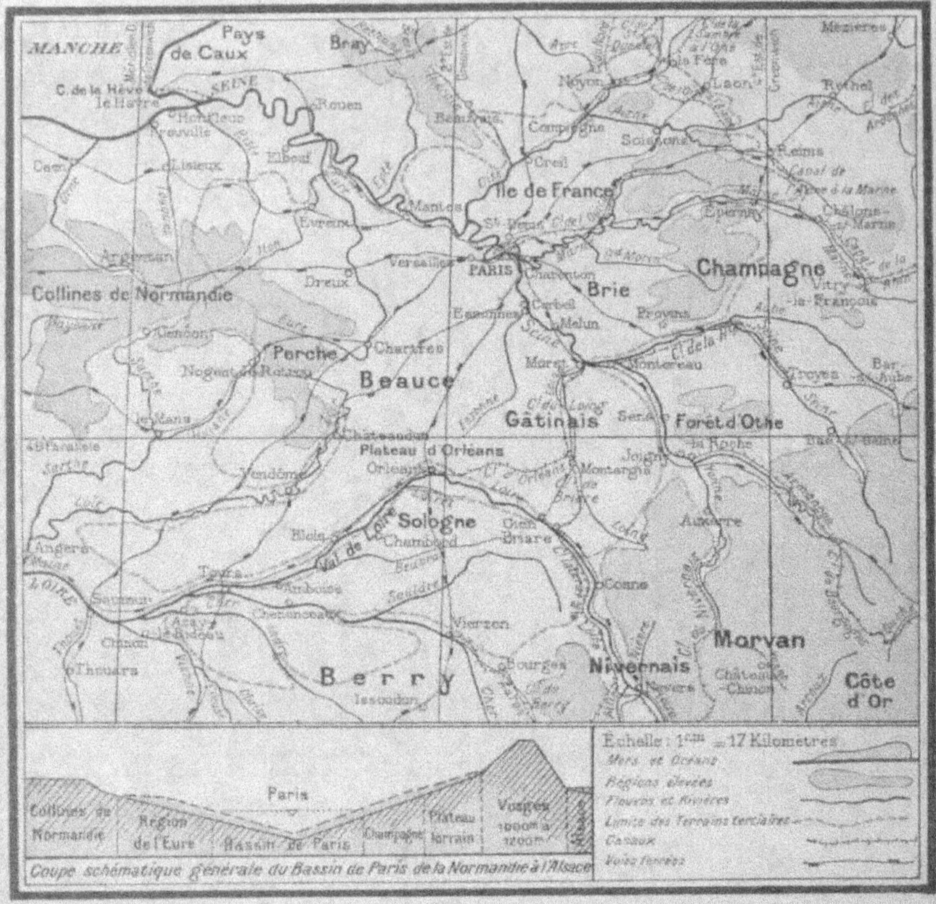

LECTURE. — D'UN VILLAGE DE MARINIERS A LA CAPITALE DE LA FRANCE. — En l'an 52, un lieutenant de César, Labienus, battit un chef gaulois, Camulogène, de la nation des Aulerques, au bord d'un fleuve dont ce « vergobret » lui disputait le passage.

Des îlettes allongées séparaient ce fleuve en rivières et rivièrettes ; des ruisseaux le rejoignaient à l'issue de vallons marécageux ; des collines boisées, quelques-unes très hautes, bornaient l'horizon.

Qui eût dit au triomphateur de cette journée, que sur ces îlots, dans ces vallons, sur les coteaux des deux rives de ce fleuve aussi vert que le Tibre est jaune, s'étalerait une ville supérieure à Rome elle-même et qu'on y admirerait un jour bien plus de palais qu'il ne s'y voyait alors de chaumières basses, taudis d'un village de pêcheurs, le vainqueur, certes, ne l'aurait jamais cru, quand même il l'aurait entendu prédire par la Sibylle elle-même...

Mais il y avait dans ce village de mariniers ce qu'on y voyait et ce qu'on n'y voyait pas...

Ce qu'on n'y voyait pas, ce qu'on ne pouvait encore y voir, ce qu'on ne savait pas, ce qu'on ne sut et qu'on ne comprit que plus tard devant l'immense accomplissement, c'était l'heureuse rencontre des routes imposées par le relief du sol, par toute la nature des choses, les confluents décisifs : la Seine, chemin de la Saône et de la Méditerranée, l'Yonne, dont le faisceau de torrents conduit à cette même Saône et à la Loire ; le Loing qui, sauf le plateau de ses origines, est comme un bras de la Loire dérivé vers la Seine ; la Marne, route vers les Germains, les Celtes de l'est et les Slaves ; l'Oise, avenue presque droite vers le nord-est, jusqu'à la plaine d'Europe et d'Asie dont on ne voit la fin qu'à l'horizon du Pacifique ; des plateaux de limon d'une fécondité durable, Brie, Beauce et beaucoup d'autres moindres, facilitant une fois la trouée faite à travers la selve, les voyages dans toutes les directions de la rose des vents et l'arrivée de tous les lieux possibles... Un vaste avenir planait sur ce petit pays alors un peu palustre, très sylvestre, évidemment plus sombre et plus froid qu'aujourd'hui.

O. RECLUS. — La France à vol d'oiseau.

Exercices sur des questions d'examen.

1. Quels sont les affluents de la Seine ? Où se jettent-ils dans le fleuve ? — 2. Indiquez trois beaux monuments de Paris dans l'île de la Cité. — 3. Que constituent, au point de vue commercial, les quais de la Seine ? — 4. Par quelles grandes voies de communication Paris est-il uni au sud de la France ?

La moisson en Beauce : les moissonneuses coupent le blé ; paysage de plaine riche.

Un vignoble en Champagne pendant les vendanges. Un coteau calcaire à Verzenay (Marne).

Le centre du *Bassin parisien* est le fond tertiaire de la cuvette que forment les terrains primaires et secondaires du pourtour. On le voit par la coupe générale du terrain de la Normandie à l'Alsace.

L'Ile-de-France. — L'Ile-de-France occupe la moitié septentrionale de ce fond de la cuvette du Bassin de Paris.

De la Champagne, on y arrive par le passage d'Epernay, où la Marne pénètre dans la *falaise de l'Ile-de-France*, et où l'on trouve des hauteurs de 200 à 300 mètres, de *Provins* au sud, *Reims* et *Laon* au nord.

Puis le terrain s'abaisse doucement vers **Paris**, qui n'est qu'à 26 mètres au-dessus du niveau de la mer.

Cette région parisienne est celle où convergent et se réunissent les principaux affluents de la Seine. La *Seine*, après avoir traversé les craies de la Champagne méridionale, passe à *Montereau*, où elle reçoit l'*Yonne* venue du Morvan sur une pente rapide, puis à *Moret*, où elle reçoit le *Loing* ; à Corbeil, où elle reçoit l'*Essonne* ; à *Charenton*, où elle reçoit la *Marne*. Elle reçoit l'*Oise* un peu plus bas, au delà de Paris.

Elle porte de nombreux bateaux, qui lui viennent par ses affluents ou par les canaux qui la réunissent aux bassins voisins : *canal du Loing* et *canal de Briare* venus de la Loire ; *canal de Bourgogne*, venu de Dijon et de la Saône ; *canal de l'Est*, venu de la Meuse, de la Moselle et du Rhin ; *canaux du Nord*, qui la mettent en relations avec les grandes régions industrielles de l'Artois et de la Flandre.

La région elle-même a de grandes richesses agricoles : *blé*, betterave à sucre de la *Brie*, de la *Beauce* et du *Gâtinais* ; *pommes de terre*, *volailles*, pour le marché de Paris qui doit nourrir plus de 4 millions d'habitants.

Mais surtout la banlieue parisienne et Paris même ont une extraordinaire activité, dans les industries de toutes sortes, notamment les *industries du vêtement* et de la *mode*, des *automobiles*, des *meubles*, des « *articles de Paris* », qui sont demandés dans le monde entier à cause de leur bon goût et de leur valeur artistique.

Paris. — Paris a grandi d'une croissance régulière et, pour ainsi dire, naturelle, depuis le temps où il n'occupait que la petite île de la Cité et s'appelait Lutèce. Sa beauté et son prestige historique y ont toujours attiré les Français de toutes les provinces, et attirent aujourd'hui un nombre considérable d'étrangers. La *Cité* en est le berceau toujours vénéré, avec *Notre-Dame*, le *Palais de Justice* et la *Sainte-Chapelle* de saint Louis. La rive droite a les quartiers les plus commerçants, autour de la Bourse et des grands magasins. La rive gauche a l'*Université*, de plus en plus riche d'écoles de toutes sortes et d'étudiants accourus de partout.

La grande ville ne cesse de s'étendre en tout sens, absorbant peu à peu tout le département de la Seine et une partie de celui de Seine-et-Oise. Les trains de banlieue y déversent chaque matin des centaines de milliers de travailleurs venus de 25 à 50 kilomètres aux environs.

Les quais de la Seine, dans leur ensemble, constituent *le plus grand port commercial de la France*, et l'un des plus grands du monde.

L'Orléanais et la Touraine. — Séparée de la Seine par un dos de pays qu'on appelle le *plateau d'Orléans*, la *Loire moyenne*, de *Nevers* à *Angers*, traverse la partie méridionale de la cuvette tertiaire du Bassin parisien, où *Orléans* occupe une position semblable à celle de Paris. La Loire y arrive par le *Nivernais* ; le terrain où elle coule est en grande partie perméable, et elle y subit des pertes comme celle qui donne ensuite naissance au *Loiret*.

Le versant à droite est très étroit jusqu'à Angers ; à gauche, au contraire, il est large, et il est parcouru par les affluents qui descendent du Massif central : le *Cher* et l'*Indre*, qui viennent du Berry ; la *Vienne*, qui a traversé le *Limousin* et le *Poitou*.

La région comprise entre *Orléans* et *Tours*, par *Blois*, est la partie la plus creuse du Bassin parisien, et elle est souvent ravagée par des inondations ; car la Loire est très irrégulière. Mais tout ce « Val de Loire » est fertile et riche : on y cultive la vigne et les *fleurs* ; là se trouvent les plus importantes *pépinières* de France.

Par *Angers*, la Loire ouvre la route de Nantes vers la Bretagne.

Par *Poitiers*, elle ouvre celle du seuil du Poitou, vers le Bassin aquitain et Bordeaux.

On vient de voir que, géographiquement, les voies naturelles et économiques de la France convergent vers Paris, qui est devenu ainsi la tête de ligne de toutes nos grandes voies ferrées : non seulement elles s'en vont vers tous les points du Bassin parisien, mais elles desservent toute la France, avec des communications prolongées à travers toute l'Europe et au delà des mers ; en particulier, deux grandes voies, de part et d'autre du Massif central, gagnent l'une le Bassin aquitain par le seuil du Poitou, l'autre Lyon et la Méditerranée par le seuil de Bourgogne : elles rapprochent ainsi les grandes régions naturelles de la France.

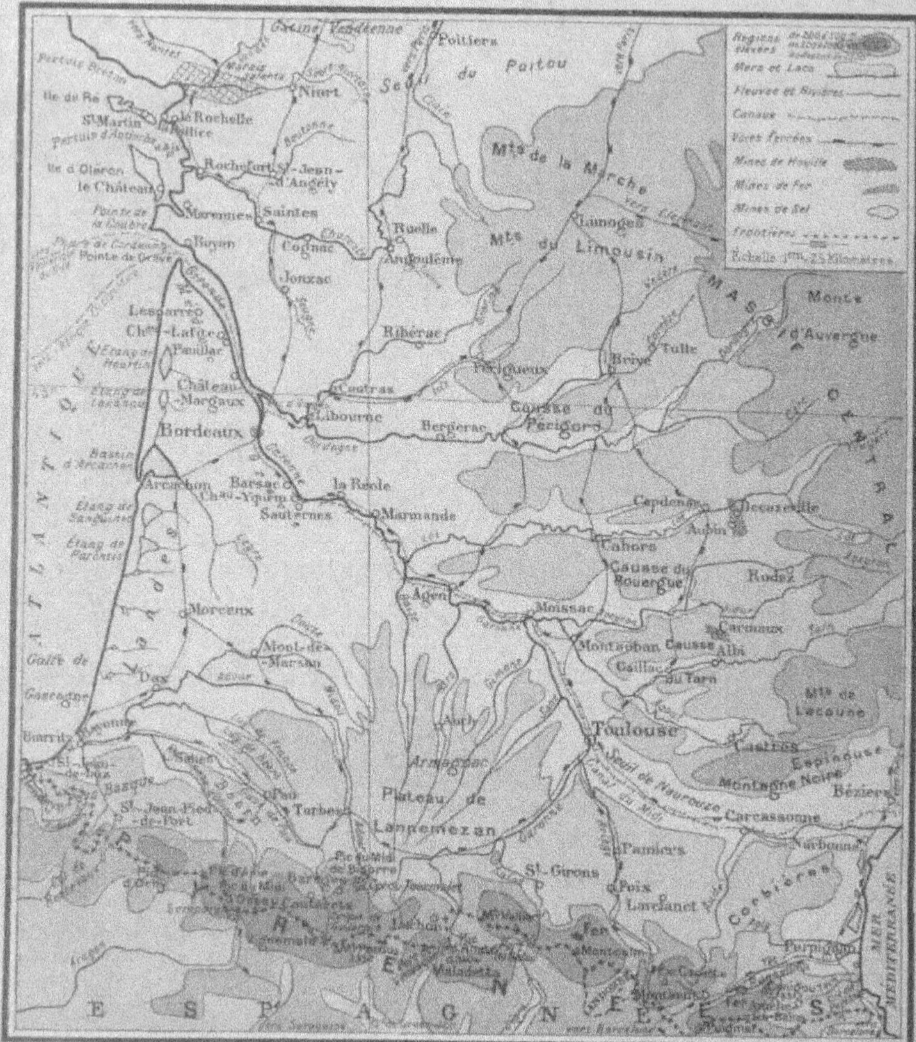

LECTURE. — **LES VINS DE BORDEAUX.** — La région viticole la plus considérable du Bordelais est le Médoc, bande de terrain de 10 kilomètres de largeur sur 80 de long, qui s'étend entre Bordeaux et l'embouchure de la Gironde, sur sa rive gauche. Là se trouve, à côté des plus grands noms de vins rouges français, une pléiade de crus de haute noblesse et aussi une infinité de noms roturiers, mais dignes cependant de figurer sur les menus les plus distingués.

La classification officielle reconnaît trois premiers crus de Médoc : le Château-Lafite, le Château-Latour et le Château-Margaux, tous trois à peu de distance de Pauillac, à 30 kilomètres environ de Bordeaux ; le sol qui leur donne le jour est composé de gravier siliceux, peu calcaire et très légèrement accidenté. Rien ne permet de distinguer à l'œil un vignoble où le vin se vend 5 000 francs le tonneau d'un autre terrain, souvent tout proche, où le même tonneau ne trouve pas acheteur à 500 francs. Quoi qu'on en ait dit, aucune explication scientifique n'existe encore de ces privilèges que la nature s'est plu à octroyer à certains sols.

Victor Cambon. — *La France au travail* (P. Roger, édit.).

Exercices sur des questions d'examen.

1. *Que constitue actuellement le lit des anciens glaciers des Pyrénées? Un exemple.* — 2. *Quelles sont les principales stations thermales des Pyrénées?* — 3. *Décrivez le cours de la Charente.* — 4. *Citez des noms de vins renommés du Bordelais.*

Le port de Bordeaux; la ville est disposée en demi-lune sur la rive gauche de la Garonne. — Phot. Cie aérienne française.

La grande dune à Arcachon, plantation de pins, très fréquentée à cause de la douceur du climat.

Le **Bassin aquitain** est encadré et formé : à l'est, par le *Massif central*; au nord, par les hauteurs de la *Gâtine vendéenne*; au sud, par les hautes chaînes des *Pyrénées*. A l'ouest, le Bassin aquitain n'est limité que par l'Atlantique, vers lequel il s'abaisse régulièrement : ce n'est pas une cuvette comme le Bassin parisien, mais un golfe en voie de comblement depuis la période des mers secondaires, et les eaux qui y ruissellent continuent de le remplir de leurs alluvions.

Les Pyrénées. — Les *Pyrénées*, comme les Alpes, sont des montagnes récentes, jeunes; c'est pourquoi elles sont encore très élevées : dans le massif de la *Maladetta*, près des sources de la Garonne, le *pic d'Aneto* atteint 3 404 mètres; d'autres pics dépassent aussi 3 000 mètres. Les Pyrénées forment une masse montagneuse très épaisse et très difficile à franchir, et c'est seulement aux deux extrémités que l'on peut passer aisément de France en Espagne. Les glaciers des Pyrénées ne sont plus très étendus, parce que ces montagnes sont beaucoup moins élevées que les Alpes; les anciens lits des glaciers ont formé des cirques, comme le célèbre *cirque de Gavarnie*.

Elles sont tellement abruptes du côté de la France, que les rivières qui en descendent ne peuvent être que des torrents; on les appelle souvent des *gaves* : le *Gave de Pau*, le *Gave d'Oloron*. L'*Adour*, qui est un peu plus éloigné de la haute montagne, est moins rapide. L'*Ariège* est aussi un torrent. La Garonne elle-même, jusqu'à *Toulouse*, a un cours extrêmement rapide, et ses crues ont été souvent redoutables.

Les Pyrénées ont de belles *forêts*, des *prairies* où l'on élève des *chevaux*, des *vaches*, des *moutons* et beaucoup de *chèvres*, notamment dans le pays basque; des *mines de fer*, dans la région de l'Ariège; des *stations thermales* très fréquentées : *Cauterets*, *Barèges*, *Bagnères-de-Luchon*. La puissance des chutes d'eau a permis l'installation de grandes usines d'*énergie électrique*.

Les plateaux du Bassin aquitain et la vallée de la Garonne. — L'*Adour* et ses affluents emportent à la mer les eaux des Pyrénées occidentales.

A l'autre extrémité du Bassin, la *Charente* descend des dernières pentes du Massif central; elle dessert le seuil du Poitou et s'en va vers l'ouest en passant par *Angoulême*, qui a d'importantes *papeteries*, et *Rochefort*, qui est un port de guerre. Elle finit près de *La Rochelle*, dont le nouveau port, établi à *La Pallice*, est appelé à un grand avenir. En face sont les îles de *Ré* et d'*Oléron*; un peu plus au sud vers la Gironde, les bains de mer de *Royan*.

A partir de *Toulouse*, la Garonne, en se dirigeant vers le nord-ouest, reçoit, sur sa rive gauche, les eaux du *plateau de Lannemezan*, et, sur sa rive droite, celles qui lui viennent du Massif central.

Le *plateau de Lannemezan* est le produit des alluvions apportées par les anciens glaciers des Pyrénées centrales; ses rivières, la *Gimone*, le *Gers*, la *Baïse*, ont peu de pente, et sont souvent à sec parce qu'elles ne viennent pas de la haute montagne; elles ne ressemblent pas aux gaves.

Les grandes rivières du Massif central qui appartiennent au Bassin aquitain sont le *Tarn*, le *Lot* et la *Dordogne*. Elles viennent de haut, du *mont Lozère* ou des *monts d'Auvergne*, et leur pente est rapide; elles traversent la région des *Causses* (Causses du Tarn, du Quercy, du Périgord), terrains propres à l'*élevage*, où elles se creusent des vallées profondes et sinueuses. *Albi* sur le Tarn, *Rodez* sur l'Aveyron, *Cahors* sur le Lot, *Bergerac* et *Libourne* sur la Dordogne, *Périgueux* sur l'Isle, sont surtout des *marchés agricoles*.

La vallée même de la Garonne est beaucoup plus riche et l'une des plus belles régions de la France. De *Toulouse* à *Bordeaux*, par *Montauban*, *Agen*, *Marmande*, on y cultive le *blé*, le *maïs*, le *tabac*, les *fruits*. Sur les pentes de l'*Armagnac* on cultive la vigne et on fabrique des eaux-de-vie renommées comme dans la vallée de la Charente, autour de *Cognac*. Bordeaux et tout le *Bordelais* produisent des vins d'une réputation universelle, *Médoc*, *Graves*, *Sauternes*.

Bordeaux, un des grands ports de la France, est en relations avec l'Afrique occidentale et l'Amérique du Sud.

La Gironde et le golfe de Gascogne. — En aval de Bordeaux, la Garonne rencontre la *Dordogne* au *Bec d'Ambez*; elles forment ensemble la *Gironde*.

La *Gironde* est un véritable bras de mer, que la marée remonte jusqu'à Bordeaux sur la Garonne et Libourne sur la Dordogne.

La côte du *golfe de Gascogne* est rocheuse au sud, au pied des Pyrénées, avec *Bayonne* et l'importante station de bains de mer de *Biarritz*; mais ensuite, jusqu'à la Gironde, elle est droite et inhospitalière. En arrière, s'étend la vaste plaine des *Landes*, couverte de forêts de pins dont on exploite la *résine*. La côte elle-même est toute de sable, et, contre les assauts de l'Océan, il a fallu la défendre par des *plantations de pins* qui ont complètement transformé l'aspect du pays. *Arcachon*, au milieu de ce rivage, sous un climat délicieux, marque le point le plus bas de la côte, celui par où le Bassin aquitain achève de s'incliner vers la mer.

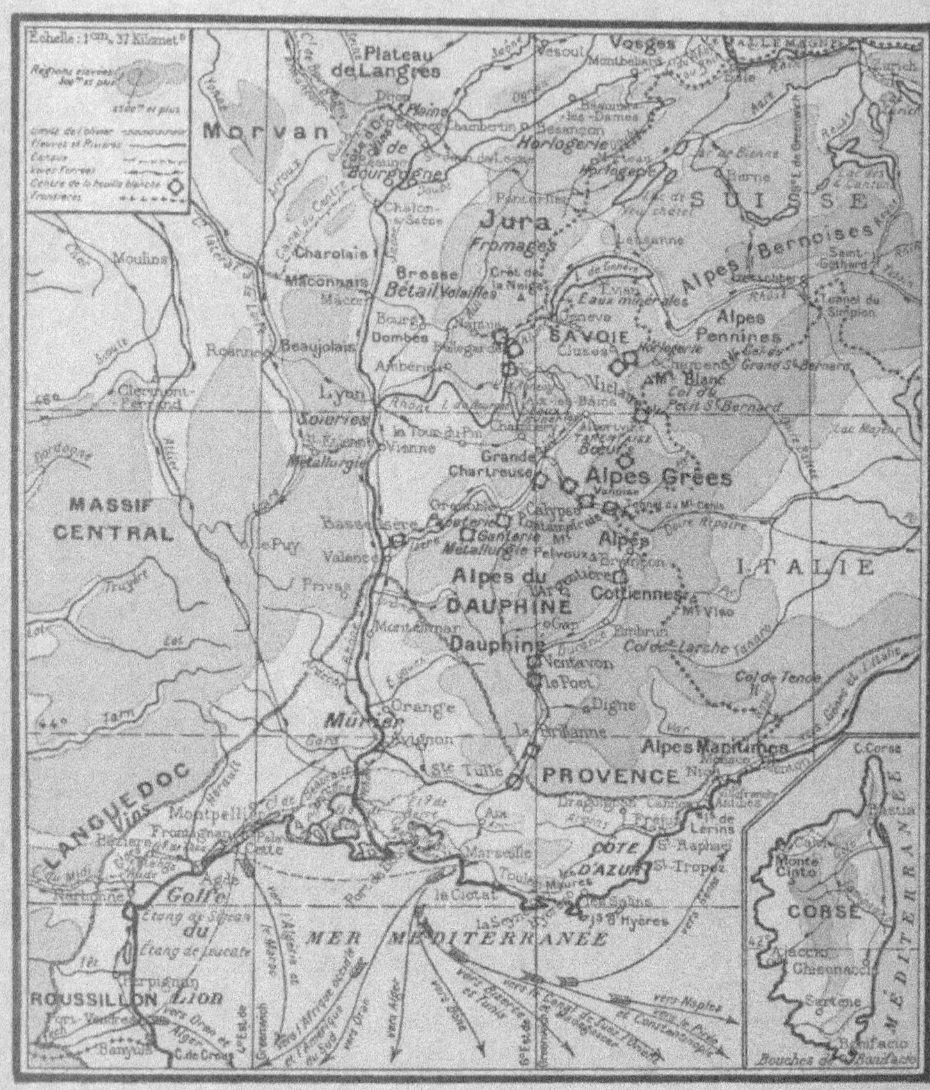

LECTURE. — LES CHÊNES-LIÈGES. — Les montagnes des Maures à l'est de Toulon, très peu habitées naguère, encore à peine explorées par le tourisme, sont aujourd'hui fréquentées grâce à la Compagnie des chemins de fer du Sud qui suit la côte de Toulon à Fréjus, tandis que le P.-L.-M. s'en éloigne en certains points de près de 40 kilomètres. De belles et sombres forêts de chênes-lièges et de pins maritimes en recouvrent la surface accidentée.

Pour qu'un chêne-liège soit exploitable, il faut le laisser grandir longtemps, puis le démascler, c'est-à-dire enlever la première écorce qui est sans valeur et laisser pousser pendant huit ou dix ans une nouvelle couche de liège. On la dépèce alors par sections transversales successives d'année en année et il faut dix ans avant que l'écorce enlevée se reforme aussi épaisse sur la même tranche.

Victor CAMBON. — *La France au travail* (P. Roger, édit.).

Exercices sur des questions d'examen.

1. Quel est le sommet le plus élevé du Jura? — 2. Quels sont les centres de l'industrie horlogère, dans le Jura, dans les Alpes? — 3. Citez quatre grands massifs des Alpes. — 4. Quelles sont les ressources agricoles particulières à la région méditerranéenne?

Un « mas », ferme provençale, dans la vallée inférieure du Rhône.
Les toits des constructions sont plats et couverts de tuile.

Une lourde péniche descend le cours du Rhône aux environs
de Montélimar; le courant est rapide.

La vallée de la *Saône* et celle du *Rhône*, à partir de
Lyon, forment un couloir serré entre les pentes orientales
du Massif central, de la Côte d'Or et du plateau de
Langres, et les pentes occidentales du Jura et des Alpes.

Le Jura et la vallée de la Saône. — Le Jura
est le type le plus remarquable des *montagnes plissées*,
formées de chaînes parallèles, par suite d'une pression
latérale qui est venue des Alpes. Il est composé de trois
plis principaux qui s'allongent de la *Grande-Chartreuse*
aux environs de Bâle, et dont le plus élevé est le plus
oriental, au-dessus du lac de Genève et de la vallée du
Rhône. Il atteint 1 723 mètres au *Crêt de la Neige*. Vers
l'ouest il s'abaisse en forme de plateau, qui s'étend sur la
Bresse, le long de la rive gauche de la Saône.

Son climat est continental, et l'hiver couvre les hauteurs d'épaisses couches de neige. Ses eaux vont au Rhône
par l'*Ain* et à la Saône par le *Doubs*, rivière au cours très
difficile et très pittoresque entre les plis de la montagne.

Le Jura est couvert de *forêts de sapins* d'une grande
beauté et de riches *prairies*; on y fabrique le *fromage dit
de Gruyère*. L'industrie caractéristique du Jura est l'*horlogerie*, dont les centres principaux sont *Morteau* et *Besan-
çon*. Un grand centre d'industrie métallurgique s'est créé
autour de *Montbéliard*.

La vallée de la **Saône** est bien différente. Cette rivière
a peu de pente, comme la Seine. Née au-dessus de *Vesoul*,
elle s'attarde dans la *plaine de Bourgogne* au bas de la
Côte d'Or. Cette plaine est riche en *céréales*; sur les
pentes on cultive le grand *vignoble de Bourgogne*, autour
de *Beaune* et de *Dijon*. Dijon, capitale de l'ancienne province de Bourgogne, a une remarquable prospérité.

La Saône s'en va ensuite par *Mâcon*, entre la *Bresse*,
où l'on élève bétail et volailles, et les pentes du *Mâconnais* et du *Beaujolais*, couvertes de pâturages et de *vignobles*. Elle se joint au Rhône à Lyon. *Lyon*, au pied
du coteau de Fourvières, est la plus grande ville de toute
cette région et la plus importante du monde pour l'industrie de la *soierie*.

Les Alpes et la vallée du Rhône. — Les Alpes,
montagnes jeunes, sont encore très élevées, quoiqu'elles
aient été usées en grande partie par le glissement des glaciers; leurs massifs du *Mont-Blanc*, du *Pelvoux*, du
Viso, de la *Vanoise*, sont très imposants, et leurs glaciers,
encore considérables, produisent des torrents rapides et
abondants qui s'en vont grossir, surtout au printemps,
les eaux du *Rhône* et de ses affluents, l'*Isère*, la *Drôme*
et la *Durance*.

Les Alpes couvrent de leurs ramifications la *Savoie*, le
Dauphiné et la *Provence*. Dans les régions hautes, les
prairies servent à l'élevage de bestiaux renommés, comme
les bœufs de la *Tarentaise*. Les chutes d'eau donnent une
puissante *énergie électrique*, qui alimente des industries
très actives: *poteries*, *ganteries*, et même *métallurgie* de
la région de *Grenoble* et les ateliers d'*horlogerie* à *Cluses*.
Les stations thermales d'*Évian*, *Aix-les-Bains* sont très
fréquentées.

La vallée du **Rhône** est resserrée entre les Alpes et
le Massif central. Le climat change à partir de *Montélimar* et devient méditerranéen; les pentes sont cultivées
en *mûriers*, *vignes*, puis *oliviers*, *orangers*. A Avignon, au
confluent de la Durance, on entre décidément dans la
région de la Méditerranée.

Les côtes de la Méditerranée. — Les côtes de
la Méditerranée s'allongent en deux grandes courbes,
l'une concave, l'autre convexe, de la frontière espagnole
à la frontière italienne. Les alluvions du Rhône, rejetées
par les courants sur la côte du *golfe du Lion*, se sont
déposées en forme de cordons sablonneux, limitant des
lagunes et des lacs : c'est la côte du *Languedoc*.

Cette côte occidentale se relève au sud de l'*Aude*, dans
le Roussillon, où s'allongent les vallées du *Têt* et du
Tech, riches en cultures d'*oliviers* et de *vignes* : *Perpignan* en est la principale ville. Les vins doux de *Banyuls*
et de *Frontignan* sont célèbres. *Montpellier* est une grande
ville de science et d'art.

La *côte de Provence*, à partir de *Marseille*, est découpée en petites baies ou calanques toutes bordées de *fleurs*,
d'*oliviers*, d'*orangers*, de *pins parasols*.

Elle jouit d'un climat doux, à l'abri de la montagne
des *Maures* et des *Alpes Maritimes*; c'est la *Côte d'Azur* :
Nice, *Cannes*, *Antibes*, *Saint-Raphaël*, *Villefranche*,
Menton, *Hyères*. Elle est très fréquentée pendant la saison
d'hiver par les malades et les touristes.

Toulon est notre plus grand port de guerre. *Marseille*,
notre premier port de commerce et le plus grand port de
la Méditerranée, ouvre les communications de la France
avec l'Afrique, l'Égypte, l'Orient et l'Extrême-Orient.

En face des côtes françaises de la Méditerranée, la
Corse en paraît une répétition en miniature : sa côte
orientale est richement découpée comme celle de la Provence et a les mêmes ressources. La Corse, très belle, très
pittoresque, a été surnommée « l'île de Beauté ». *Bastia*
est la principale ville du rivage oriental. *Ajaccio*, son
chef-lieu, est la patrie de Napoléon.

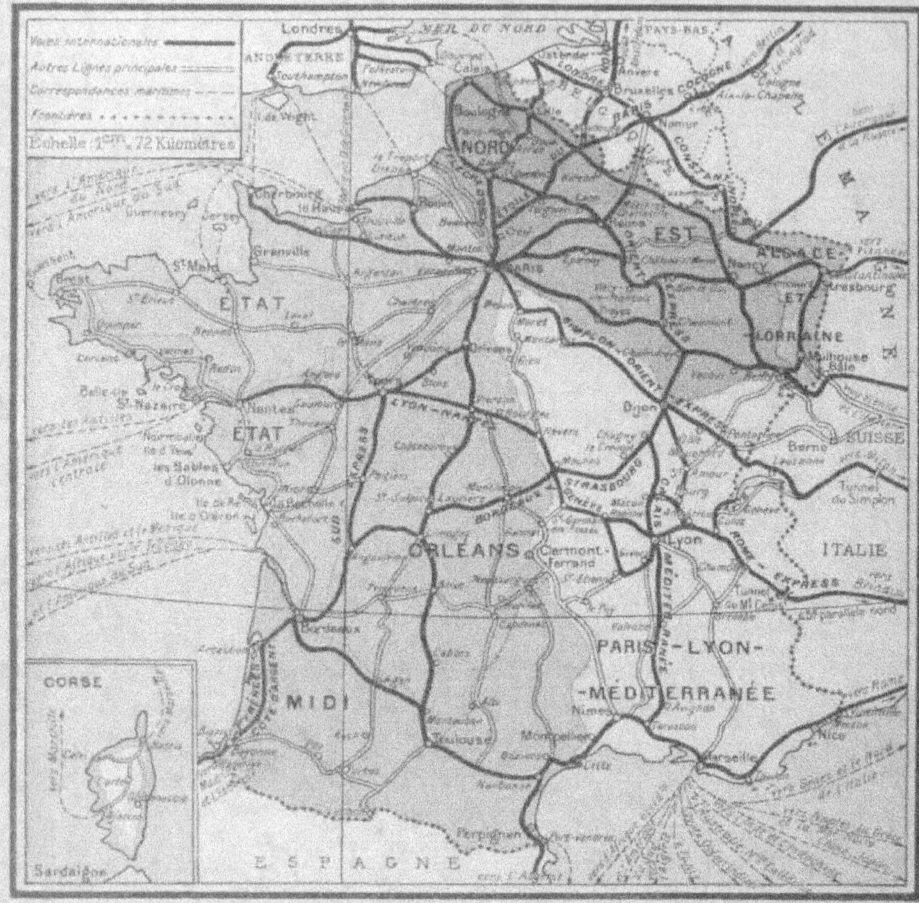

LECTURE. — LES FOIRES ET LES ROUTES. — Lorsque, au XVᵉ siècle, les rois de France, qui étaient les rois de Paris, organisaient ces quatre grandes foires annuelles de Lyon, d'une durée de quinze jours chacune, ils prirent argument que « nostre bonne ville et cité de Lyon est assize et située sur et entre les rivières du Rhosne et de la Saosne qui sont deux gros fleuves navigables en passant le long de nos pays de Bourgogne, Lyonnois, d'Avignon, Languedoc et Provence et du pays de Savoie et autres hors nostre Royaume jusques à la mer du Levant. Et aussi est assize à une journée près de la rivière de Loire, laquelle traverse nostre Royaume jusques à la mer Océane. Par lesquelles rivières et semblablement par terre y affluent chaque jour en ladite ville plusieurs marchands dans notre Royaume, des pays et seigneuries d'Armagnac, Italie, Arragon, Espagne, que autres pays étrangers » (Édit de 1487).

Les foires de Brie et de Champagne étaient, avant celles de Lyon, les plus anciennes et les plus fameuses de toute l'Europe.

La foire de Beaucaire ou le lendit de Saint-Denis, que supplanta le lendit de Paris, et les petites foires de France, nombreuses et si achalandées, sont d'historiques manifestations de l'attraction exercée par notre pays et des témoignages de ce qu'était alors le facile accès à de multiples points de convergence.

Un réseau complet de routes solidement construites et très habilement dessinées, comme nul pays n'en eut jamais, figura et renforça au début du XIXᵉ siècle ces séculaires aptitudes à la pénétration et à la circulation. L'invention des chemins de fer et des transports à vapeur fit perdre momentanément à la France le bénéfice de ce privilège routier. Les nouveaux moyens de locomotion, bicyclette et automobile, ont par bonheur remis en lumière et en honneur nos chaussées nationales et départementales.

Jean BRUNHES. — *Histoire de la Nation française* [I] (Plon, édit.).

Exercices sur des questions d'examen.

1. Comment divise-t-on les routes françaises au point de vue de leur importance? — 2. Quelles sont les principales lignes de chacun des grands réseaux français? — 3. Vers quels points de l'étranger se dirigent les lignes qui passent par Bayonne, Maubeuge, Metz, Strasbourg, Mulhouse, Pontarlier, le Mont-Cenis, Nice, Narbonne? — 4. Quels sont les canaux qui unissent la Saône à d'autres cours d'eau. Même question pour la Seine. — 5. Citez les grands ports français.

Voiture motrice d'un train électrique; elle prend contact par un trolley avec les fils qui lui apportent le courant.

Cabine des passagers dans un avion d'une ligne régulière; on aperçoit à l'avant le poste du pilote. — Phot. N. J.

Il n'y a pas de pays au monde qui ait un système plus complet et plus harmonieux de voies de communication de toutes sortes, routes, chemins de fer, canaux.

Les routes. — La France est une vieille nation qui, depuis longtemps, a de bonnes routes. Déjà au temps de la Gaule romaine, d'admirables voies, droites, larges, pavées, partaient de *Lyon*, alors capitale, et s'en allaient vers Bordeaux, Boulogne, ou Cologne sur le Rhin. On en retrouve encore des traces en beaucoup d'endroits.

Aujourd'hui nous avons des *routes nationales* qui doivent avoir au moins 11 mètres de largeur, des *routes départementales* de 8 mètres, des *chemins de grande communication*, des *chemins vicinaux* de plus en plus nombreux; les seules routes nationales ont un développement de *40 000 kilomètres*, c'est-à-dire le tour de la Terre.

Nos routes ont été un peu négligées lors de l'établissement des chemins de fer. L'invention des *automobiles* et le rapide développement de cette industrie leur donnent plus d'importance qu'elles n'en ont jamais eu.

Les voies ferrées. — Le régime de nos **chemins de fer** a été organisé méthodiquement par la loi de 1842. Les grandes lignes de communication intérieure sont partagées entre l'*État* et cinq *Compagnies* :
— l'*État* : lignes de Paris à Brest; — à Granville; — à Cherbourg; — au Havre; — à Dieppe;
— la *Compagnie d'Orléans* : lignes de Paris à Orléans; — à Bordeaux, — à Nantes et Brest; — à Toulouse;
— la *Compagnie du Nord* : lignes de Paris à Calais et Dunkerque; — à Lille; — à Maubeuge;
— la *Compagnie de l'Est* : lignes de Paris à Charleville; — à Nancy et Strasbourg; — à Belfort et Mulhouse;
— la *Compagnie de Paris-Lyon-Méditerranée* : lignes de Paris à Dijon et Pontarlier; — à Mâcon, Bourg et Genève; — à Aix-les-Bains et vers l'Italie, par le Mont-Cenis, — à Lyon, Marseille et Nice, — à Clermont, Nîmes, Narbonne;
— la *Compagnie du Midi* : lignes de Bordeaux à Cette, avec ses embranchements vers les Pyrénées; — de Bordeaux à Bayonne.

Ces lignes se prolongent vers l'étranger : par Bayonne vers l'Espagne, — par Maubeuge vers Bruxelles et Cologne, — par Metz vers Mayence, — par Strasbourg vers l'Allemagne du Sud et l'Autriche, — par Mulhouse vers Bâle et la Suisse, — par Pontarlier vers le Simplon et l'Italie, — par le Mont-Cenis, vers l'Italie, Rome et Brindisi, — par Nice vers Rome, — par Toulouse et Narbonne vers Perpignan et Barcelone.

Les canaux. (Se reporter à la carte hydrographique de la France, page 34.) — Les **canaux** de la France ne sont pas encore organisés d'une façon parfaite; beaucoup de nos voies fluviales ne sont pas bien aménagées. Quelques grands canaux ont même été négligés par suite de la concurrence des chemins de fer, par exemple le *canal du Midi*, ou celui de *Nantes à Brest*.

Nous avons deux réseaux à peu près complets de canaux : celui de la *Saône* et celui du *Bassin parisien*.

De la *Saône* comme d'un tronc se détachent dans toutes les directions le *canal du Rhône au Rhin*, — le *canal de l'Est* vers la *Moselle*, — le *canal de la Haute-Marne*, le *canal de Bourgogne* vers l'Yonne et la Seine, — le *canal du Centre* vers la Loire.

Les canaux du Bassin parisien portent à Paris d'énormes quantités de marchandises : ce sont les *canaux du Loing*, du *Nivernais* et de *Bourgogne*, — les *canaux de la Marne au Rhin* et de *l'Est*, — les *canaux des Ardennes* et de *l'Oise*, de la *Sambre à l'Oise*, de *Saint-Quentin*, et, dans la région du Nord, tout un réseau de canaux et de rivières canalisées où se fait une grande partie du commerce intérieur de la France.

Paris, grâce à ces canaux, grâce à la Seine et à ses affluents, est *le plus grand port commercial de la France*.

Les ports de mer. — Les grands ports de la France sont surtout desservis, à l'intérieur, par des voies ferrées. Ainsi, par *Dunkerque*, la France est en relations avec l'Angleterre et les pays du nord de l'Europe, — par *Le Havre*, les navires de la *Compagnie Transatlantique* correspondent avec l'Amérique du Nord, — par *Nantes* et *Saint-Nazaire*, avec l'Amérique centrale, vers le canal de Panama, — par *Bordeaux*, la *Compagnie des Chargeurs-Réunis* fait le commerce de l'Amérique centrale et de l'Amérique du Sud jusque vers l'océan Pacifique, par le détroit de Magellan; — de *Marseille*, la Compagnie des *Messageries Maritimes* dessert l'Afrique du Nord, les pays de la Méditerranée, l'Orient, l'Égypte, l'Inde et l'Extrême-Orient, la Chine et le Japon.

La navigation aérienne. — Des *lignes aériennes* régulières réunissent Paris à Londres, — à Cologne et Berlin, — à Prague et Varsovie, — à Toulouse, vers l'Espagne et le Maroc. Ces communications par air sont destinées à prendre le plus grand développement pour le transport du courrier, des passagers et des marchandises légères.

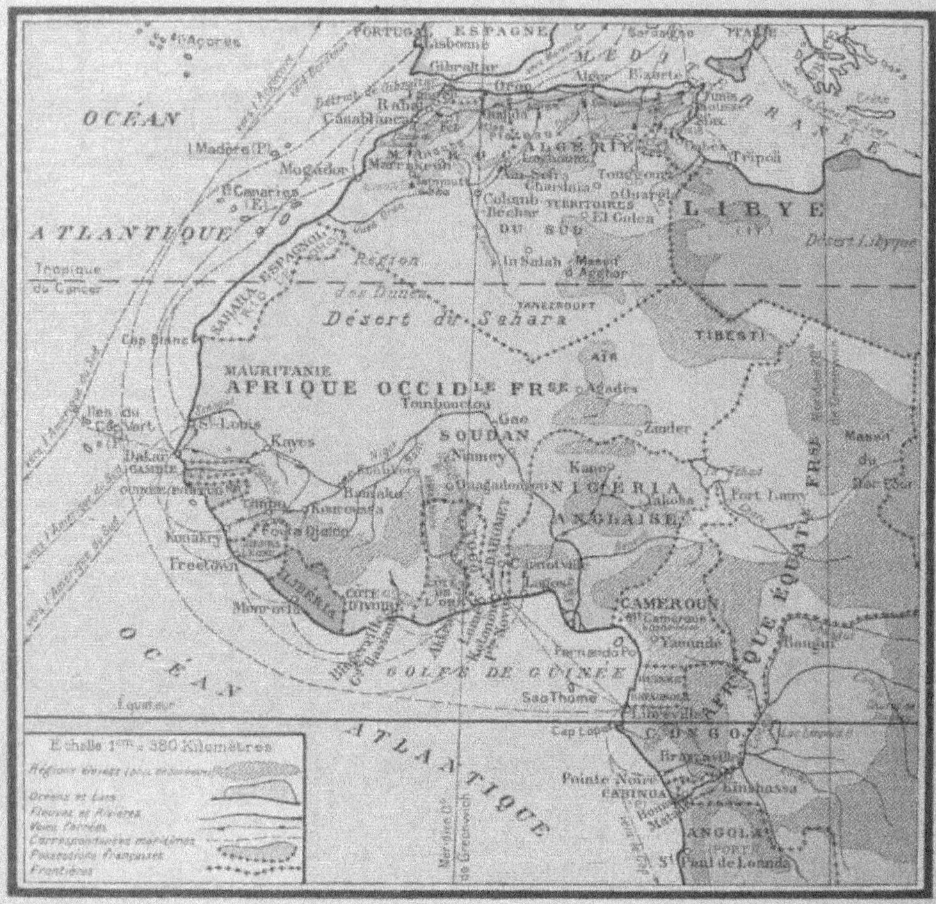

Note. — Les régions colorées en diagonales roses sont des pays de mandats confiés à la France par la Société des nations.

LECTURE. — UNE TRAVERSÉE DU SAHARA EN AUTOMOBILE. — Au moment du départ, le chef mécanicien constate avec regret que le pont arrière d'une voiture fut brisé par les cailloux de la hammada. Puisse la réparation au fil d'acier tenir jusqu'au fort Polignac où l'on espère trouver des pièces de rechange! Et l'on roule dans un pays fantastique semé de collines en obélisques d'un rouge sang de bœuf dont les soubassements plongent dans le sable fauve. Quelques traces d'antilopes sont relevées. Cependant, à perte de vue, pas une herbe et pas un arbrisseau! Quelle nourriture trouvent-elles? Le soir, le dîner doit être chauffé avec la lampe à souder...

... Les jours qui suivent, les voitures traversent le Tassili avec des incidents trop répétés : pannes de magnéto, chenilles cassées. D'énormes falaises rougeâtres dominent la plaine rocailleuse. Sur leurs sommets, des Touaregs, surgis comme par miracle, appuyés sur leurs hautes lances, observent les autos qui cheminent difficilement à travers les formidables blocs. Que pensent-ils? Admirent-ils? Méprisent-ils? Haïssent-ils?

Soixante-huit kilomètres sont franchis avec peine ce jour-là. Le 20 janvier, les voitures, à l'escalade perpétuelle des pentes rocheuses, reçoivent des chocs qui tordent les châssis. On avance si lentement que passagers et mécaniciens doivent marcher à côté des chenilles, afin de dégager les pierres les plus dangereuses. Progression très difficile et épuisante sous un ciel orageux. S'il pleut, les voitures seront submergées par l'eau, car il faut longer l'oued. Un heurt démolit le démultiplicateur d'une voiture. Il faut réparer. Pendant cette dure journée, l'avance ne dépasse point 40 kilomètres. C'est dérisoire lorsqu'on jette les yeux sur la carte de l'immense continent que la mission traversera de la Méditerranée à l'Atlantique.

Charles GENIAUX (Revue des Deux Mondes).

Exercices sur des questions d'examen.

1. Quelles sont les principales rivières des pays de l'Atlas? — 2. Quelles en sont les principales villes? — 3. Citez deux fertiles oasis du Sahara? — 4. Indiquez les traits essentiels du climat du Congo? — 5. Quels sont les bassins fluviaux du Soudan? Quelle en est la principale ville?

Vue d'Alger : maisons blanches à terrasses, sous le grand soleil, port rempli de grands navires et de nombreuses petites barques.

L'expédition Delingette en automobile à travers l'Afrique : traversée à gué d'un cours d'eau. — Phot. Rossat.

La France possède en Afrique un immense empire qui s'étend sans interruption de la Méditerranée à l'équateur. Il se partage en *quatre régions naturelles*, selon la latitude et le climat : — la zone *tempérée* des pays de l'*Atlas*, — la zone *désertique* du *Sahara*, — la zone *tropicale* du *Soudan*, — et la zone équatoriale du *Congo*. Il comprend ainsi le tiers de l'Afrique, 10 millions de kilomètres carrés, c'est-à-dire la superficie de l'Europe, et 30 millions d'habitants.

Les pays de l'Atlas : Algérie, Tunisie, Maroc. — L'*Algérie*, la *Tunisie* et le *Maroc* sont les pays de l'Atlas. Ce grand système montagneux a ses sommets les plus élevés au Maroc, où le *Tamsoutt* atteint 4 500 mètres, et se partage ensuite en deux plis à peu près parallèles, l'*Atlas méditerranéen* et l'*Atlas saharien*; entre les deux s'étendent de hauts *plateaux*, avec des dépressions où se déposent des *chotts* d'eau salée; les chotts tunisiens, au pied de l'Atlas saharien, sont au-dessous du niveau de la Méditerranée.

Le climat de la région de l'Atlas est celui de la zone *tempérée sèche*; il ressemble, au bord de la mer, à celui de la Provence et se prête aux mêmes cultures. L'eau manque en beaucoup d'endroits et les rivières, parfois exagérément enflées, sont le plus souvent desséchées, même le *Chélif*, qui est la plus importante rivière de l'Algérie. Cependant, en Tunisie et au Maroc, quelques rivières arrosent des vallées fertiles : la *Medjerdah*, qui passe près de Tunis, — la *Moulouïa*, — l'*Oued Sebou*, — l'*Oum er Rebia*, dans les plaines de *Fez* et de *Casablanca*.

Les plateaux algériens ne sont ni fertiles ni peuplés; les indigènes poussent devant eux des troupeaux de *moutons*; on y récolte l'*alfa*, dont on fait du papier. Il existe aussi, dans la région qui se trouve à la limite de la Tunisie et du département de Constantine, de très importants gisements de *phosphate* (Gafsa, Tebessa) et des *mines de fer*. Il est probable que le sous-sol du Maroc contient des minerais de toutes sortes.

Les richesses de l'Algérie, de la Tunisie et du Maroc sont essentiellement des *richesses agricoles* : des *céréales*, des *vignes*, des *oliviers* cultivés le long de la côte qui, en Algérie, se nomme le *Tell*. La plaine de la *Chaouïa*, au Maroc, et la plaine de la *Métidja*, autour d'Alger, sont aussi belles et aussi riches que les plus prospères régions de la France. L'Algérie, la Tunisie et le Maroc ont des villes importantes : **Alger, Oran, Constantine,** — ou **Tunis,** *Sfax, Kairouan,* et le grand port de **Bizerte,** — ou **Fez,** *Rabat, Casablanca, Marrakech.*

Les pays de l'Atlas ne sont encore peuplés que de 10 ou 12 millions d'habitants; mais ils pourraient en nourrir beaucoup plus, et ils ont un immense avenir.

Le Sahara. — Le Sahara, ce grand désert, n'est pas uniformément plat : il a des hauteurs très accentuées, jusqu'à 2 500 mètres. Les eaux coulent sous le sable, et des puits artésiens les font, en certains points, jaillir à la surface.

Ces vastes étendues de pierre et de sable sont interrompues par de riantes et fertiles oasis, *Ghardaïa, Touggourt,* avec de magnifiques cultures de palmiers-dattiers.

Surtout ce grand désert est la route qui conduit des pays de l'Atlas au Soudan. On a pu le traverser rapidement en automobile, et il est question de construire une voie ferrée vers *Tombouctou* sur le Niger ou vers le lac *Tchad*.

Le Soudan français. — Le Soudan correspond à la zone tropicale que marque le tropique du Cancer. Il a des hauteurs de quelques centaines de mètres, notamment dans le plateau du *Fouta-Djalon*, aux sources du Sénégal et du Niger. Puisqu'il appartient à la zone tropicale, il a *deux saisons*, l'une humide et chaude, l'autre sèche et moins chaude, et d'importants bassins fluviaux : à l'ouest, le bassin du *Sénégal*, qui va de l'océan Atlantique, — au centre, le bassin du *Niger*, qui tombe dans le golfe de Guinée, — à l'est le bassin du lac *Tchad*, formé par les eaux du *Chari*.

On cultive le coton et le riz dans les alluvions du Niger, qui a des inondations régulières comme le Nil. **Dakar** est un grand port sur le chemin des navires qui vont vers l'Amérique du Sud.

La région du Congo français. — La région du **Congo français** appartient à la *zone équatoriale*, avec des pluies chaudes tous les jours et toute l'année. Ses eaux vont à l'*Ogoué* ou au *Congo*, l'un des plus grands fleuves de l'Afrique et du monde. La végétation, qui est celle de la forêt vierge, est exubérante. On y exploite le *caoutchouc* et les *bois précieux*, ébène, acajou, palissandre.

Brazzaville en est la capitale.

Les colons européens cultivent le *café*, la *vanille*, le *cacao*. La population indigène, jadis décimée par les fièvres et par la traite, se développe beaucoup; elle commence à s'instruire et à prendre part à l'exploitation des richesses de son sol.

Ainsi la France possède en Afrique un empire complet, avec les quatre zones : tempérée, désertique, tropicale et équatoriale, et les ressources diverses qui les caractérisent.

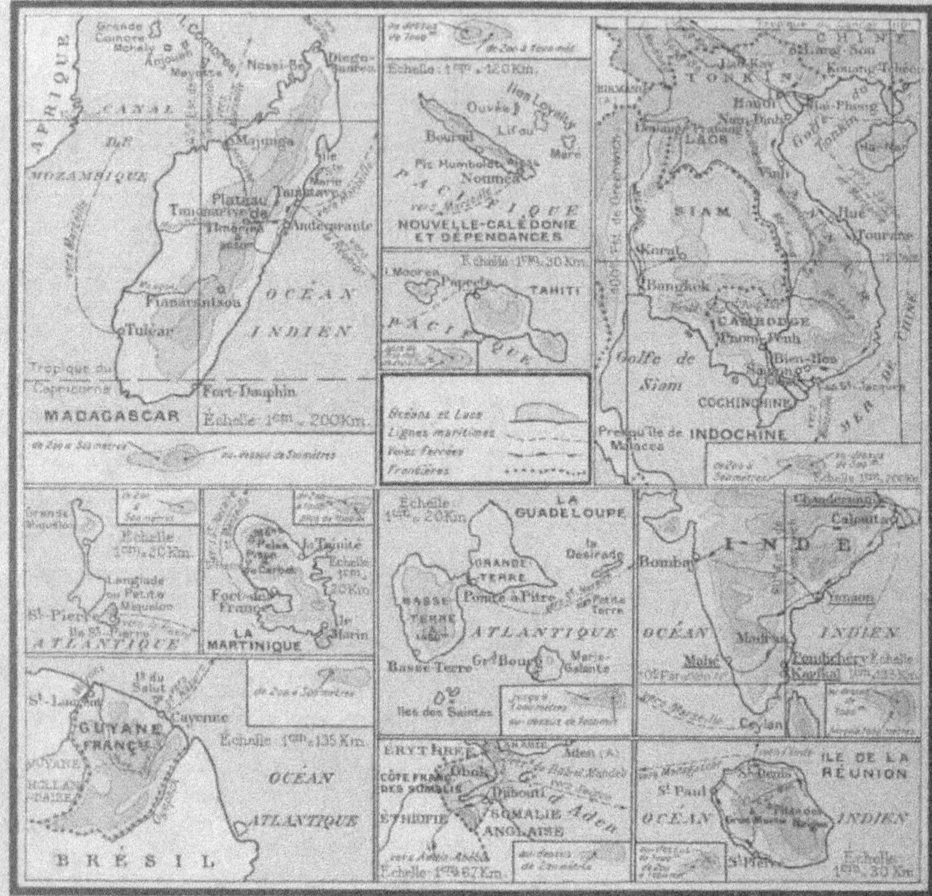

LECTURE. — CLIMAT ET VÉGÉTATION DE MADAGASCAR. — L'humidité et la chaleur réunies de l'été rendent fort dangereux, pour les Européens, le séjour dans les terres basses du littoral de l'est, le plus abondamment arrosé grâce aux vents de l'océan Indien chargés de vapeurs. C'est en janvier et en février surtout que les côtes de Madagascar voilées de brume grise méritent le nom de « cimetière des Européens » qu'on leur a souvent donné. Le mélange des eaux douces et des eaux salées, dans les estuaires où s'épanchent les rivières débordées, a pour conséquence une grande mortalité des organismes appartenant aux deux milieux différents. L'atmosphère se charge de miasmes dangereux et, pour éviter la fièvre, les Européens et les indigènes des côtes doivent se hâter de remonter vers les hautes terres salubres de l'intérieur. Nombreux sont les voyageurs qui ont payé de leur vie leur amour de la science.

La végétation, comme les phénomènes du climat, se modifie avec l'altitude; les espèces changent en même temps que la physionomie générale de la flore. La magnificence des forêts, des plantes tropicales que contemplent les voyageurs sur les plages humides de la côte orientale les a portés à croire que, dans son ensemble, l'île a partout un sol fécond revêtu d'une admirable parure de végétaux, mais il n'en est pas ainsi. Les roches granitiques de l'intérieur, les plaines des terrains secondaires sont infertiles dans la plus grande partie de leur étendue et de vastes espaces sont entièrement dépourvus d'arbres, même d'arbrisseaux. Madagascar a des savanes à perte de vue, dont la végétation ne comprend que des herbes grossières. Mais les régions centrales de l'île possèdent aussi de riches et belles vallées où la terre végétale apportée par les eaux courantes s'est amassée sur une grande épaisseur et qui rendent au décuple la semence que jette le cultivateur. La constitution géologique de Madagascar se révèle pour ainsi dire par la distribution des forêts qui se sont disposées en une longue ceinture sur le pourtour de l'île, soit dans la région côtière, soit dans la zone des avant-monts.

Elisée RECLUS,
Nouvelle géographie universelle (Hachette, édit.).

Exercices sur des questions d'examen.

1. Quelles sont les principales villes de Madagascar ? — 2. Quels sont les différents pays qui forment l'Indochine? — 3. Indiquez les possessions françaises dans l'océan Atlantique. — 4. Citez les possessions françaises dans l'océan Indien. — 5. Quelles îles la France possède-t-elle dans l'océan Pacifique?

Vue générale de Tananarive; climat sain sur le plateau, belles routes et champs soigneusement cultivés.

Une plantation d'arbres à caoutchouc en Cochinchine; la précieuse gomme s'extrait du tronc des arbres par incision.

Madagascar. — L'île de Madagascar, un peu plus grande que la France, est traversée par le *tropique du Capricorne;* elle appartient donc à la *zone tropicale,* mais à la zone tropicale de l'hémisphère du sud, c'est-à-dire qu'elle a ses deux saisons à l'inverse de celles du Soudan, la saison chaude et humide de septembre à mars, et la saison sèche et moins chaude de mars à septembre.

Elle est couverte en grande partie par un plateau dont le point culminant atteint 2 650 mètres au sud de **Tananarive.** La pente est abrupte vers l'est, doucement inclinée vers l'ouest, où coulent les principales rivières de l'île, notamment la *Betsiboka.*

Ce plateau, en partie désertique, n'a pas de grandes ressources. Mais il se prête à l'élevage : « Madagascar » signifie, dans la langue du pays, la *terre des bœufs.* Il existe aussi sur le bord du plateau des gisements aurifères.

Les côtes sont chaudes, souvent marécageuses, fertiles en productions de la zone tropicale, le *riz,* le *café,* la *vanille,* — et les ports, *Tamatave, Majunga,* font un commerce actif. *Diego-Suarez* occupe une position importante sur les routes de l'océan Indien.

Depuis trente ans que la domination française a été établie sur Madagascar, elle jouit d'une grande tranquillité et d'une prospérité croissante.

Aux environs de Madagascar, l'île de *La Réunion,* qui est volcanique (3 000 mètres au *Gros Morne*), et les îles *Comores,* notamment *Mayotte,* ont de riches cultures de *café, cacao, vanille* (V. la carte de la page 54).

L'Indochine. — L'Indochine française est située entre le *tropique du Cancer* et l'*équateur;* elle appartient donc à la *zone tropicale* de l'hémisphère nord, et elle a ses deux saisons à la même époque que le Soudan : la saison chaude et humide de mars à septembre, et la saison sèche et moins chaude de septembre à mars.

Elle est traversée du nord au sud par un faisceau de chaînes détachées des hauts massifs de l'Himalaya; la *Cordillère de l'Annam,* le long de la côte orientale, arrive encore à des hauteurs de 2 500 mètres.

Ses pluies tropicales nourrissent des fleuves puissants : le *Mékong,* le *fleuve Rouge,* dont les deltas, dans le *Cambodge,* la *Cochinchine* et le *Tonkin,* sont fertiles et peuplés.

L'Indochine française compte en effet 17 millions d'habitants, très laborieux, et d'une culture très ancienne et très délicate. Ils cultivent le riz; ils travaillent aussi la *laque,* l'*ivoire.* **Hanoï, Saïgon** sont aujourd'hui de très belles villes. Par sa situation en Indochine, sur la route

des ports chinois et japonais, en face des îles Philippines et de l'Amérique, la France se classe parmi les grandes puissances de l'océan Pacifique.

Saïgon se trouve sur la grande route maritime des navires qui viennent de l'Europe vers les pays de l'Extrême-Orient; nulle puissance européenne n'est mieux placée que la France à portée du grand marché chinois dont les ressources sont incalculables (V. la carte de la page 54).

A travers les océans. — La France possède d'autres territoires à travers tous les océans, excepté les océans polaires, qui n'ont pas de valeur économique.

Les îles **Saint-Pierre** et **Miquelon** sont froides en raison de leur situation près de *Terre-Neuve,* devant l'embouchure du *Saint-Laurent;* elles servent de stations aux nombreux marins de Bretagne qui viennent à la *pêche de la morue.*

Les autres possessions françaises, éparses à travers les océans, sont toutes dans les zones chaudes : — dans l'océan *Atlantique,* une partie des Antilles, notamment la **Guadeloupe** et la **Martinique,** terres volcaniques, où l'on cultive avec grand succès la *canne à sucre,* le *café,* le *cacao,* la *vanille;* la **Guyane française,** colonie pénitentiaire, qui a pour ressources essentielles la *canne à sucre* et les *épices,* des forêts de *bois précieux* et des mines d'*or.*

Dans l'océan *Indien,* la France a gardé quelques villes de son ancien empire de l'Inde : **Pondichéry, Chandernagor, Yanaon, Karikal, Mahé,** on y fait une grande culture de *riz.*

Dans l'océan *Pacifique,* la France a d'importantes possessions : la **Nouvelle-Calédonie,** où les plantations de café et de vanille réussissent très bien, et qui possède des mines de *cuivre* et de *nickel;* — les îles **Marquises, Taïti,** avec *Papéïti,* bon port sur la voie du *canal de Panama.*

Ainsi on peut faire le tour du monde en touchant des terres françaises : de Marseille, à travers la Méditerranée, **Obock** et **Djibouti,** au débouché de la mer Rouge, à l'entrée de l'océan Indien; puis *Diego-Suarez* sur la côte de Madagascar, ou *Mahé* sur la côte occidentale de l'Inde; puis à travers l'océan Indien et le détroit de Malacca, *Saïgon* et les ports de l'Extrême-Orient, ou, en faisant le tour de l'Australie par le sud, la *Nouvelle-Calédonie,* les îles *Taïti* et *Marquises,* — puis par le canal de Panama, les *Antilles,* pour revenir, à travers l'océan Atlantique, à *Saint-Nazaire, Bordeaux* ou *Marseille.*

La France et ses colonies forment un ensemble de près de 100 millions d'habitants.

LECTURE. — LA MISE EN VALEUR DES COLONIES FRANÇAISES. — La possession lointaine ne sera plus un simple comptoir, un dépôt de richesses ou un débouché où le « conquérant » vient rafler les épices et écouler sa marchandise en pressurant une race indigène corvéable et taillable à merci. Les colonies ne sont pas que des marchés, ce sont des parties solidaires de l'État français, dont on va, par le progrès scientifique, économique, moral et politique, favoriser l'accès à de plus hauts destins, au même titre que les autres parties du territoire national.

Mise en valeur de la richesse naturelle, mise en valeur de la richesse humaine : la politique coloniale française voit en nos protégés, quelle que soit la couleur de leur peau, des hommes et non une masse servile, des âmes et non des troupeaux. Elle n'opprime pas, elle libère ; elle n'épuise pas, elle féconde ; elle n'exploite pas, elle partage. Si elle vient chercher des marchandises ou des débouchés, elle apporte en retour, parmi des populations trop souvent livrées à la barbarie, à la misère, au fouet des esclavagistes ou aux caprices de despotes sanguinaires, aux anarchies de toutes sortes, l'ordre, la sécurité, la santé, l'instruction, la justice, l'espérance d'un avenir meilleur, avec le surcroît de ressources nouvelles que le génie civilisateur fait jaillir du sol encore vierge pour le profit commun du protecteur et du protégé. Cette politique fonde des comptoirs, mais aussitôt, autour d'eux, elle bâtit une maternité, une école, un hôpital, un prétoire. Elle affirme, non plus seulement les droits de la nation colonisatrice, mais ses devoirs, et elle les inscrit même au premier rang. Mieux encore ! A son effort civilisateur, elle veut associer ses protégés, les appeler progressivement par l'éducation à cette collaboration et hausser leur conscience peu à peu éveillée jusqu'au sentiment de leurs devoirs pour l'accroissement, la garde et la commune défense d'un patrimoine solidaire.

Albert SARRAUT.
La Mise en valeur des colonies françaises (Payot, édit.).

Exercices sur des questions d'examen.

1. Quelles sont les principales richesses agricoles de la France ? — 2. La France produit-elle assez de blé pour la consommation de ses habitants ? — 3. Quel rang occupe la France parmi les nations qui produisent du fer et de l'acier ? (V. les statistiques à la fin du volume). — 4. Quelles sont les colonies françaises qui produisent du coton ? du caoutchouc ? du riz ? du sucre de canne ?

La récolte des arachides en Afrique-Occidentale française; les arachides sont employées à la fabrication de l'huile.

Charbonnages à Hongay (Indochine); le charbon s'y rencontre à fleur de terre et s'y exploite comme dans une carrière.

Il y a beaucoup de variété et d'harmonie dans les caractères physiques de la France; il en est de même dans ses ressources agricoles et industrielles, qui sont complétées par celles de ses colonies.

Les ressources agricoles de la France. — La situation de la France dans la zone tempérée explique ses ressources agricoles. Elle était autrefois couverte de *forêts*; il lui en reste encore de très belles, celles de Fontainebleau, de Compiègne, et les grandes sapinières du Jura et des Vosges (V. leçons 18 et 20).

Elle avait aussi autrefois de vastes *prairies naturelles*. Elle fait encore beaucoup d'**élevage** : des *bœufs* et des *vaches* laitières dans les régions humides, comme la Bretagne ou la Normandie, ou le Limousin sur les flancs du plateau de Millevaches, — des *chevaux* dans le Boulonnais, le Perche, la région de Tarbes, — des *porcs* un peu partout. L'élevage du *mouton* réussit dans les régions plus sèches de la Champagne et des Causses. La France élève aussi beaucoup de lapins et de volailles renommées.

Il y a d'abondantes pêcheries sur les côtes et les marins bretons et normands se livrent à la grande pêche de Terre-Neuve et de l'Islande.

Les **cultures** ont peu à peu remplacé les prairies naturelles et les forêts. Elles sont de plus en plus perfectionnées par l'emploi des *machines* et des *engrais*; la France est riche en *phosphates*, en Alsace et en Algérie. Ainsi elle produit beaucoup de *blé*, à peu près ce qu'il faut à sa consommation; aussi du *seigle*, de l'*avoine*, de l'*orge*, du *maïs* dans le Midi. Elle a d'excellentes espèces de pomme de terre.

Mais la France tient le premier rang dans le monde pour la culture de la *vigne*, et ses vins sont les plus renommés : *bordeaux*, *bourgogne*, *champagne*, etc. Elle cultive enfin en grande quantité la *betterave à sucre*, le *tabac*, le *houblon*, les *pommiers* pour la fabrication du *cidre*, et les *arbres fruitiers*. Elle fabrique des *beurres* et des *fromages* estimés (V. les leçons 16 à 20, p. 39 à 47).

Les ressources naturelles des colonies françaises. — L'*Algérie*, la *Tunisie* et le *Maroc*, qui appartiennent à la zone tempérée sèche, ont des produits complémentaires de ceux de la France : des prairies à moutons, — du *blé*, dans les fertiles plaines qui sont autour d'Alger et de Casablanca, — de la vigne. On y récolte aussi de l'*alfa*, dont on fait du papier.

De magnifiques *palmiers-dattiers* poussent dans les oasis du Sahara (V. p. 51).

Les colonies françaises de la zone tropicale, c'est-à-dire surtout le Soudan, Madagascar et l'Indochine, pratiquent l'élevage en de riches prairies. On y cultive le *riz*, le *coton*, notamment dans les alluvions du Niger ou dans le delta du Mékong, — le *café*, la *canne à sucre*, etc. (V. la leçon 23).

La zone équatoriale, à laquelle appartient le Congo français, produit d'immenses et épaisses *forêts vierges*, dont on exploite surtout les bois précieux et les arbres à caoutchouc (V. la leçon 22).

Les ressources industrielles de la France et de ses colonies. — La France possède d'importantes *matières premières* pour le développement de son activité industrielle : de la **houille** dans les régions du nord et du centre, — et elle dispose aussi de l'abondant bassin houiller de la *Sarre*, — du *fer* en Lorraine et dans l'Ariège. Ses montagnes se prêtent le mieux du monde à l'installation de la force motrice électrique.

Ses moutons fournissent de la *laine*. Elle cultive le *lin* et le *chanvre*, — le *mûrier* pour l'élevage du ver à soie.

Ses colonies lui fournissent aussi d'importantes matières premières : de la *houille* en Indochine, — du *fer* en Algérie et au Maroc, du *nickel* dans la Nouvelle-Calédonie, — de l'*or* même en Guyane.

Les moutons d'Algérie donnent une provision de *laine*. On commence à cultiver le *coton* dans les alluvions du Niger et en Algérie avec beaucoup de succès.

Ces matières premières sont manufacturées en France. *Il n'y a pas encore de grande industrie aux colonies.*

Les régions industrielles de la France sont au voisinage des mines ou des ports où arrivent les matières premières de l'extérieur : le *Nord*, l'*Est*, le *Centre*, la *Normandie*, aux environs de Rouen.

Notre industrie métallurgique, au *Creusot*, à *Saint-Étienne*, en *Lorraine*, à *Lille*, trouve en France même les matières premières nécessaires. Notre industrie textile a besoin de quelques fournitures étrangères, en *laine*, en *coton*, en *soie brute*.

Le commerce général de la France. — Les *importations* et les *exportations* de la France sont à peu près équilibrées, c'est-à-dire que nous achetons à l'étranger à peu près autant que nous lui vendons.

Nous importons, ou nous achetons : un peu de *blé*, — de la *viande frigorifiée*, — de la *laine* et du *coton*, de la *soie grège*, — du *bois*, — des *peaux*.

Nous exportons, c'est-à-dire nous vendons : des *vins*, des *lainages*, des *soieries*, des *automobiles*, des *articles de Paris* (modes, bijoux, maroquinerie).

13. Géologie et relief du sol français.

La France, millième partie de la surface du globe, vingtième partie de l'Europe, a un relief et un sol des plus variés : terrains de la *période primaire* avec des gisements houillers dans le Nord et autour du Massif central ; dépôts argileux, calcaires et crayeux des anciennes *mers secondaires* ; grands plissements montagneux et éruptions volcaniques de *l'époque tertiaire* ; travail d'érosion de l'*époque quaternaire* qui acheva de donner à la surface de notre sol sa forme actuelle.

Le portrait de la France est constitué par quatre éléments principaux : le *Massif central*, massif usé presque entièrement granitique ; le *Bassin parisien*, dont le centre, à Paris, est à 26 m. au-dessus du niveau de la mer ; le *Bassin aquitain*, bordé au sud par la chaîne des Pyrénées ; le *couloir de la Saône et du Rhône*, entre le Massif central d'une part, les plis du Jura et les hauts sommets des Alpes de l'autre.

Ce relief, avec la houille de ses vieilles montagnes, les chutes d'eau de ses montagnes récentes, les sols variés de ses plaines, offre d'importantes richesses au pays. Des passages très praticables entre les grandes régions naturelles et de larges ouvertures vers les plaines du Nord, l'Atlantique, la Méditerranée facilitent le commerce.

Colonnes basaltiques dans les terrains volcaniques du Massif central.

14. Hydrographie de la France. Les eaux françaises.

Le *climat* de la France, tempéré dans l'ensemble, est *continental* dans l'Est, *maritime* dans l'Ouest. Les *pluies*, modérées et fréquentes, atteignent une hauteur moyenne annuelle de 0 m. 60.

Le Massif central, ainsi qu'un large écran, arrête les nuages ; c'est notre « château d'eau » ; il alimente la Loire, la Garonne, il envoie au Rhône des torrents.

La SEINE et la LOIRE, les deux grands fleuves du Bassin parisien, ne se ressemblent pas. La *Seine*, qui a des sources peu élevées, une pente douce, et coule avec ses affluents sur un terrain perméable, a un cours régulier. La *Loire*, avec ses sources élevées, ses pentes rapides, ses terrains imperméables, a des crues dangereuses.

Dans le Bassin aquitain, la GARONNE, torrent jusqu'à Toulouse, reçoit ensuite, des Pyrénées et surtout du Massif central, des eaux qui en font un large estuaire maritime après son confluent avec la *Dordogne*.

La *Saône* ressemble à la Seine ; elle coule lentement ; elle a un régime régulier. Le RHÔNE, venu de très haut, garde, malgré la traversée du *lac de Genève*, un cours rapide et un régime irrégulier que ses affluents, venus aussi de hautes montagnes, ne font qu'accentuer.

Le confluent de la Loire et de l'Allier ; les eaux sont basses, des bancs émergent.

15. Géographie politique de la France. L'unité française.

La France a des populations d'origine très diverse. Mais les *Celtes* ou *Gaulois* peuvent être considérés comme les ancêtres de la plupart des Français. Après la conquête de Jules César, la *Gaule*, province romaine, adopta les mœurs et la langue des vainqueurs : elle allait être ainsi une *nation latine*. Elle subit plus tard les invasions des *Francs*, des *Burgondes*, des *Wisigoths*, puis des *Normands*. L'unité se fit ensuite par la langue et les habitudes de vie sur un même sol.

La population actuelle, d'environ 40 millions d'habitants, soit une moyenne de 73 habitants par kilomètre carré, est *inégalement répartie* : clairsemée dans les campagnes, très dense dans les régions industrielles.

Après l'unité politique de la Gaule romaine et de l'Empire de Charlemagne, la France fut divisée en *fiefs* qui se groupèrent en *provinces*, et les provinces formèrent le *royaume* ; elles subsistèrent jusqu'à la Révolution, qui créa les *départements*.

La Révolution et Napoléon organisèrent une *France fortement centralisée*, dans son gouvernement et dans ses administrations financière, judiciaire, militaire, etc... La multiplication des voies de communication permet aujourd'hui le développement d'institutions régionales.

La place de la Concorde à Paris, symbolisant, par les statues des villes, l'unité française.

16. Le Massif central.

Du *Vivarais* au *Morvan*, sont disposés une série de massifs de granit : monts du *Forez*, du *Lyonnais*, du *Beaujolais*, du *Charolais*. Blé et fruits dans la *Limagne* et le *Forez*, bœufs du *Charolais*; houille à *Saint-Étienne*, usines au Creusot, telles sont les principales ressources.

Les monts du *Velay* et les monts d'*Auvergne*, *Aubrac*, *Cantal*, *Mont-Dore* (puy de Sancy : 1 886 m.), chaîne des *Puys*, sont recouverts de laves et de pierres noires. Région pittoresque et riche : *élevage*, *eaux minérales*, industrie du caoutchouc (CLERMONT-FERRAND).

A l'ouest, les monts du Limousin et de la Marche ne dépassent pas 900 mètres. Du plateau de *Millevaches* descendent de nombreuses rivières : la Vienne est la plus importante; elle arrose *Limoges* (marchés de gros bétail et porcelaine).

Vers le sud-ouest, et à partir du mont *Lozère*, s'allonge la haute chaîne granitique des *Cévennes*. Ses pentes méridionales sont couvertes de vignobles et de mûriers; son versant occidental est formé de plateaux calcaires (les *Causses*) où on élève des moutons (Roquefort) et que découpent les vallées de la *Dordogne*, du *Lot*, du *Tarn*. ALBI, CAHORS, PÉRIGUEUX sont les principales villes.

Le Puy de Dôme, remarquable par sa forme de cône presque régulier.

17. Le cadre du Bassin parisien.

A l'ouest du Bassin parisien, les granits et les schistes de la Bretagne s'étendent jusque sur la Normandie. Le climat y est doux et les eaux sont abondantes. Ressources : céréales autour de Rennes, ÉLEVAGE en Normandie, PÊCHE et industries à NANTES, SAINT-NAZAIRE, LE HAVRE, ROUEN, ELBEUF.

L'est du Bassin parisien, dominé par le *granit* et le *grès* des *Vosges*, a un climat continental. L'Alsace a des céréales, de grasses prairies, des mines de potasse très importantes. Principales villes : STRASBOURG, COLMAR, MULHOUSE. La Lorraine, plateau sec et froid, produit du *seigle* et de l'*orge*; elle a les riches mines de FER de Thionville, Briey, *Nancy*, Pont-à-Mousson. La CHAMPAGNE a pour ressources l'élevage des moutons, et la fabrication de VINS célèbres à REIMS et à *Épernay*.

La région du NORD est dominée par le plateau d'*Artois*; les eaux de la *Flandre* vont vers la mer du Nord, celles de la *Picardie* vers la Manche. Ce pays humide a de riches *prairies*, des cultures de BETTERAVES à sucre et de CÉRÉALES; c'est aussi avec ses mines de HOUILLE (*Lens* et *Valenciennes*) et ses industries métallurgiques et textiles (LILLE, *Roubaix*, *Tourcoing*) une région industrielle de premier ordre.

Une vieille ville bretonne : pignons, étages surplombant, costumes pittoresques.

18. Le centre du Bassin parisien.

La cuvette du Bassin parisien est formée de terrains *tertiaires*, faits surtout de marne, d'argile, de calcaires. Elle s'abaisse à 26 m. au-dessus du niveau de la mer.

L'ÎLE-DE-FRANCE occupe la moitié nord de cette cuvette; c'est là que convergent les principaux affluents de la *Seine*. Les canaux du *Loing* et de *Briare*, de *Bourgogne*, de l'*Est*, du *Nord*, la réunissent aux régions voisines. Elle a de grandes richesses agricoles (BLÉ et *betteraves* de la Brie et de la Beauce) et une industrie active (vêtements, automobiles, meubles, « articles de Paris »).

PARIS, autrefois île de la *Cité*, aujourd'hui agglomération de 4 millions d'habitants, attire les provinciaux et les étrangers par ses beaux monuments, ses quartiers commerçants, ses écoles.

L'ORLÉANAIS et la TOURAINE sont arrosés par la Loire moyenne; c'est la région du *val de Loire* où le fleuve reçoit des affluents importants, et qui est souvent recouverte par des inondations. Le val de Loire est très fertile : vigne, fleurs, pépinières. ORLÉANS, BLOIS, TOURS en sont les villes principales; plus loin, ANGERS. Des voies de communication rayonnent de Paris dans toutes les directions.

La mare de Franchard dans la forêt de Fontainebleau; blocs de grès au bord de l'eau.

19. Le Bassin aquitain.

Le *Bassin aquitain* est constitué par un golfe et une plaine basse, en voie de comblement depuis la période des mers secondaires, et encadrés par de hautes montagnes.

Les PYRÉNÉES, produites par les dislocations de l'époque tertiaire, sont des montagnes « jeunes », encore très élevées (3 404 m. au pic d'Aneto), difficiles à franchir. Les rivières qui en descendent du côté de la France sont des « gaves » ou des torrents. La GARONNE elle-même, jusqu'à TOULOUSE, a un cours très rapide, des crues fréquentes et redoutables. Les Pyrénées ont de belles forêts, des prairies (élevage de chevaux, de vaches, de moutons, de chèvres), des stations thermales, des chutes d'eau fournissant de l'énergie électrique.

Trois grandes rivières apportent à la Garonne les eaux du Massif central : le *Tarn*, le *Lot* et la *Dordogne*. La vallée de la Garonne est riche en blé, maïs, tabac, fruit, en *vigne* surtout; elle a un des plus grands ports de France : BORDEAUX.

De Bordeaux au golfe de Gascogne, la plaine des *Landes* est couverte de forêts de pins dont on exploite la résine. Le petit port d'*Arcachon* y jouit d'un climat délicieux.

Pont sur le Lot à Cahors; au loin, les coteaux calcaires du Quercy.

20. Le couloir de la Saône et du Rhône.

Les vallées de la SAÔNE et du RHÔNE forment un étroit couloir qui date de la période tertiaire.

Le JURA est formé de *plis parallèles* : le Crêt de la Neige y atteint 1 723 m. Montagnes couvertes de forêts de sapins et de riches prairies, où l'industrie de l'horlogerie est particulièrement prospère. La Saône arrose la BOURGOGNE, aux vins célèbres, et la *Bresse*, pays des volailles; elle longe les pentes du Mâconnais et du Lyonnais et rencontre le Rhône à LYON, centre le plus important du monde pour la SOIERIE.

Les ALPES sont des montagnes récentes. Elles ont des massifs imposants (Mont-Blanc, 4 808 m.), des *glaciers* considérables, des torrents rapides. Pays d'élevage, d'industries actives (Grenoble), de production d'*énergie électrique*.

A l'ouest du Rhône, la côte du LANGUEDOC est basse et bordée d'étangs; elle se relève dans le *Roussillon*; à l'est, la côte de PROVENCE, découpée de petites baies au doux climat, est fréquentée surtout pendant l'hiver. MARSEILLE est notre premier port de commerce. La *Corse* est notre « île de beauté »; elle deviendra très prospère.

L'église Notre-Dame de la Garde dominant le vieux port de Marseille.

21. Les voies de communication en France.

La configuration du relief français se prête à l'établissement des voies de communication à l'intérieur comme vers l'extérieur.

A l'époque de la domination romaine, des voies droites, larges, pavées, allaient de LYON à *Bordeaux*, *Boulogne*, *Cologne*. Dès le XVIIIe siècle, la France eut un réseau complet de ROUTES, origine de notre système actuel. L'emploi des *automobiles* a rendu aux routes l'importance qu'elles avaient perdue lors de l'invention des *chemins de fer*.

Le régime de nos CHEMINS DE FER a été organisé par la loi de 1842. Les voies ferrées sont actuellement partagées entre l'*État* et cinq grandes compagnies : *P.-O.*, *Nord*, *Est*, *P.-L.-M.*, *Midi*. Ces lignes se prolongent vers l'étranger par Bayonne, Maubeuge, Metz, Strasbourg, Mulhouse, le Mont-Cenis, Nice, Narbonne.

L'organisation de nos CANAUX est remarquable surtout en deux groupes principaux : celui de la *Saône* et celui du *Bassin parisien*.

Les grands PORTS de France ne sont pour la plupart desservis vers l'intérieur que par des voies ferrées. Il faudrait aménager la navigation sur la Loire et sur le Rhône, chemins naturels mal utilisés.

Des *lignes aériennes* régulières permettent des voyages rapides.

Marseille est réuni au Rhône par un canal passant sous le tunnel du Rove.

22. La France en Afrique.

La France possède en Afrique un empire qui s'étend de la Méditerranée à l'équateur : 10 millions de km², 30 millions d'habitants.

Les pays de l'*Atlas* (*Algérie*, *Tunisie*, *Maroc*) sont fondés sur un grand système montagneux dont le sommet le plus élevé est au Maroc (le *Tamjout*, 4 500 m.). Le climat est celui de la *zone tempérée sèche*. Les plateaux sont peu fertiles (alfa et pâturages), mais on y trouve des gisements de *phosphates* et de minerais. Le long de la côte, le *Tell* a, au contraire, de grandes richesses agricoles : céréales, vignes, oliviers.

Le *Sahara*, désert de pierre et de sable, a des hauteurs accentuées (2 500 m.) : il n'est habité que dans les oasis.

Le *Soudan* a les deux saisons chaudes de la zone tropicale : l'une humide, l'autre sèche. C'est une région de prairies et de savanes ; on commence à y cultiver, dans la vallée du *Niger*, qui a des inondations régulières, du riz et du *coton*.

Le *Congo français*, dans la zone équatoriale, est le domaine de la *forêt vierge* : on y exploite le *caoutchouc*, les bois précieux. Les colons y cultivent le café, le cacao, la vanille.

Une rue du vieil Alger : les rues étroites sont une défense contre le soleil trop vif.

23. Madagascar, l'Indochine et les autres colonies.

Madagascar, autrefois île Dauphine, est un peu plus grande que la France. Elle est située dans la *zone tropicale*. Elle est presque entièrement couverte par un plateau qui atteint 2 500 mètres près de *Tananarive*. Ce plateau se prête à l'élevage, et les côtes à la culture du *riz*, du *café*, de la *vanille*. Aux environs de Madagascar, la France possède l'île de la *Réunion* et les îles *Comores*.

L'*Indochine* est située dans la *zone tropicale* de l'hémisphère nord. Elle est traversée par la Cordillère annamitique (2 500 mètres) ; elle a des fleuves puissants qui charrient beaucoup d'alluvions et forment à leur embouchure des *deltas fertiles*. Les habitants, très laborieux, cultivent surtout le *riz*. L'Indochine se trouve bien située à la portée du grand marché commercial chinois.

La France possède encore des îles importantes dans l'océan Atlantique, dans l'océan Indien, dans l'océan Pacifique ; la *Guyane*, en Amérique du Sud, cinq villes dans l'*Inde*. Sur toutes les mers, sur tous les continents flotte le drapeau français.

La France et ses colonies forment un ensemble de près de *100 millions d'habitants*.

Pagode royale à Pnom-Penh, capitale du Cambodge, temples et chapelles bouddhistes.

24. Ressources de la France et de ses colonies.

La France, qui a toutes les sortes de terrains, a toutes les ressources agricoles de la *zone tempérée* : des forêts, des prairies pour l'élevage, surtout du *blé* en grande quantité ; des *vins* renommés et de la *betterave à sucre*.

Elle a des colonies sous tous les climats : tempérés, tropicaux et équatoriaux. Elle y trouve des *céréales*, du riz et du *coton*, du café et de la *canne à sucre*, du *caoutchouc* et des *bois précieux*.

Elle exploite ses richesses minières : *houille* dans le Massif central et la région du Nord, *fer* en Lorraine, *phosphate* en Alsace. Ses colonies lui fournissent aussi des minerais.

Elle a de grandes *régions manufacturières*, pour l'industrie métallurgique et l'industrie textile. Elle y travaille avec une grande activité les produits naturels de son sol et de ses colonies.

Ainsi son *commerce* est harmonieusement équilibré : elle importe ou achète à peu près autant qu'elle exporte ou vend. Comme son industrie augmente beaucoup la valeur des matières premières qu'elle traite, ses ventes doivent peu à peu l'emporter sur ses achats et la *balance commerciale* doit s'établir à son profit.

Une des plus grandes richesses de la France : la culture des céréales.

OCÉAN GLACIAL ARCTIQUE
Nle Zemble
C. Nord
Région des Fiords
I. Kolgouiew
Cercle polaire arctique
Islande
Échelle-1cm. 100 Kilom.
Océans et Lacs
Fleuves
Régions élevées
de 0 mètres à 2500m.
de 500m. à 2500m.
de 2500m. à 500m.
SIBÉRIE
i. Faer Oer
I. de Groenland
Région des Fiords
LAPONIE
FINLANDE
Lac Onega
MONTS OURAL
Is Shetland
SCANDINAVIE
Golfe de Botnie
Lac Saïma
Is Hébrides
Is Orcades
Lac Ladoga
RÉGION DES FORÊTS
Volga
MER DU NORD
MER BALTIQUE
RUSSIE
IRLANDE
DANEMARK
Plaine russe
i. Valentia
ILES BRITANNIQUES
ANGLETERRE
MER BALTIQUE
Dantzig
C. Lands End
Plaine de l'Allemagne
Plaine de Pologne
I. d Ouessant
ALLEMAGNE
Berlin
UKRAINE
STEPPES
Volga
Plateau de Bohême
FRANCE
CARPATES
ALPES
AUTRICHE
Plaine de Hongrie
MER CASPIENNE
C. Finistère
OCÉAN
Massif central
Plateau de Castille
ESPAGNE
C. de Creus
BALKANS
MER NOIRE
CAUCASE
26 mètres au dessous du niveau de la Méditerranée
Cap Vincent
Baléares
Corfou
MER ADRIATIQUE
Vésuve
TURQUIE
ASIE MINEURE
Plateau de l'Iran
PERSE
Détroit de Gibraltar
Tanger
Alger
MER MÉDITERRANÉE
Stromboli
Etna
Corfou
MER IONIENNE
Rhodes
AFRIQUE
C. Matapan
ATLANTIQUE

25. L'EUROPE PHYSIQUE

Le sol de l'Europe s'est formé comme celui de la France, comme celui de toute la Terre. Il se compose en effet de *terrains anciens*, par exemple dans les îles Britanniques et en Scandinavie, ou dans quelques parties de l'Europe centrale, comme le Massif central français ou le plateau de Bohême. Dans les intervalles, de *vastes mers* se comblèrent, pendant la période secondaire, de sédiments variés, argileux et calcaires. Les *dislocations de la période tertiaire* formèrent les grands plissements des *Pyrénées*, des *Alpes*, des *Carpates*, du *Caucase*, et donnèrent au sol de l'Europe à peu près sa figure actuelle, légèrement modifiée depuis par les alluvions des grands fleuves.

L'Europe septentrionale. — L'Europe septentrionale est la plus ancienne partie du continent.

L'*Irlande* n'a plus que des plateaux d'à peine 1 000 mètres. Ceux de l'*Écosse*, de l'*Angleterre* septentrionale et du pays de *Galles* ne dépassent guère cette hauteur. Il y a des parties plus élevées dans les montagnes de la *Scandinavie*.

Ces montagnes, d'Écosse ou de Norvège, ont été couvertes autrefois d'épais glaciers; sauf en Norvège, la plupart ont disparu.

La *mer du Nord* et la *mer Baltique*, de faible profondeur, séparent ces plateaux anciens, et les isolent assez nettement de l'Europe centrale.

L'Europe centrale. — On trouve également dans l'**Europe centrale** des restes de massifs anciens, à base de granit ou de schiste : ainsi en France, la *Bretagne*, les *Vosges* ou le *Massif central*; — ailleurs, la *Bohême*.

Mais l'Europe centrale a été bouleversée par les dislocations de l'époque tertiaire et la formation des grands massifs : *Pyrénées*, *Alpes*, *Carpates*, *Caucase*.

Les *Alpes* sont, par leur situation, les principales montagnes de l'Europe : elles forment depuis la vallée moyenne du Rhône jusqu'à celle du Danube, de Gênes à Vienne, un grand plissement en arc de cercle de plus de 2 000 kilomètres de longueur; les massifs centraux sont les plus élevés parce qu'ils sont granitiques et ont ainsi résisté à l'érosion; ils ont rejeté de part et d'autre, par exemple en *Savoie* ou en *Bavière*,

Le Cervin, l'un des plus hauts sommets des Alpes (4 505 m.); il est très aigu et d'une ascension difficile; ses beaux glaciers donnent la pittoresque vallée de Zermatt.

des massifs calcaires que le ruissellement des torrents a usés plus aisément.

Les Alpes n'ont plus de glaciers que sur leurs principaux massifs.

L'érosion des montagnes, surtout de leurs parties calcaires, a comblé les vallées et formé de *vastes plaines*, comme celle de l'*Allemagne du Nord*, ou celle de la *Hongrie*.

L'Europe méridionale ou méditerranéenne. — L'Europe méridionale a aussi d'*anciens massifs*, en *Espagne*, dans l'*Italie du Sud*, ou dans les *Balkans*. Ils ont subi de profondes déformations par le contre-coup du plissement alpestre, et toute cette partie de l'Europe est encore agitée par des *manifestations volcaniques* : le *Vésuve*, le *Stromboli*, l'*Etna*, en Italie, l'île de *Santorin* en Grèce.

La *mer Méditerranée* et les mers qui s'y rattachent, jusqu'à la mer Noire, ont, par suite, pris des formes très découpées. L'*Espagne* est encore massive; mais l'Italie, surtout dans sa partie méridionale, a des rivages plus variés et des îles détachées; la péninsule des Balkans et surtout la Grèce ont une grande richesse de découpures côtières et d'îles de toute grandeur, de la Crète et de Rhodes à la petite Délos (V. la carte p. 80). D'île en île, tout naturellement, on arrive à la côte d'Asie Mineure qui présente les mêmes caractères.

L'Europe orientale. — Au delà des Carpates et au nord du Caucase, s'étend l'immense *plaine russe*, grande, à elle seule, comme tout le reste de l'Europe : plus de 5 millions de kilomètres carrés. Son relief, jusqu'aux monts Oural, est à peine sensible; l'altitude est d'environ 300 mètres aux sources de la Volga.

La partie septentrionale a été recouverte de *glaciers* dont on retrouve le lit dans les nombreux lacs de la région, notamment les lacs *Ladoga* et *Onéga* qui se déversent par la *Néva* dans le *golfe de Finlande*.

La partie méridionale est faite de terrains plus récents favorables à la végétation des prairies naturelles qui sont devenues de fertiles terres à céréales.

Cette vaste plaine russe ne varie que par le climat, qui est polaire autour de la *mer Blanche*, et qui, sur certains points de la côte de la *mer Noire*, a l'aspect et les caractères de la région méditerranéenne.

Exercices sur des questions d'examen.

1° *Quelles sont, au point de vue géologique, les plus anciennes parties de l'Europe?* — 2° *Comment expliquez-vous que, dans les Alpes, les monts les plus élevés se trouvent au centre?* — 3° *Citez des volcans qui, en Europe, sont encore en période d'activité.* — 4° *Quels sont les caractères des côtes de la Méditerranée?* — 5° *Indiquez les particularités de la plaine russe, au point de vue de la géographie physique.*

Echelle : 1cm = 260 Kil.
OCÉAN GLACIAL ARCTIQUE
Ligne isotherme de 0°
Cercle polaire arctique
I. Jean Mayen
C. Horn
Islande
C. Nord
Nlle Zemble
I. Kolgouev
MONTS OURAL
LAPONIE
Gulf Stream
Ils Shetland
Ils Orcades
Ligne isotherme de 10°
Ligne isotherme de 0°
ATLANTIQUE
SUÈDE
NORVÈGE
MER DU NORD
MER BALTIQUE
ANGLETERRE
Stockholm
Ligne isotherme de 0°
RUSSIE
Plaine de Sibérie
SIBÉRIE
Léningrad (Pétrograd)
Moscou
Plaine Russe
CLIMAT CONTINENTAL
Plateau
de Russie
ASIE
STEPPES
CLIMAT
ALLEMAGNE
Hambourg
Berlin
Dantzig
Varsovie
POLOGNE
DE L'EUROPE
CENTRALE
Gulf Stream
Massif de Bohême
Paris
FRANCE
Bordeaux
AUTRICHE
Buda-Pest
HONGRIE
TCHÉCOSLOVAQUIE
Vienne
Odessa
Mer d'Azov
Ligne isotherme de 15°
Plateau
d'Oust-Ourt
MER CASPIENNE
CAUCASE
ROUMANIE
Balkans
MER NOIRE
PORTUGAL
Lisbonne
Madrid
ESPAGNE
Ligne isotherme de 15°
CLIMAT MÉDITERRANÉEN
MÉDITERRANÉE
Détroit
Tanger
Alger
TURQUIE
ASIE MINEURE
Constantinople
Massif
d'Arménie
Mésopotamie
Ligne isotherme de 20°
PERSE
Plateau
de
l'Iran
AFRIQUE
LIBAN
Malte
MER IONIENNE
Crète
Chypre
Mer Aral
Plaine de Sibérie
Hauteurs de 500 mètres à 2500 m.
Océans et Lacs
Fleuves
Courant marin
Lignes isothermes ou d'égale température moyenne

Le climat. — Les climats de l'Europe se répartissent comme ceux de la France, l'Europe appartenant comme la France à la zone tempérée de l'hémisphère septentrional : le 45° *degré de latitude nord* passe en effet par Bordeaux, Trieste et les bouches du Danube.

Les régions du nord de la Scandinavie et de la Russie sont au delà du cercle polaire arctique et appartiennent aux régions les plus froides de la Terre. Néanmoins, le *Gulf-Stream* fait sentir son influence jusqu'à l'extrémité de la Norvège : ainsi toute l'Europe occidentale jouit du climat maritime, et les excès de la température y sont atténués par le voisinage de l'Océan.

L'Europe centrale, semblable à notre Lorraine ou à notre Jura, a des hivers froids et des été très chauds.

Les pays de la Méditerranée jouissent d'un climat semblable à celui de notre Provence ou de la Corse.

La grande plaine russe subit déjà le climat de l'Asie centrale : la rigueur de ses hivers et l'extrême chaleur de ses étés ne sont atténuées par aucune influence maritime. Il n'y a exception que pour les rivages de la mer Noire.

Les eaux. — Les eaux de l'Europe septentrionale sont produites par les neiges de l'hiver et par les pluies, constantes en toute saison, sur les bords de l'Océan. Les fleuves, de faible longueur, se classent néanmoins parmi les plus importants du monde, par exemple la *Tamise* de Londres, la *Clyde* de Glasgow, ou la *Néva* de Leningrad. Les plus grands fleuves de l'Europe sont ceux de l'Europe centrale. Ceux qui descendent de la haute montagne des Alpes, château d'eau de l'Europe, sont alimentés par des glaciers. Sans parler en ce moment des fleuves qui n'intéressent que chaque nation en particulier, — espagnols, français, allemands, — il y en a quelques-uns qui peuvent être appelés européens parce qu'ils sont d'intérêt général : tels le *Rhône* et le *Rhin*, le *Pô*, le *Danube*.

Le *Rhône* et le *Rhin*, ces deux grands fleuves alpestres, prennent leur source à côté l'un de l'autre, dans les glaciers du massif du *Saint-Gothard*. En se dirigeant l'un vers le sud, l'autre vers le nord, ils ouvrent ensemble une grande voie commerciale de la mer du Nord à la Méditerranée.

Le *Pô* naît aussi dans les glaciers des Alpes, au

Le confluent du Rhin et de la Nahe près de Bingen; vallée encaissée dans les collines de schiste; vieux château féodal au bord du fleuve.

mont *Viso*. Il ne coule qu'en Italie; mais il est en communication avec les grands cols des Alpes qui sont traversés par les plus importantes routes de l'Europe centrale.

Le *Danube* est le grand fleuve de l'Europe centrale. Il a 2 850 kilomètres de longueur (la Loire n'en a que 980, et le Rhin lui-même 1 300). Il prend sa source dans la *Forêt-Noire*, qui n'a pas de glaciers; mais ses affluents de droite, surtout l'*Inn* et la *Drave*, lui apportent au printemps les eaux de fonte des grands glaciers des hautes Alpes. Il traverse tous les pays de l'Europe centrale, l'Allemagne, l'Autriche, la Tchécoslovaquie, la Hongrie, la Yougoslavie, la Roumanie, et, en se jetant dans la mer Noire, il ouvre des communications même avec l'Europe orientale.

Les pays de la Méditerranée n'ont que des cours d'eau moins importants; car les pluies, d'ailleurs rares, proviennent le plus souvent des orages de l'été.

Dans la grande plaine russe coule le plus long fleuve de l'Europe, la *Volga*, longue de 3 400 kilomètres, et l'un des plus abondants, la *Néva*, qui, déversoir des grands lacs *Onéga* et *Ladoga*, a un débit plus considérable que celui du Rhin.

Les zones de végétation et les ressources naturelles. — Les régions froides du nord de la Russie n'ont que des *toundras*, vastes plaines couvertes de neige pendant la plus grande partie de l'année; elles ont en été une courte végétation de mousses que paissent les rennes.

La végétation naturelle de l'Europe dans sa plus grande étendue est celle des *forêts* et des *prairies*. Ce sont, dans l'Europe septentrionale et sur les flancs des montagnes, des forêts de *sapins*; ailleurs, des forêts de *chênes* et de *hêtres*.

Les grandes prairies naturelles, notamment en Russie, ont été transformées par la culture et sont devenues de fertiles *terres à céréales*.

La végétation méditerranéenne se caractérise par les arbres et arbustes à feuillage persistant (olivier).

Des animaux sauvages vivent encore en Europe: *ours* en Russie, *loups*, *renards*, *sangliers*, *chevreuils*, *lièvres*; mais il y a surtout des animaux domestiques : des rennes en Laponie et dans le nord de la Russie, ailleurs des *bœufs*, des *chevaux*, des *moutons*, des *chèvres*, des *chiens* et des *chats*.

L'homme. — Sur une surface de 10 millions de kilomètres carrés, vivent en Europe 400 millions d'hommes, soit 40 habitants par kilomètre carré. Il y a dans l'Europe orientale quelque pénétration des races asiatiques, mais la plupart des habitants de l'Europe appartiennent à la race indo-européenne.

Exercices sur des questions d'examen.

1° *Quelle indication précise vous permet de dire que l'Europe se trouve dans la zone tempérée?* — 2° *Quelle influence le Gulf-Stream exerce-t-il sur le climat de l'Europe?* — 3° *Décrivez le cours du Danube.* — 4° *Que sont les cours d'eau des pays méditerranéens?* — 5° *Comment appelle-t-on les vastes plaines du nord de la Russie? Que produisent-elles?*

NOTA. — Les lignes de navigation partant de Londres sont trop nombreuses pour pouvoir être figurées sur cette carte; on peut dire qu'il y en a pour tous les points du globe et à destination de tous les grands ports du monde.

LECTURE. — L'EMPIRE BRITANNIQUE. — Les grands ports de commerce : Londres, Liverpool, Glasgow, Bristol, envoient leurs vaisseaux dans toutes les mers du monde. Car l'Angleterre ne peut pas se suffire à elle-même : elle doit importer des produits alimentaires, surtout du blé ; elle a besoin de débouchés coloniaux pour y répandre les marchandises qu'elle fabrique. Plus son industrie se développe, plus il lui faut étendre sa clientèle. Et, de plus en plus, elle se trouve obligée de compter avec la concurrence industrielle des autres grandes puissances : la France, l'Allemagne, l'Italie, les États-Unis. Son empire colonial lui est donc absolument indispensable.

En feuilletant dès maintenant les pages qui suivent, on rencontrera des possessions anglaises dans toutes les parties du monde. On en trouvera en Asie, depuis la mer Rouge jusqu'à la mer de Chine en passant par l'immense empire de l'Inde; en Afrique, dans le bassin du *Niger*, dans l'*Afrique orientale*, vers les sources du Nil et dans l'*Afrique australe*, du *Zambèze* au cap de Bonne-Espérance; en Amérique, sur les immenses plaines du *Canada* et sur les plus belles îles de l'*Amérique centrale* ou des *Antilles*. On suivra les grandes lignes de navigation à travers l'océan Atlantique, l'océan Pacifique, et surtout à travers la Méditerranée et l'océan Indien, par *Gibraltar*, *Malte*, *Suez*, *Aden*, *Bombay*, *Colombo*, *Singapour*, *Hong-Kong*, tout autour de la Terre.

L'Empire britannique s'étend ainsi sur 30 millions de kilomètres carrés, cent fois la superficie des îles Britanniques, avec une population de 400 millions d'habitants, dix fois leur population. Le Canada, l'Australie, l'Union sud-africaine ont bien leur gouvernement propre; ce sont des « dominions », mais ils n'en restent pas moins attachés à la couronne d'Angleterre.

Ed. DRIAULT.

Exercices sur des questions d'examen.

1. *Les îles Britanniques sont-elles séparées du continent par de grandes profondeurs? Qu'en concluez-vous?* — 2. *Quel nom poétique a-t-on donné à l'Irlande? Pourquoi?* — 3. *Montrez l'importance économique des « Basses Terres » écossaises.* — 4. *Énumérez les principales industries anglaises, avec leurs centres les plus importants.* — 5. *Pourquoi l'agriculture est-elle restreinte?*

Lac ou loch Lomond en Écosse : ces lochs sur fond de granit ont des eaux d'un vert sombre, comme celles de l'Océan.

La grande industrie en Angleterre : les fours à coke, dans lesquels le coke est obtenu par distillation de la houille.

Les îles Britanniques sont à peine séparées du continent européen ; car la mer du Nord n'a que 50 mètres de profondeur moyenne. Elles appartiennent donc bien au continent de l'Europe. Elles sont faites de *terrains anciens*, surtout granitiques, en Irlande, en Écosse, et dans l'ouest de l'Angleterre.

L'Irlande. — L'Irlande est un vieux plateau de granit, aujourd'hui très usé. Dans sa partie la plus élevée, au sud, dans les monts de *Kerry* et de *Wicklow*, il dépasse à peine 1 000 mètres ; au nord, dans les collines de l'*Ulster*, il n'atteint même pas cette altitude. Au centre, le ruissellement des eaux courantes a produit une dépression où les rivières dont la principale est le *Shannon*, coulent lentement et s'attardent en des chapelets d'étangs.

Les Irlandais, qui sont pour la plupart d'origine celtique et de religion catholique, forment aujourd'hui un *État libre*, qui a **Dublin** pour capitale. Cependant la province de l'*Ulster*, au nord de l'île, dont les habitants sont protestants, n'a pas voulu en faire partie, et elle forme elle-même un État particulier dont *Belfast* est la capitale. Ces deux États irlandais demeurent du reste étroitement liés à l'Angleterre.

L'Irlande est tout entière plongée dans l'atmosphère du climat océanique, chargée de vapeur d'eau et réchauffée par le courant du *Gulf-Stream*. On l'appelle « l'île verte », aux grasses prairies, aux maisons tapissées de lierre et autres plantes vertes. Elle se livre surtout à l'*élevage* et elle a, comme notre Bretagne, à laquelle elle ressemble, des bestiaux renommés.

La Grande-Bretagne. Écosse et Angleterre. — L'Écosse, faite aussi de terrains anciens, surtout de granit, a beaucoup de ressemblance avec la Scandinavie. Elle fut autrefois couverte, comme elle, de grands glaciers dont les lits forment maintenant des *fiords* profondément creusés par les vagues de l'Océan.

Mais avec les montagnes aujourd'hui trop basses et le climat trop doux, les glaciers ont disparu. Les *Hautes-Terres* (*highlands*) de l'Écosse ne dépassent pas 1 200 à 1 300 mètres dans les monts *Grampians*. Les monts *Cheviots* au sud n'ont que 800 mètres.

Les *Basses-Terres* ne comprennent guère que les courtes vallées du *Tay*, du *Forth* et de la *Clyde*.

L'*Angleterre de l'ouest*, à l'ouest d'une ligne tracée de Newcastle à Plymouth, a les mêmes caractères que l'Écosse. Elle est faite aussi de vieilles montagnes usées : les monts du *Cumberland*, ceux du *pays de Galles*, la chaîne Pennine, atteignent à peine 1 000 mètres.

L'*Angleterre de l'est* est faite de terrains secondaires et tertiaires ; très arrosée de pluies et de brouillards, elle a des fleuves abondants ; le principal est la **Tamise** qui draine les eaux du bassin de Londres.

Les habitants et les ressources de la Grande-Bretagne. — Les *Écossais* et les *Gallois* ont gardé quelques caractères de leurs origines celtiques ; les *highlanders* d'Écosse sont de robustes montagnards, à la taille élevée ; ils fournissent les plus beaux soldats de la garde royale d'Angleterre.

La population de l'Angleterre proprement dite vient de la Saxe qui, au temps de Charlemagne, s'étendait jusqu'à la mer du Nord : d'où son nom de race *anglo-saxonne*.

En comptant l'Irlande, la population des îles Britanniques est de *42 millions d'habitants* sur une superficie de 315 000 kilomètres carrés : soit *133 par kilomètre carré*. Dans les régions industrielles, elle est de plus de 400 habitants au kilomètre carré.

Les traits de la nature physique permettent de déterminer les ressources de la Grande-Bretagne. Dans l'Angleterre de l'est on fait un peu de culture de *blé* ; mais la main-d'œuvre est attirée de plus en plus dans les usines du *pays noir* (*black country*), et les champs de céréales sont remplacés par de vastes pâturages (*chevaux d'York, bœufs de Durham, moutons Cheviots ou Southdowns*).

Presque toute la population de l'Angleterre est occupée aux travaux de l'industrie. Car l'Angleterre de l'ouest et l'Écosse, au pied de leurs montagnes primaires, possèdent de riches *bassins houillers* et d'abondantes *mines de fer*. On exploite la houille dans les bassins de *Glasgow*, de *Newcastle* et de *Cardiff*.

Sheffield est célèbre par ses aciéries ; **Birmingham** est la capitale de l'industrie du fer ; **Glasgow** a d'immenses établissements pour les constructions navales ; ce sont les *chantiers de la Clyde*.

Leeds et *Bradford* fabriquent des draps, des cheviottes ; **Manchester** est la cité des « cotton-lords » ou des grands fabricants de cotonnades.

Liverpool, sur la *Mersey*, importe des blés du Canada, des laines d'Australie, du coton des États-Unis ; il exporte les marchandises fabriquées dans les grandes usines métallurgiques ou textiles de la région voisine.

Londres (**London**), avec ses 5 millions d'habitants, est l'une des villes les plus peuplées du monde, et le plus grand port de l'Angleterre. Elle est en relations quotidiennes avec le continent par *Ostende* ou par *Douvres-Calais, Folkestone-Boulogne, Newhaven-Dieppe*.

LECTURE. — FIORDS NORVÉGIENS (voir la carte p. 18). — Devant la vision brusque de cette pente formidable... on est tout à la fois ébloui et terrifié; pendant quelques instants on se demande si on n'est pas le jouet d'une illusion, si un n'est pas transporté sur les ailes du rêve dans quelque pays extravagant entrevu dans les hallucinations des cauchemars.

Nulle part une berge. Les montagnes jaillissent hors de l'eau et d'un seul jet montent en murailles vertigineuses. A un endroit, le chenal est large tout au plus de 800 mètres et les falaises qui l'enserrent atteignent 1 700 mètres. La profondeur est donc double de la largeur. L'escarpement est si abrupt que les avalanches culbutent des sommets jusqu'au milieu des fiords. Au printemps, ces éboulements deviennent un véritable danger pour les marins: il y a quelques années, une barque fut lancée en l'air par l'onde produite par la chute d'une de ces avalanches.

Charles Rabot.

Aux fiords de Norvège et aux forêts de Suède (Hachette, édit.).

Exercices sur des questions d'examen.

1. *Décrivez le relief du plateau ancien qui forme la Scandinavie.* — 2. *Indiquez la capitale de chacun des États que baigne la mer Baltique.* — 3. *Citez un volcan encore en activité dans le nord de l'Europe.* — 4. *Énumérez les détroits par lesquels on passe de la mer du Nord dans la mer Baltique (V. sur la carte).*

Stockholm, surnommée la Venise du Nord, est bâtie sur les bords
du lac Mælar et le rivage de la Baltique.

Le Sogne-Fiord, le plus beau fiord de Norvège, au milieu de plateaux
granitiques, a 170 kilomètres de profondeur.

La Scandinavie. Norvège et Suède.

La Scandinavie. Norvège et Suède. — La
Scandinavie est établie sur un plateau ancien, de granit
et de schiste, qui est aujourd'hui usé ; cependant sur
quelques points il atteint encore 2 000 et même 2 500 mètres. Depuis le *cap Nord* jusqu'à l'extrémité méridionale
de la Norvège, il s'étend sur une longueur de plus de
1 700 km. : près du double de la longueur de la France.
Au nord, il s'étale largement et forme le *Finmark*. Au
centre, à la hauteur de *Trondhjem*, il s'abaisse à 600 mètres. Au sud, entre *Oslo* et *Bergen*, il forme une vaste
terrasse de *fjelds*, ou de champs neigeux, qui se dressent
presque à pic au-dessus des fiords, dont les plus importants sont le *Sogne-Fiord* et le *Hardanger-Fiord*.

Du côté de la *Suède*, le plateau scandinave s'incline
en terrasses, découpées par les vallées parallèles de rivières,
qui traversent presque toutes des lacs allongés d'origine
glaciaire, comme les fiords de l'autre versant.

Les grands lacs de la Suède méridionale, le *Wener*,
le *Wetter*, ont la même origine.

La **Norvège**, couverte de grandes *forêts* de sapins,
vend beaucoup de bois, notamment pour la fabrication
du papier. Elle fait aussi de l'*élevage*. Sur ses rivages,
surtout autour des îles *Lofoden*, les pêcheurs prennent en
abondance saumons, harengs et maquereaux. **Oslo**, la
capitale, et *Bergen* sont ainsi de grands ports de pêche.

La **Suède** a des cultures de *céréales*, orge, avoine,
seigle, autour des lacs, mais surtout une grande activité
industrielle ; elle exploite en *Dalécarlie*, dans la vallée du
Dal elf, d'importantes mines de *fer* et de *cuivre*.

Les deux principales villes de la Suède sont **Stockholm**
et *Göteborg*, et le pavillon suédois occupe une situation
remarquable dans la mer Baltique.

Les États de la mer Baltique.

Les États de la mer Baltique. — La mer Baltique peut être appelée la Méditerranée du Nord. Outre
la Suède, elle baigne la *Finlande*, la *Russie* aux environs
de Saint-Pétersbourg qui s'est appelé ensuite Petrograd
puis Leningrad (V. la 37e leçon, p. 85), l'*Esthonie*, la
Latvie, la *Lithuanie*, la *Prusse orientale*, la ville libre de
Dantzig, la *Pologne* (V. p. 83), l'*Allemagne* (V. p. 73)
et le *Danemark*.

La **Finlande**, vieux plateau de granit qui n'atteint
guère maintenant que 300 mètres, est trouée de lacs d'origine glaciaire, dont le plus important est le lac *Saïma*.

Sur les rivages de la mer Baltique, on cultive un peu
de céréales. La Finlande a toujours été très attachée à
ses libertés nationales. Elle forme aujourd'hui une république indépendante, capitale **Helsingfors** (en finlandais
Helsinki), siège d'une remarquable université.

La *Néva* déverse dans le golfe de Finlande les eaux
du lac *Ladoga* et passe à *Leningrad*.

L'**Esthonie** a pour capitale **Tallin**, autrefois Revel,
qui commande l'entrée du golfe de Finlande. La **Latvie**
a pour capitale **Riga**, qui, à l'embouchure de la *Duna*,
fait un grand commerce avec l'intérieur. La **Lithuanie** a
son débouché commercial à *Memel*, près des embouchures du *Niemen*.

Dantzig, ville libre, commande l'estuaire de la *Vistule*,
le grand fleuve polonais. La **Pologne** se construit un port
national à *Gdynia*.

L'**Allemagne** possède de très bons ports sur la mer
Baltique ; le plus important, *Stettin*, se trouve à l'embouchure de l'*Oder*. *Lübeck*, une des trois villes *hanséatiques*,
était autrefois la maîtresse du commerce de la Baltique :
elle a encore une grande activité. *Kiel* est le grand port
de guerre de l'Allemagne.

Le Danemark et les détroits danois.

Le Danemark et les détroits danois. — Le
Danemark, à la sortie de la mer Baltique, occupe une
situation remarquable, comparable à celle de Constantinople à la sortie de la mer Noire.

Le Danemark, dont les habitants, que nous avons
appelés les Normands, ont toujours aimé les aventures
de la mer, possède encore des terres lointaines : le *Groenland*, qui n'est qu'un immense champ de glace ; les îles
Féroé ou *Farœr*, entre l'Islande et l'Écosse (V. p. 60).

L'**Islande**, qui est presque quatre fois plus grande que
le Danemark, 110 000 kilomètres carrés (le Danemark,
30 000), a des fiords comme la Norvège et l'Écosse, et
des volcans actifs comme l'*Hékla* (1 500 m.) ; ses parages
sont riches en pêcheries de morue, comme Terre-Neuve.
Elle constitue un État indépendant, mais elle reconnaît
le roi de Danemark pour son souverain.

Le Danemark lui-même se compose d'une presqu'île,
le *Jutland*, et de plusieurs îles, dont les deux principales
sont *Odensée* et *Fionie*. La côte occidentale, sur la mer
du Nord, est inhospitalière et ravagée par les tempêtes.

Les Danois, population laborieuse et intelligente, pratiquent l'élevage avec beaucoup de succès ; ils font un
grand commerce de *beurre* avec l'Angleterre.

Copenhague, la capitale, compte, avec ses faubourgs,
500 000 habitants, le quart de la population du pays.
C'est une grande et belle ville, bien construite, avec de
remarquables richesses artistiques, monuments et musées.
Elle commande le passage du *Sund*, le principal des
détroits qui vont de la mer Baltique à la mer du Nord, et
qui sont ensuite le *Cattégat*, entre le Jutland et la Suède,
le *Skager-Rack*, entre le Jutland et la Norvège.

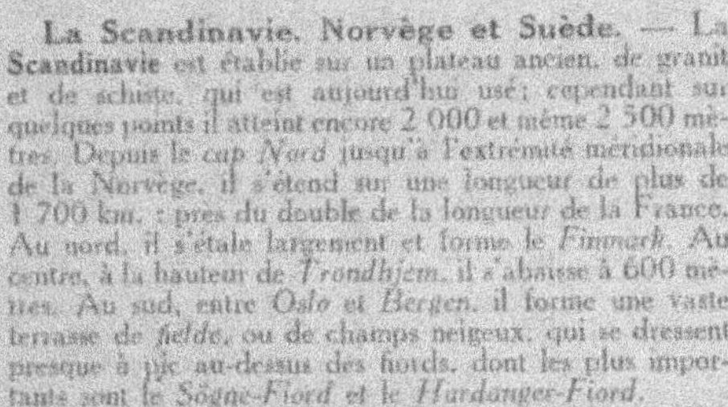

LECTURE. — L'ACTIVITÉ DE LA SUISSE. — Peu favorisée au point de vue du sol, la Suisse tire un parti merveilleux de ses alpages qui comptent parmi les mieux entretenus du monde. Elle a réussi à créer un splendide cheptel et sa production agricole a donné naissance à des industries alimentaires extrêmement développées. La fabrication du chocolat, qui jouit d'une réputation mondiale, atteignait avant la guerre 180 millions de kilogrammes. Les fabriques suisses de chocolat comptent parmi les plus belles qui existent. Les fabriques de lait condensé ont produit en 1913 presque 500.000 quintaux de boîtes de lait, tandis que les usines de pâtes alimentaires produisaient en moyenne 2 500 wagons par an. En même temps, la Suisse fabrique la plupart des machines nécessaires aux industries alimentaires et elle a même été un des premiers pays d'Europe à entreprendre la construction des machines agricoles.

La branche la plus développée est celle des textiles et il est peu d'articles que la Suisse ne soit à même de fabriquer, depuis la cotonnade la plus simple jusqu'aux soieries, en passant par la broderie mécanique, dont elle avait le monopole jusqu'à ce que Saint-Quentin soit venu lui faire concurrence, et le ruban, qui a son centre à Bâle. Ici encore, la Suisse fabrique les métiers nécessaires à son industrie et les exporte dans le monde entier.

La fabrication de l'horlogerie va de pair avec celle du petit outillage et des instruments de précision. Il faudrait parler en détail des machines et du petit appareillage électrique, des pompes, des moteurs, des machines à vapeur, des turbines, des machines à froid, pour lesquels nous sommes encore en retard en France; pour faire le tour de la production suisse, il faudrait énumérer toutes les branches de l'industrie.

La Suisse est un des pays les plus avancés pour l'utilisation de la houille blanche. Il n'est de village, même le plus reculé, qui ne soit éclairé à l'électricité, et les industries les plus modernes basées sur l'emploi des fours électriques, on les rencontre en Suisse.

Gabriel WERNLE. — La Suisse et nous (S. A. d'Editions).

Exercices sur des questions d'examen.

1. Quels sont les principaux massifs des Alpes suisses? — 2. Citez les affluents du Rhin qui prennent leur source en Suisse. — 3. Indiquez quelques stations suisses de tourisme. — 4. Quelles difficultés particulières rencontre l'industrie suisse? — 5. Citez les grandes lignes de chemin de fer qui traversent la Suisse et les tunnels qu'elles empruntent.

Le grand glacier d'Aletsch (23 kilomètres de longueur) qui descend des Alpes bernoises dans la vallée du Rhône.

Berne, la capitale de la Suisse, dans une pittoresque situation au bord de l'Aar; on voit à gauche le palais fédéral.

Les Alpes de Suisse. — La Suisse est le *massif central de l'Europe*.

Elle se trouve au milieu du soulèvement alpestre : elle en possède les massifs les plus élevés.

Ce sont notamment, dans les *Alpes occidentales*, le massif du *Mont-Blanc* à la frontière française, le massif du *Mont-Rose* où se trouve le *mont Cervin* et d'énormes glaciers, le massif des *Alpes bernoises* avec la *Jungfrau*, le massif du *Saint-Gothard*; dans les *Alpes orientales*, le massif de la *Bernina* et ceux des *Grisons*, de part et d'autre de la haute vallée de l'*Inn* ou *Engadine*.

Les Alpes sont, en Suisse comme ailleurs, abruptes dans leur concavité, c'est-à-dire vers le sud; elles descendent en pente douce vers le nord; elles s'abaissent dans cette direction en un plateau de 200 à 300 mètres, qui est limité à la frontière française par les hautes chaînes du Jura.

En dépit de sa faible étendue, la Suisse est de beaucoup le pays le plus élevé de l'Europe. Son climat très sain, ses montagnes et ses hautes vallées attirent de nombreux touristes dans la saison d'été, par exemple dans la vallée supérieure du Rhône, ou *Valais*, autour de *Zermatt*, dans la *Haute-Engadine*, autour de *Saint-Moritz*, ou dans les *Alpes bernoises*, au-dessus d'*Interlaken*.

Les eaux de la Suisse. — La Suisse est, pour ainsi dire, le *château d'eau de l'Europe*, comme notre Massif central l'est pour la France. Ainsi le *Tessin*, venu du Saint-Gothard, est un des principaux affluents du *Pô*. Le *Rhône*, descendu aussi du Saint-Gothard, épure ses eaux dans le *lac Léman* ou de *Genève*; après quoi, il entre en France. L'*Inn* s'en va vers l'Autriche pour tomber dans le Danube.

Le *Rhin* prend sa source au Saint-Gothard, comme le Rhône et comme le Tessin. Il s'en va vers le *lac de Constance*, qui fait ainsi le pendant du lac de Genève, de part et d'autre du plateau suisse.

Le Rhin reçoit ensuite toutes les eaux de ce plateau, notamment par l'*Aar*, la *Reuss* et la *Limmat*, et s'en va vers le nord par *Bâle*.

Les lacs de la Suisse, d'origine glaciaire, moins favorisés que les lacs italiens par le climat parce qu'ils sont moins abrités, sont cependant très beaux et très fréquentés. Leurs principales stations sont : *Lucerne*, sur le *lac des Quatre-Cantons*, ainsi appelé parce qu'il est au milieu des quatre premiers cantons, ou États : *Schwytz* (ou Suisse), *Uri*, *Unterwalden* et *Lucerne*, autour desquels la Suisse s'est formée; *Interlaken*, entre les lacs de *Brienz* et de

Thoune et, sur le lac *Léman*, *Lausanne* et *Genève*, qui est devenue la capitale de la *Société des Nations* (V. p. 126).

Les libertés politiques de la Suisse. — Délivrée de la domination autrichienne par un effort héroïque au XIVe siècle, la *Suisse* est devenue un modèle de République démocratique, une école de liberté.

Elle est composée de *22 États* ou *cantons*, qui sont autant de petites républiques libres. Leurs intérêts généraux sont représentés par un gouvernement fédéral qui siège à *Berne*.

Elle est peuplée de *4 millions d'habitants* seulement : ils parlent l'*italien* dans le canton du Tessin; le *français* dans la région de Genève, dans celle de Lausanne (canton de Vaud) et dans les vallées du Jura; un dialecte particulier, le *romanche*, dans les Alpes des Grisons sur la rive droite du Rhin; l'*allemand* partout ailleurs. Les uns sont catholiques, les autres protestants. Cependant, ils forment un seul État d'une cohésion nationale très vigoureuse.

Fiers de leurs libertés, ils sont remarquablement laborieux et tirent le meilleur parti des ressources naturelles de leur pays.

Les ressources de la Suisse. — La Suisse couverte de riches pâturages a toujours été un grand pays d'élevage. Ses bestiaux sont renommés. Elle fait un grand commerce de *lait*, de *fromage* (comme le *gruyère*), et de *chocolat au lait*.

Elle ne tire de son sol ni houille ni fer; elle en achète donc à l'étranger pour alimenter ses usines, ses remarquables **manufactures** de *métallurgie*, de *soieries* et de *cotonnades*, de *dentelles* et de *broderies* (*Zurich* et *Saint-Gall*); l'utilisation des chutes d'eau de ses montagnes assure d'ailleurs de nouveaux développements à cette grande activité industrielle.

Parce que la Suisse est le « château d'eau » de l'Europe, ses hautes vallées sont empruntées par les **voies ferrées** qui assurent les communications de toute l'Europe occidentale et centrale avec l'Italie, et qui traversent la montagne par les *plus importants tunnels* qu'il y ait au monde. Ce sont surtout : la voie de l'*Arlberg*, qui réunit le Rhin à l'Inn et qui va de Zurich vers Innsbrück et l'Autriche; la voie du *Saint-Gothard*, qui va de Bâle et Lucerne à Milan; la voie du *Lœtschberg*, qui conduit de Bâle et Berne au Simplon; la voie de *Frasne-Vallorbe* et du *Simplon*, qui va par Lausanne à Milan.

On pourrait appeler la Suisse la plaque tournante des voies internationales de l'Europe.

LECTURE. — LA FIGURE DE LA NOUVELLE EUROPE CENTRALE. — Le domaine sur lequel régnait encore il y a quelques années l'héritier de la longue lignée des empereurs autrichiens est partagé aujourd'hui entre sept États. Certains d'entre eux y ont recueilli tout leur territoire : Autriche, Hongrie, Tchécoslovaquie. D'autres, Roumanie, Yougoslavie, ont réalisé, en y prenant leur part, un agrandissement si considérable qu'ils en sont géographiquement et moralement transformés. Sans la Galicie, la Pologne ressuscitée n'eût été qu'un corps mutilé et une âme blessée. L'Italie, enfin, a trouvé dans ses nouvelles acquisitions, à côté d'un accroissement de population et de superficie appréciable, encore que modeste auprès de ce qu'elle était déjà, des positions stratégiques et politiques d'une capitale importance européenne.

Aucun de ces nouveaux États n'est une création toute neuve, artificielle, arbitraire. En dépit de son nom volontairement forgé, qui est la formule d'une idée politique, la Tchécoslovaquie est l'authentique héritière de l'ancienne gloire de la Bohême. L'État yougoslave porte, lui aussi, un nom nouveau, où s'exprime la volonté spontanée et réfléchie qui a uni ses peuples, où s'affirme leur droit de « libre disposition »; il est le royaume des Serbes, Croates et Slovènes: sa dénomination est donc, au lieu de territoriale ou géographique, nationale; mais elle conserve, à la première place, le nom de l'État qui a été l'initiateur et le glorieux agent de l'émancipation de la nation tri-unitaire.

Louis EISENMANN. (Extrait de Politica.)

Exercices sur des questions d'examen.

1. *Quelles sont les hauteurs qui forment les quatre côtés du plateau de Bohême?* — 2. *Quelles sont les ressources économiques de la Bohême?* — 3. *Quelles sont les rivières qui descendent des Alpes occidentales vers le Danube?* — 4. *Montrez l'importance du Danube pour les États de l'Europe centrale.*

Vue de Bratislava, autrefois Presbourg; le Danube se resserre en des défilés qui sont la porte vers la Hongrie.

Le Karlsplatz à Vienne. Vienne, qui fut la capitale d'un grand empire, a gardé de magnifiques monuments.

L'Europe centrale, le long du Danube moyen, est occupée par trois États : la Tchécoslovaquie, l'Autriche et la Hongrie.

La Tchécoslovaquie. — La **Tchécoslovaquie** comprend trois régions naturelles : les terrains anciens du plateau de *Bohême*, — ceux des Tatras et des monts *Beskides*, — et, entre les deux, la vallée de la *Morava* ou *Moravie*.

Le *plateau de Bohême* est un grand quadrilatère de terrains granitiques dont les rebords atteignent de 1 200 à 1 500 mètres. Les eaux du plateau sont recueillies par l'*Elbe* et son affluent la *Moldava*, qui passe à **Praha** (*Prague*), la capitale de l'État.

Le massif des *Tatras*, bloc de roches anciennes, a son point culminant à 2 663 mètres. Il marque le commencement du système des *Carpates*. Il est tout couvert de magnifiques *forêts*. C'est le pays des *Slovaques*.

La *Moravie* est un des grands chemins de l'Europe, le plus important de l'Europe centrale : l'*Oder* et la *Vistule* y prennent leur source et s'en vont ensuite vers le nord-ouest et le nord-est; la *Morava* descend vers le sud, passe près des champs de bataille d'*Austerlitz* et de *Wagram* et tombe dans le Danube près de *Bratislava*.

La Tchécoslovaquie s'étend sur 140 000 kilomètres carrés et compte 13 millions d'habitants. Les Tchèques et les Slovaques sont proches parents dans la race **slave,** et la communauté de leurs sentiments nationaux achève l'unité de leur patrie.

Grâce à la Bohême surtout, qui, dans la région de Praha, possède d'importantes mines de *houille* et de grandes manufactures (métallurgie, verreries), la Tchécoslovaquie montre, parmi les États de l'Europe centrale, une remarquable activité industrielle.

L'Autriche. — L'**Autriche** est une région naturelle qui comprend la plus grande partie des *Alpes orientales* et la vallée du *Danube* qui y correspond entre *Passau* et *Vienne*.

Comme les Alpes occidentales en France, les Alpes orientales ont un noyau central fait de massifs anciens, très élevés (près de 4 000 mètres) et qui renferment de grands glaciers. De part et d'autre de cette arête centrale, des massifs calcaires moins élevés couvrent la Bavière et l'Autriche jusqu'à Vienne, ou la Styrie et la Carinthie du côté de l'Italie et de la Yougoslavie.

Les rivières qui en descendent sont très abondantes, nourries par la fonte des glaciers. L'*Inn*, qui vient de l'*Engadine* en Suisse, traverse le *Tyrol* autrichien, riche région d'élevage, par *Innsbrück*; grossi de la *Salzach*, il rejoint le *Danube* à Passau. La *Drave*, grossie de la *Mühr*, est la principale rivière de la *Carinthie* et de la *Styrie*, où se trouvent d'importantes mines de fer (Gratz).

Le *Danube*, de *Passau* à *Vienne*, a un cours très resserré entre les Alpes et le plateau de Bohême; là, il passe à *Linz*. La vallée se dégage à partir de **Vienne**, en face de la plaine de la Morava, sur laquelle s'engagea la bataille de *Wagram*.

L'Autriche a une superficie de 83 000 kilomètres carrés, et 6 500 000 habitants. **Vienne**, la capitale, qui fut la capitale d'un grand empire, compte 2 millions d'habitants, presque le tiers de la population totale de l'État. C'est l'une des plus grandes et des plus belles villes de l'Europe, d'une remarquable activité économique et artistique : il y a *l'article de Vienne* comme l'article de Paris (industries diverses).

La Hongrie. — En quittant la Tchécoslovaquie et l'Autriche, le Danube traverse la **Hongrie**. Ses deux rives sont encore pendant quelque temps resserrées entre les pentes des *Tatras* et celles de la forêt de *Bakony*. Mais, à partir du coude de *Waci* (ou Waitzen), la plaine s'ouvre largement, jusqu'aux *portes de Fer*.

La plaine hongroise est une plaine d'alluvions quaternaires qui a été peu à peu comblée par les dépôts du fleuve et de ses affluents. La rive droite du Danube reste haute, par la présence des derniers contreforts des Alpes, et c'est la *Tisza* (ou Theiss) qui occupe le milieu de la dépression. Le bassin de la Tisza reçoit des affluents abondants, surtout le *Szamos*, le *Koros* et le *Maros* qui provoquent quelquefois de terribles inondations.

La plaine ainsi comprise entre le Danube et la Tisza est composée au nord de terrains argileux, au sud de sable. Les terrains argileux, moins perméables, sont frais et se prêtent à l'élevage; c'est la « puszta », riche en troupeaux de bœufs, de chevaux. La partie méridionale, appelée *Alfœld*, est fertile en *céréales*, ce qui fait de la Hongrie un des principaux greniers à blé de l'Europe (avec la Russie, la Roumanie et la France).

La Hongrie est un État de 92 500 kilomètres carrés, peuplé de 8 millions d'habitants. Sa capitale **Budapest**, formée de *Bude* et de *Pest*, a 800 000 habitants.

C'est le *Danube* qui fait toute l'importance de Budapest et de la Hongrie elle-même. C'est lui qui constitue l'unité géographique et économique de la Tchécoslovaquie, de l'Autriche et de la Hongrie, et il ouvre la route de l'Europe orientale et méditerranéenne.

NOTE. — Dans la carte Bassin de la Ruhr, la teinte verte indique la prédominance des industries textiles et la teinte jaune la prédominance des industries métallurgiques.

LECTURE. — LE RHIN DANS LA TROUÉE DE BINGEN. — De Mayence à Bingen, il y a sept ou huit lieues de riches plaines vertes et roulées, avec de beaux villages heureux au bord de l'eau.

Là tout est beau. Les escarpements sombres des deux rives se mirent dans les larges squames de l'eau. La roideur des pentes fait que la vigne est cultivée sur le Rhin de la même manière que l'olivier sur les côtes de Provence. Partout où tombe le rayon du midi, si le rocher fait une petite saillie, le paysan y porte à bras des sacs et des paniers de terre, et, dans cette terre, en Provence il plante un olivier, et sur le Rhin il plante un cep. Puis il contrebutte son terrassement avec un mur de pierres sèches qui retient la terre et laisse fuir les eaux. Ici, par surcroît de précaution, pour que les pluies n'entraînent pas la terre, le vigneron la couvre comme d'un toit avec les ardoises brisées de la montagne. De cette façon, au sein des roches les plus abruptes, la vigne du Rhin, comme l'olivier de la Méditerranée, croît sur des espèces de consoles posées au-dessus de la tête du passant ainsi que le pot de fleur d'une mansarde. Toutes les inclinaisons douces sont hérissées de ceps.

C'est du reste un travail ingrat. Depuis dix ans (1) les riverains du Rhin n'ont pas fait une bonne récolte.

D'en bas, tous ces épaulements en pierres sèches, qui suivent les mille ondulations du terrain en pente et auxquels les cannelures du rocher donnent successivement presque toujours la forme d'un croissant, surmontés de la frange verte des vignes, rattachés et comme accrochés aux tailles de la montagne par leurs deux bouts qui vont s'amincissant, figurent d'innombrables guirlandes suspendues à la muraille austère du Rhin.

Victor Hugo. — Le Rhin.

Exercices sur des questions d'examen.

1. Quels affluents le Danube reçoit-il d'Allemagne? — 2. Décrivez le cours du Rhin en Allemagne. — 3. Quels sont les trois grands fleuves de la plaine allemande? — 4. Énumérez les principaux États qui forment le Reich allemand. — 5. Citez les grands centres industriels et métallurgiques du bassin de la Ruhr.

(1) Écrit en 1838.

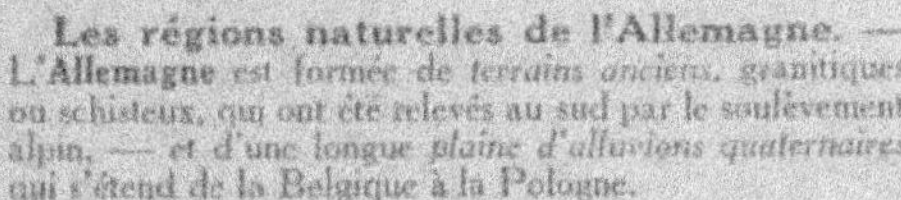

Un château des Alpes bavaroises, le Neuschwanstein, construit
sur le modèle des vieux châteaux féodaux.

Düsseldorf, type des villes industrielles de l'Allemagne moderne,
sur les bords du Rhin près du bassin de la Ruhr.

Les régions naturelles de l'Allemagne. —
L'Allemagne est formée de *terrains anciens*, granitiques
ou schisteux, qui ont été relevés au sud par le soulèvement
alpin, — et d'une longue *plaine d'alluvions quaternaires*
qui s'étend de la Belgique à la Pologne.

Ainsi on y distingue trois grandes régions physiques :
1° l'*Allemagne danubienne*; 2° l'*Allemagne rhénane*;
3° la *Plaine allemande*.

L'Allemagne du Sud est dominée par les Alpes
de *Bavière* qui, de 3 000 mètres à la frontière, s'abaissent
vers le Danube en un plateau de 600 mètres. Sur la rive
gauche, la *Forêt-Noire*, qui fait face aux Vosges, se prolonge par le *Jura franconien* jusqu'au plateau de Bohême.
Ainsi se trouve déterminé le bassin allemand du **Danube**
qui a ses principaux affluents sur la rive droite : le *Lech*,
l'*Isar* et l'*Inn*.

L'Allemagne rhénane est traversée par le **Rhin** du
sud au nord, de la Suisse à la Hollande. Le Rhin forme
d'abord la frontière entre la France et l'Allemagne, au
milieu de la *plaine alsacienne-badoise* que dominent de
part et d'autre les Vosges et la Forêt-Noire. A *Mannheim*,
il reçoit le *Neckar*, qui vient du plateau de *Wurtemberg*;
à *Mayence*, le *Main* qui descend du plateau de Bohême.
Puis il s'ouvre un chemin difficile et encaissé à travers le
schiste : c'est la *trouée de Bingen*; il y reçoit, à *Coblence*,
la *Moselle* à gauche et la *Lahn* à droite. Enfin, il passe à
Cologne, reçoit la *Ruhr* et s'en va vers la Hollande.

Au pied du plateau de Bohême et des Carpates (V.
la carte de l'Europe physique, p. 60), la **plaine allemande** s'abaisse du sud-est au nord-ouest vers la mer
Baltique et la mer du Nord. Ses principaux fleuves
sont l'*Oder* qui se jette dans la mer Baltique, l'*Elbe* et le
Weser qui débouchent dans la mer du Nord.

Les embouchures de l'Elbe et du Weser sont le
débouché de toute la plaine allemande : cela explique
l'importance exceptionnelle des grands ports de *Brême*
et de **Hambourg**. Toutes les ressources agricoles et industrielles de l'Allemagne y sont dirigées par la nature vers
le commerce universel.

La Prusse orientale est séparée du reste de l'Allemagne
par la Vistule, qui est un fleuve polonais.

Le Reich allemand. — Au lendemain de la
Grande Guerre, le **Reich allemand**, c'est-à-dire l'Etat
allemand, s'est organisé, par la constitution de Weimar,
en une grande République composée de 25 Etats. Le
plus important de ces Etats est la *Prusse* dont **Berlin** est
la capitale et dont les principales provinces sont : la
Prusse proprement dite, la *Prusse orientale* (Kœnigsberg),
la *Silésie* (Breslau), la *Poméranie* (Stettin), la *Prusse
rhénane* (Cologne, 400 000 habitants).

Parmi les autres Etats du Reich, il convient de citer :
la *Bavière*, capitale **Munich** (600 000 habitants). — la
Saxe, capitale *Dresde*. — le *Wurtemberg*, capitale
Stuttgart. — l'Etat de *Bade*, capitale *Carlsruhe*. — la
Thuringe, — le *Mecklembourg*, — les villes libres de
Hambourg, *Lubeck*, *Brême*.

Le Reich, sur une superficie de 472 000 kilomètres
carrés, est peuplé de 60 millions d'habitants, c'est-
à-dire 125 au kilomètre carré (la France, 74). Avec
sa forte unité ethnique, il constitue le plus puissant
Etat de *race germanique*.

Sa capitale, **Berlin**, a près de 4 millions d'habitants.

L'activité économique de l'Allemagne. —
L'Allemagne est une des plus grandes puissances économiques du monde. Elle a des ressources agricoles abondantes et variées; l'Allemagne moyenne, entre le Rhin
et le plateau de Bohême, est couverte de *forêts* bien
aménagées et de *prairies* que paissent de grands troupeaux
de *bœufs*, de *moutons* et de *porcs*.

La Bavière cultive le *seigle* et l'*orge* —, et la plaine
allemande la *pomme de terre*, la *betterave à sucre*, le *lin*,
le *chanvre*.

Mais l'Allemagne est devenue surtout une **puissance
industrielle** de premier ordre; elle exploite des mines de
houille et de *fer* en *Silésie*, en *Saxe* (Chemnitz et Leipzig),
dans le *Harz*. Le **bassin de la Ruhr** montre une activité
prodigieuse, dans ses grandes usines métallurgiques et
textiles, à *Essen*, *Barmen*, *Elberfeld*, *Dortmund*, *Duisbourg*, *Crefeld*, *Ruhrort*. La navigation du Rhin est particulièrement importante dans cette région.

Les voies de communication de l'Allemagne intéressent le commerce de l'Europe entière.

La voie ferrée de *Cologne-Hanovre-Berlin* unit la
France, la Belgique et l'Angleterre à la Pologne et à la
Russie; celle de *Cologne à Hambourg* se prolonge vers
le Danemark et la Suède; celle de *Strasbourg-Stuttgart-
Munich* qui vient de France se continue vers l'Autriche,
la Hongrie et la péninsule des Balkans.

Le **Rhin** emporte beaucoup de marchandises allemandes vers le port hollandais de *Rotterdam*. L'Oder
est réuni au Havel et à l'Elbe par le *canal de Finow*,
et ainsi toute la plaine allemande peut utiliser de larges
débouchés vers les *grands ports*, *Stettin* et *Lubeck*, sur
la mer Baltique, surtout *Brême* et **Hambourg**, sur la mer
du Nord.

LECTURE. — UNE VISITE AU PORT D'ANVERS. — Il ne
suffit pas, pour connaître Anvers, d'avoir jeté un coup d'œil
aux Rubens de la cathédrale, d'être allé manger des moules à
Sainte-Anne, pèlerinage traditionnel du gourmet, et d'avoir musé
sur les promenoirs. Il faut encore avoir circulé parmi l'animation
bruyante des docks et des darses. C'est un véritable émerveillement :
la visite superficielle des huit bassins actuels constitue une entreprise de longue haleine qui doit s'achever avant la marée haute,
car ensuite les écluses sont ouvertes. Cette opération a pour but de
laisser pénétrer dans les bassins autant d'eau qu'il en faut pour
maintenir un niveau capable d'assurer aux navires un mouillage de
7 mètres pour les anciens bassins de Napoléon et de plus de 9 mètres
dans les nouvelles installations.

Piloté par un élève de l'École de navigation, j'ai déambulé
durant des kilomètres dans le fourmillement de la forêt de mâts
dansants du Kattendyck, le plus grand bassin, plein à regorger,
et que domine le faîte aigu de la grosse bigue ; j'ai eu la tête
fendue par l'étourdissant tapage des chaudronniers audacieusement
accrochés aux flancs des navires en cale sèche ; j'ai longuement
suivi des yeux le surprenant travail du « Kohlentyp » du bassin
aux charbons, saisissant dans des bras d'acier un wagon de

25 tonnes chargé, le soulevant à 12 mètres et le culbutant d'un
seul coup dans la goulotte du cargo-boat à quai. J'ai, enfin,
cheminé parmi les trente-cinq tanks du bassin America, recélant
dans leurs flancs plus de 67 millions de litres de pétrole, et jeté
un regard craintif sur l'inquiétant empilage de milliers et de
milliers de barils d'essence sous les hangars...

Et lorsque, au retour, j'ai contemplé de l'Écluse militaire un
inoubliable panorama duquel jaillit si heureusement la fine
silhouette de la cathédrale, alors que les pulsations du grand port
au travail montaient assourdies jusqu'à moi, j'ai goûté dans toute
sa plénitude la sévère poésie que dégage le labeur humain.

J. IZART. — *La Belgique au travail* (P. Roger et Cie).

Exercices sur des questions d'examen.

1. Quelle est la partie la plus basse de l'Europe ? — 2. Que
savez-vous du Zuyderzée ? — 3. Qu'appelle-t-on polders ? —
4. Montrez, par des comparaisons, l'importance du Congo belge.
— 5. Quelles sont les îles de la Sonde qui appartiennent à la
Hollande. Indiquez leurs ressources.

La navigation intérieure en Belgique : le canal de Bruges, qui met en communication Bruges avec la mer.

Le port de Rotterdam, le plus actif de la Hollande ; il est, grâce au Rhin, en communication directe avec la mer.

Les Pays-Bas de Belgique et de Hollande.

— Les fleuves et rivières qui descendent des montagnes de l'Europe centrale entraînent des alluvions qu'ils déposent dans leur cours inférieur. Toute la plaine allemande en est faite.

Mais la partie la plus basse de l'Europe, appelée justement les *Pays-Bas*, est celle qui, depuis la frontière française vers Dunkerque jusqu'à la frontière allemande à l'embouchure de l'Ems, comprend la plus grande partie de la Belgique et presque toute la Hollande ; quelques régions de la côte se trouvent même au-dessous du niveau de la mer.

La **Belgique**, dans sa région orientale, a un relief de 200 à 500 mètres dans le plateau de l'Ardenne. Aux environs de Bruxelles, elle n'a plus que des collines d'environ 100 mètres ; la *Meuse* et la *Sambre* y ont leurs vallées profondément encaissées et sinueuses.

La région occidentale, ou *Flandre*, continuation de la Flandre française, est très basse, en partie au-dessous du niveau de la mer. L'*Escaut* y a ses embouchures, en aval d'*Anvers*, à travers les îles de la *Zélande*.

La **Hollande** est tout entière formée d'alluvions. La *Meuse* et le *Rhin* ont leurs embouchures dans le pays de *Zélande* dont le nom signifie « terre de la mer ».

Le pays n'est protégé contre les invasions de la mer que par une ligne de dunes que les hommes ont dû consolider par des digues de maçonnerie. Le *Zuyderzée* est un immense golfe intérieur qui a été envahi par la mer à la fin du XIIIᵉ siècle, qui n'a que 2 ou 3 mètres de profondeur et que les Hollandais ont entrepris de reconquérir.

Ces terres basses sont disposées en « *polders* », c'est-à-dire en champs coupés de canaux dont l'écoulement est minutieusement calculé. Les Hollandais sont passés maîtres dans ce travail ingénieux.

Les populations et les ressources de la Belgique.

— Les *Wallons* de l'est et les *Flamands* de l'ouest parlent des dialectes différents. Mais la Belgique a une très forte unité nationale avec sa devise : « L'Union fait la Force. » **Bruxelles** la symbolise par sa grande activité économique : c'est une belle capitale qui manifeste une grande prospérité (300 000 habitants). *Gand* est la principale ville de la Belgique flamande, et *Liége* de la Belgique wallonne : elles ont chacune environ 200 000 habitants.

La Belgique, sur environ 30 000 kilomètres carrés, est peuplée de 7 millions d'habitants (230 au kilomètre carré).

La Belgique occidentale a surtout des ressources agricoles ; blé, betterave à sucre et prairies artificielles dans le *Brabant*, autour de *Bruxelles*. La *Flandre*, pays d'élevage, annonce les prairies de la Hollande.

Le long de la Meuse et de la Sambre, la Belgique exploite de riches *bassins houillers*, prolongement des houilles du nord de la France : *Mons, Charleroi, Namur* et *Liége*. Le Grand-Duché de *Luxembourg* a aussi une grande activité industrielle.

Anvers (400 000 habitants) est un des plus grands ports de l'Europe, rival de Hambourg et de Londres même. Il doit sa fortune à l'industrie du pays, qui trouve des débouchés précieux dans le grand empire colonial que la Belgique possède en Afrique et qui comprend presque tout le bassin du *Congo*, plus de 2 millions de kilomètres carrés, 75 fois la superficie de la Belgique, plus de 4 fois celle de la France (V. la 45ᵉ et la 46ᵉ leçon, p. 105 et 107).

Population et ressources de la Hollande.

— La **Hollande** (33 000 kilomètres carrés) est peuplée de 6 millions d'habitants. Elle n'a aucune ressource minière. De l'argile du Limbourg, ou pays de *Maëstricht*, elle tire une importante industrie de *poterie*.

La Hollande est surtout un pays de fermes et de jardins. Les provinces de l'*Over-Yssel*, de *Groningue* et de la *Frise* sont admirablement cultivées : elles élèvent des bestiaux renommés. Elles font avec l'Angleterre un grand commerce de *beurre*, de *fromage* et de tous produits fermiers.

Les provinces de *Hollande* et de *Zélande* sont comme un immense jardin cultivé surtout en fleurs : *jacinthes* et *tulipes*, de réputation universelle.

Les Hollandais sont aussi occupés de *pêche* et de commerce maritime. Ils ont été autrefois « les rouliers des mers ». Ils exercent encore aujourd'hui une grande activité commerciale. **Rotterdam** est un port rival de Londres et d'Anvers. **Amsterdam** a moins d'importance maintenant parce que le Zuyderzée n'a pas assez de profondeur pour les grands navires, mais est toujours une grande ville de banques. Elle est réunie directement à la mer du Nord par le *canal de Nord-Zee*. **La Haye** est la capitale politique.

La Hollande possède encore un des plus beaux empires coloniaux du monde, par les îles de la *Sonde, Sumatra, Java, Bornéo*, qui ont plus de 40 millions d'habitants et qui envoient en Europe du caoutchouc, des bois précieux, du *tabac*, du *café* et du *sucre*, commerce plusieurs fois séculaire des *denrées coloniales* (V. la 44ᵉ leçon, p. 103).

LECTURE. — DIFFÉRENCES ENTRE LES ESPAGNOLS. — Tour à tour Ibères, Celtes, Phéniciens, Grecs, Carthaginois, Romains, Suèves, Vandales, Wisigoths, Arabes, et, avec eux, les Juifs, les Syriens, les Berbères, les Almoravides, les Almohades ont pris possession de cette terre où les attirait, dit-on, la légende homérique des Champs Élysées. Par ailleurs, les renseignements que l'on possède sur ces différents peuples ne sont pas suffisamment précis pour nous permettre de dire quelle fut la part de chacun d'eux dans la formation de l'Espagne moderne.

...Les peuples que l'on rencontre *tras los montes* (au delà des monts) diffèrent profondément les uns des autres, non seulement par la langue et par les coutumes, mais aussi par leurs aspirations et par leurs sentiments particuliers. C'est par là, croyons-nous, que l'Espagne se distingue le plus des autres grands États européens, en particulier de la France. Peut-on trouver, par exemple, des types ethniques plus dissemblables, si l'on s'en tient à l'aspect extérieur, qu'un Breton, qu'un Flamand, qu'un Basque et qu'un Provençal, qu'un paysan de Normandie et qu'un montagnard de la Savoie? Et cependant, tous ces types provinciaux si caractéristiques ne constituent ensemble qu'une seule nation, parce que de bonne heure ils se sont sentis solidaires les uns des autres et rattachés de cœur à une grande patrie commune...

En Espagne, au contraire, en dépit des liens artificiels de la politique, l'unité n'a pu être complètement réalisée, faute de coopération nécessaire des habitants à cette œuvre nationale. Le Catalan ne cache pas son animosité contre le Castillan et celui-ci le lui rend bien. L'un et l'autre affichent d'ordinaire pour l'Andalou le plus profond dédain. Les habitants de la Biscaye, comme pour affirmer la supériorité de leur race, traitent avec mépris « les Espagnols de l'autre rive de l'Ebre ». Des villes aussi rapprochées que Barcelone et Valence, Murcie et Carthagène, Cadix et Xérès, se considèrent volontiers comme des villes ennemies.

Angel MARVAUD. — *L'Espagne au XX⁰ siècle* (A. Colin, édit.).

Exercices sur des questions d'examen.

1. Quelles sont les péninsules européennes qui s'avancent dans la Méditerranée? — 2. Pourquoi les plateaux castillans sont-ils pauvres au point de vue agricole? — 3. Que savez-vous sur la ville de Barcelone? — 4. Citez les colonies portugaises. — 5. Pour quelles raisons les langues espagnole et portugaise sont-elles parmi les plus répandues?

Le pont romain d'Alcantara, sur le Tage : paysage caractéristique de la région
des plateaux secs et dénudés de la Castille.

Une rue à Elche dans la région des huertas ou jardins
de la côte méditerranéenne.

Les régions naturelles de la péninsule Ibérique. — La Méditerranée est bordée et dessinée, du côté de l'Europe, par *trois péninsules* : la péninsule *ibérique*, la péninsule *italique* et la péninsule *balkanique*. La péninsule Ibérique n'est pas toute méditerranéenne : en grande partie inclinée vers l'Atlantique, elle est intermédiaire entre l'Océan et la Méditerranée. Toute proche aussi de l'Afrique, elle a des contours massifs comme elle.

Grande de 600 000 kilomètres carrés, elle est partagée entre l'**Espagne** et le **Portugal** (508 000 pour l'une, 92 000 pour l'autre) : ces deux pays sont d'ailleurs de races et de langues parentes.

L'Espagne physique. — L'Espagne est formée de deux régions naturelles très différentes, les *plateaux* et les *côtes*. Les plateaux des *Castilles*, faits de granit et de schiste, sont sujets à de grands froids et à de grandes chaleurs ; ils sont arrosés par le *Douro*, le *Tage* et le *Guadiana*. Les côtes, au contraire, sont riches et fertiles et ont tous les caractères de la région méditerranéenne. La vallée du *Guadalquivir*, entre la *Sierra Morena* et la *Sierra Nevada* (3 481 mètres au *puy de Mulhacen*), forme l'*Andalousie*, avec *Cordoue*, *Séville*, *Grenade*, l'un des plus beaux pays de l'Europe.

Les populations et les ressources de l'Espagne. — La population de l'Espagne n'est que de 20 millions d'habitants : ce qui fait à peine 40 au kilomètre carré ; cela tient surtout à l'aridité des plateaux.

Madrid, la principale ville des Castilles, est la capitale de l'Espagne ; elle doit ce rang à sa glorieuse histoire, à la résidence des rois et à sa situation géographique au centre de la péninsule (500 000 habitants).

Les ressources dans les bassins de l'Èbre et du Guadalquivir, les rivages de la Méditerranée, sont surtout agricoles : le bassin de l'Èbre cultive des *céréales* ; la côte de la Méditerranée, avec les îles *Baléares* qui lui font face, forme la merveilleuse région des **huertas** ou jardins de *Valence*, *Murcie*, *Elche*, *Alicante*, *Malaga*, le pays des fleurs embaumées et des fruits d'or. L'irrigation y est remarquablement aménagée ; elle permet la culture des orangers et de la vigne ; et l'on exporte en grande quantité les *oranges de Valence* et les *vins de Malaga*. L'Andalousie vit des mêmes ressources ; les *vins de Xérès* sont renommés.

Les plateaux des Castilles, beaucoup moins riches, produisent un peu de *seigle* ; ils se prêtent surtout à l'**élevage du** *mouton* ; les moutons mérinos, célèbres par la finesse de leur laine, sont d'origine espagnole. La *Galice*, qui ressemble à notre Bretagne, nourrit aussi de beaux troupeaux de gros bétail.

Les **minerais** surtout constituent pour les plateaux d'importantes ressources : *houille* et *fer* dans les monts Cantabres, vers Santander ; importants gisements de **cuivre** dans la vallée du *Rio Tinto*, à l'extrémité occidentale de la Sierra Morena.

Les principaux ports de l'Espagne sont **Barcelone** et **Cadix**. Barcelone occupe sur la côte de Catalogne une situation analogue à celle de Marseille sur la côte de Provence ; ce port est le centre de la région industrielle la plus active de l'Espagne ; sa population, d'environ 500 000 habitants égale à peu près celle de Madrid. Cadix est le débouché de l'Andalousie et le point de départ des communications de l'Espagne avec l'Amérique.

Les Anglais gardent *Gibraltar* qui commande le détroit ; mais, sur la côte d'Afrique, l'Espagne possède la région du *Riff* avec *Ceuta*, *Tetouan*, *Ajdir* et *Melilla*.

Le Portugal et ses ressources. — Le Portugal, malgré sa parenté avec l'Espagne dans la race ibérique, a toujours maintenu son indépendance.

Il consiste essentiellement dans les vallées inférieures du *Douro* et du *Tage*, qui descendent de la Vieille Castille.

Il est peuplé de 5 500 000 habitants, environ 60 au kilomètre carré. Sa capitale est **Lisbonne** (400 000 habitants), construite sur un beau port naturel, la *mer de Paille*, que forme le Tage avant de se jeter dans la mer. *Porto*, à l'embouchure du *Douro*, fait un grand commerce de *vins*, surtout avec l'Angleterre.

Le Portugal avait autrefois dans les Indes un immense empire colonial. *Goa*, sur la côte occidentale de l'Inde, en était la capitale. Il possède encore les îles du *Cap-Vert*, de vastes territoires dans l'Afrique australe (l'*Angola* sur l'océan Atlantique et le *Mozambique* sur l'océan Indien), et *Macao* sur la côte chinoise.

Vers l'Amérique latine. — L'Espagne et le Portugal, par leur situation à l'extrémité occidentale de l'Europe, commandent les grandes routes maritimes qui conduisent vers l'Amérique du Sud. Celle-ci fut du reste autrefois presque tout entière colonie espagnole ou portugaise. Les langues espagnole et portugaise sont encore celles de la plus grande partie de l'Amérique centrale et de l'Amérique du Sud et même d'une partie de l'Amérique du Nord (Mexique) ; elles sont ainsi parmi les langues les plus répandues dans le monde, parlées par environ *100 millions d'hommes*.

LECTURE. — La culture des fleurs sur la Riviera italienne. — L'exportation des fleurs du littoral italien représente un mouvement de capitaux fort important et réclame pendant près de huit mois le travail continu de toute une foule d'individus des deux sexes; elle donne lieu à un trafic considérable sur les chemins de fer qui ont institué des services spéciaux pour le transport rapide d'une marchandise qui se détériore facilement.

Il est intéressant de suivre le travail fiévreux des femmes, des fillettes, des enfants qui, chaque jour, dès l'aurore, de Vintimille à Chiavari, sont occupés par les opérations délicates de la cueillette, de l'emballage, de l'expédition. Il ne faut pas perdre de temps ; avant onze heures du matin tout doit être terminé, les paniers d'osier bondés de la moisson odorante doivent être rangés sur les quais de départ des gares, car le train spécial pour les fleurs passe à midi.

Cette culture a non seulement été une source de richesse pour la Riviera italienne, mais elle y a développé le goût du travail. Les populations de cette région se laissaient aller volontiers à l'indolence que favorisent le beau ciel et l'affluence du bon étranger. Elles ont trouvé une occupation qui n'exige pas un effort considérable, qui, pour la majorité de ceux qui s'y adonnent, est limitée à une demi-journée. Il reste encore du temps pour flâner au bord de la mer bleue.

L. BONNEFON-CRAPONNE.
L'Italie au travail (P. Roger et Cie, édit.).

Exercices sur des questions d'examen.

1. Citez quelques massifs alpestres de l'Italie septentrionale. — 2. Pourquoi le climat de l'Italie du nord est-il d'une grande douceur? — 3. Quels sont les principaux affluents du Pô, et de quels lacs viennent-ils? — 4. Que savez-vous de l'importance des éruptions du Vésuve? — 5. Indiquez les principales cultures italiennes.

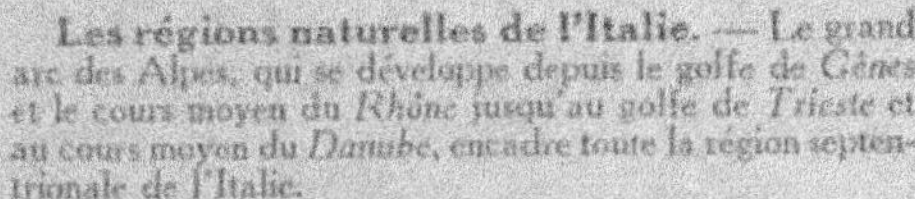

Monuments antiques à Rome sur le Tibre: le château Saint-Ange, l'église Saint-Pierre et le Vatican.

L'Italie moderne: à Turin, les usines Fiat, grande fabrication d'automobiles; piste d'essais sur le toit.

Les régions naturelles de l'Italie. — Le grand arc des Alpes, qui se développe depuis le golfe de *Gênes* et le cours moyen du *Rhône* jusqu'au golfe de *Trieste* et au cours moyen du *Danube*, encadre toute la région septentrionale de l'Italie.

L'Italie est ainsi dominée par quelques-uns des plus hauts sommets alpestres, le mont *Viso*, le mont *Blanc*, le mont *Rose*, et, de chaque côté du col du Brenner, l'*Œtzthal* et les *Hohe-Tauern*.

Les deux grandes régions naturelles de l'Italie, au sud des massifs alpestres, sont la **vallée du Pô** et la péninsule de l'**Apennin** ou **Italie péninsulaire**.

La *vallée du Pô* est un ancien golfe marin, qui n'a été comblé et transformé en plaine que par les alluvions de l'époque quaternaire et par le travail d'érosion des anciens glaciers alpestres, puis des torrents.

Le **Pô** prend sa source au mont *Viso*. A partir de Turin il coule lentement, sur un large lit de sable, dans la direction générale de l'est, c'est-à-dire dans l'axe de la plaine d'alluvions, entre les Alpes et l'Apennin. Il reçoit surtout le *Tessin* qui vient de Suisse et traverse le *lac Majeur*, l'*Adda* qui est le déversoir du *lac de Côme*, et le *Mincio* celui du grand *lac de Garde*; il confond ses embouchures avec celles de l'*Adige*. Cette région des *bouches du Pô*, de l'*Adige* et du *Reno*, est toute encombrée de lagunes, parmi lesquelles s'est bâtie *Venise*.

L'*Italie péninsulaire* et insulaire renferme encore des restes de *terrains anciens*: en *Calabre*, en *Sicile* et en *Sardaigne*.

L'*Apennin* est un plissement secondaire et tertiaire qui se compose de plusieurs plis parallèles et qui a ses sommets les plus élevés dans le plateau des *Abruzzes*: le *Gran Sasso d'Italia* y atteint 2 921 mètres.

Mais ce qui caractérise le mieux cette Italie péninsulaire, c'est le **volcanisme** qui s'est manifesté, et se manifeste encore, sur toute la côte orientale de la mer Tyrrhénienne. En Toscane et dans la région de Rome, on remarque un grand nombre de *volcans éteints*, dont les cratères ont formé des lacs. Plus au sud, la *baie de Naples* est encore arrondie comme un ancien cratère de volcan; au fond de cette baie, le *Vésuve*, encore actif, projette presque toujours un léger panache de fumée; au commencement de l'ère chrétienne, il engloutit sous une masse de laves et de cendres brûlantes la ville de *Pompéi*; en 1906, il eut une éruption qui détruisit encore quelques maisons.

Un peu au nord de l'entrée du détroit de Messine le *Stromboli* émet des vapeurs qui sont dans la nuit curieusement éclairées par le feu intérieur de son cratère. Enfin, en Sicile, l'*Etna*, qui a 3 313 mètres de hauteur, répand souvent sur ses pentes des coulées de soufre.

Les populations et l'activité économique de l'Italie. — L'Italie, sur une superficie d'environ *300 000 kilomètres carrés*, est peuplée de plus de *40 millions d'habitants*; ce qui donne une densité moyenne de *133 au kilomètre carré*.

Rome, sur le *Tibre*, est la capitale de l'Italie; elle a 500 000 habitants. Grande surtout par son histoire, elle régna dans l'antiquité sur toute la Méditerranée. Elle est la résidence du pape et la capitale de la religion catholique.

Toute la *plaine du Pô*, bien arrosée, chaude, est très fertile; on y cultive les *céréales*, le *blé*, le *maïs*, même le riz dans les sables inondés des embouchures du fleuve. Les grandes villes de la région fabriquent beaucoup de *pâtes alimentaires*, notamment du macaroni. On cultive le *mûrier* sur les pentes des montagnes.

Dans l'Italie péninsulaire, on pratique la *culture en terrasses*: *oliviers*, vignes. Toute la région de Naples se pare d'une merveilleuse corbeille d'*orangers* et de *fleurs*. La Sicile, autour de *Palerme*, a la même beauté.

Point de houille en Italie, un peu de fer seulement dans l'île d'Elbe. Mais ce pays tire le plus grand profit des chutes d'eau de la montagne des Alpes pour produire de la **force motrice électrique**. Ainsi la région de **Milan** développe une remarquable activité industrielle: *papeteries*, *soieries*, *métallurgie*, notamment grande fabrication d'*automobiles*. Milan d'ailleurs est aussi peuplée que Rome (500 000 habitants).

Le commerce de l'Italie est favorisé par sa situation géographique. Les *voies ferrées* qui traversent par des *tunnels* les hautes chaînes alpestres se réunissent dans la vallée du Pô, venant de France par le tunnel du *Mont-Cenis*, de Suisse par ceux du *Simplon* et du *Saint-Gothard*, d'Autriche par ceux du *Brenner* et du *Tarvis*. Une grande voie péninsulaire réunit toutes ces voies par *Milan*, *Bologne*, *Ancône*, *Brindisi*. Elle correspond avec les grandes voies maritimes de l'Adriatique, qui, parties de *Trieste* et de *Venise*, se dirigent vers la Grèce, l'Égypte et tout l'Orient. *Gênes* est aujourd'hui le plus grand port de l'Italie.

L'Italie a des intérêts considérables sur toute la Méditerranée. Elle possède *Fiume* et *Zara* sur la côte orientale de la mer Adriatique; dans l'Afrique du Nord la grande colonie de *Libye*; au fond de la mer Rouge, l'*Érythrée* avec le port de *Massaouah*. Elle a occupé sur la côte de l'Asie Mineure les îles du *Dodécanèse*. Elle développe beaucoup son activité commerciale sur tous les rivages du *Levant*.

LECTURE. — LES NOMS DE LA PÉNINSULE DES BALKANS. —
Avant le XIX⁰ siècle, on ne s'occupait guère que de l'histoire de
l'antiquité et des anciennes civilisations de ces régions. Les gens
instruits étaient sous l'impression de la civilisation hellénique ;
c'est le nom de Péninsule hellénique, ou même de Péninsule
grecque, qui prévalut. Les autres peuples, bien que plus nombreux, étaient à peu près ignorés, et, malgré leur nombre, les
Hellènes les effaçaient presque complètement. On disait parfois
aussi : Péninsule byzantine, sous l'influence des études relatives
à son histoire et à sa civilisation au moyen âge. Ceux qui s'occu-
paient d'études romaines l'appelèrent parfois Péninsule romaine
ou Péninsule illyrienne, parce qu'on supposait que les Yougoslaves occidentaux sont les descendants des anciens Illyriens.

En même temps que de ces noms classiques ou tirés de
l'antiquité, quelques géographes et cartographes de l'Occident
se servirent de celui d'Empire Ottoman d'Europe, ou de la Turquie
d'Europe, ou encore d'Empire du Grand Turc. Au commencement du XIX⁰ siècle, et jusqu'au Congrès de Berlin (1878), le
nom de Turquie d'Europe l'emporta sur tous les autres. Il corres-
pondait bien à la situation politique où s'était trouvée cette région
jusqu'au commencement du XIX⁰ siècle, presque toute la péninsule appartenant alors à la Turquie... Mais, dès les premières
décades du XIX⁰ siècle, la Serbie et la Grèce apparaissaient sur

la carte. Ces deux États de création récente dérangèrent les
conceptions des cartographes. C'est avec une répugnance évidente,
en l'absence d'un autre nom, général, qu'on donna encore à
toute la péninsule le nom de Turquie d'Europe. On comprit qu'il
fallait renoncer aux noms classiques de Péninsule hellénique, byzantine, romaine ou illyrienne et aussi au nom politique de Turquie.

C'est au commencement du XIX⁰ siècle que se manifesta la
tendance à remplacer dans l'étude des contrées de la Terre les
divisions politiques ou historiques par des divisions basées sur des
faits naturels.

Le géographe A. Zeune donna, en 1818, à la péninsule, le
nom de Péninsule des Balkans.

Jovan CVIJIĆ. — *La Péninsule des Balkans* (A. Colin, édit.).

Exercices sur des questions d'examen.

*1. Citez quelques sommets importants des terrains anciens de la
péninsule des Balkans. — 2. Que savez-vous de l'Albanie ? —
3. Quelles sont les principales îles de la Grèce ? — 4. Énumérez
les détroits qui font communiquer la Méditerranée et la mer
Noire. — 5. En quoi la position de Constantinople vous paraît-
elle importante ?*

L'Athènes antique : la colline de l'Acropole surmontée des ruines du Parthénon ; végétation d'oliviers.

Constantinople : le pont de Galata, qui joint le quartier de Galata à Stamboul, la ville turque, avec ses mosquées.

La *péninsule des Balkans*, qui doit son nom au massif montagneux qui en occupe la partie centrale, s'étend de la *Drave* et du *Danube* au nord jusqu'à la mer Méditerranée au sud. Entre la mer *Adriatique* et la mer *Noire*, la **Yougoslavie**, la **Bulgarie** et l'**Albanie** en occupent la partie continentale, assez massive. Entre la mer *Ionienne* et la mer *Egée*, la **Grèce** est presque absolument maritime.

Yougoslavie, Bulgarie, Albanie. — La *Drave* et le *Danube* séparent ces pays de l'Autriche, de la Hongrie et de la Roumanie. De la mer Adriatique à la mer Noire s'allongent des *massifs anciens* qui forment la chaîne des *Balkans* et atteignent près de 3 000 mètres.

Les eaux vont d'une part au Danube, de l'autre aux rivières de la mer Adriatique et de la mer Egée.

La **Yougoslavie**, ou royaume triunitaire des *Serbes, Croates* et *Slovènes*, d'une superficie de 257 000 kilomètres carrés (presque celle de l'Italie), peuplée de 13 millions d'habitants, est désormais une des grandes puissances de l'Europe. Sa population appartient à la race **slave** : les *Yougoslaves* sont les *Slaves du Sud*, parents des *Tchécoslovaques*, ou *Slaves du Nord*.

La capitale de l'Etat est **Belgrade** (100 000 hab.). La Yougoslavie tire ses ressources de l'exploitation des forêts et de l'**élevage**, notamment de grands troupeaux de porcs. Les débouchés lui manquent ; elle les cherche vers la mer Adriatique, et vers la mer Egée par le port grec de *Salonique* où elle dispose d'une zone particulière. Elle est traversée par la grande voie ferrée de l'*Express-Orient : Liubliana-Zagreb-Belgrade-Nisch*, vers Sofia et Constantinople, ou vers Salonique et Athènes.

La **Bulgarie** a 102 000 kilomètres carrés et 4 millions et demi d'habitants. Sa capitale est **Sofia**. *Philippopoli*, sur la Maritza, a aussi une grande importance.

Sur les plateaux, âpres et froids, qui dominent la rive droite du Danube, on fait de l'élevage et quelques cultures de seigle. Les vallées de la *Maritza* et de la *Toundja* ont déjà le climat de la Méditerranée et cultivent les *fruits* et les *fleurs*, notamment les **roses**, pour la fabrication des parfums. Quelques mines de *fer* sont exploitées autour de Sofia.

La Bulgarie a son plus grand port sur la mer Noire à *Varna*. Elle voudrait un débouché sur la mer Egée, le long de la Maritza.

L'*Express-Orient* la traverse par *Sofia* et *Philippopoli*, en direction de Constantinople.

L'**Albanie** (capitale *Tirana*) a seulement 28 000 kilomètres carrés et environ 800 000 habitants, divisés en tribus selon les vallées de la montagne, ils se livrent à l'élevage.

La Grèce. — La Grèce tient à peine au continent. Sauf quelques petites plaines, en *Thessalie*, en *Macédoine* et en *Thrace*, ses régions continentales sont faites de roches sèches et dénudées. Mais, entre la *Méditerranée*, la mer *Ionienne* et la mer *Egée*, elle a une longueur considérable de côtes ; elle est le pays le plus découpé de l'Europe ; elle est toute déchiquetée en presqu'îles et en îles qui, baignées de tous côtés par la mer, jouissent d'un climat délicieux ; ce sont les presqu'îles de *Chalcidique* et de *Morée* ou du *Péloponèse* ; les *îles Ioniennes*, surtout *Corfou* et *Céphalonie* ; les *Cyclades* en cercle autour de *Délos* ; *Chio, Samos, Mitylène*, et la grande et merveilleuse *Crète*.

Sur une superficie de 155 000 kilomètres carrés, la Grèce a 6 millions d'habitants. **Athènes** avec son port **Le Pirée** en a plus de 500 000.

La Grèce cultive un peu de *céréales* et de *fèves*, mais surtout la *vigne* pour la préparation du *raisin de Corinthe*, l'*olivier* pour la fabrication de l'*huile*, et le *tabac*.

Son activité commerciale est considérable. Elle a une nombreuse flotille de petits bateaux qui font le cabotage sur tous les rivages de la mer Egée et même une grande flotte de commerce dont les navires parcourent toute la Méditerranée. **Le Pirée**, qui achève de perfectionner son outillage, est en passe de devenir le plus grand port de l'Europe orientale.

Constantinople et les Détroits. — La **Turquie**, qui posséda autrefois toute la péninsule des Balkans, est aujourd'hui presque complètement refoulée en *Asie Mineure*. Elle ne garde plus en Europe que la *Thrace orientale* à partir de la Maritza et la **région des Détroits**, c'est-à-dire les *Dardanelles* et le *Bosphore*, de part et d'autre de la *mer de Marmara*.

Constantinople, sur le Bosphore, n'est plus la capitale de la Turquie ; le gouvernement siège à *Angora*, au cœur de l'Asie Mineure. Mais l'importance de Constantinople sera toujours considérable. Car non seulement elle commande le passage de la Méditerranée à la mer Noire, vers les riches terres noires de la Russie méridionale et vers les régions pétrolifères de la Caucasie, mais aussi, par les voies ferrées qui y aboutissent, elle commande le passage de l'Europe à l'Asie Mineure. On peut dire que le Danube, après avoir parcouru toute l'Europe centrale depuis l'Allemagne du Sud, a son double débouché et, en quelque sorte, son *delta* commercial à l'entrée de l'Asie entre Salonique et Constantza, de part et d'autre de Constantinople.

LECTURE. — Promenade a Bucarest. — Au premier
aspect, rien ne distingue Bucarest de ses sœurs d'Occident : c'est
la même cohue grouillante de population pressée et nerveuse qui se
faufile le long des voies trop étroites et si encombrées que les
trottoirs débordent sur la chaussée ; c'est le même flot mouvant des
voitures et des autos ; ce sont les mêmes tramways auxquels s'accro-
chent, aux heures d'affluence, les mêmes grappes humaines ; ce sont
les mêmes passants.

Mais d'autres types, apparus soudain entre deux Occidentaux,
nous rappellent, par leur pittoresque, où nous sommes.

C'est un pope aux longs cheveux, c'est un paysan vêtu de peaux
de mouton, c'est une paysanne en magnifique costume brodé aux
couleurs éclatantes, ce sont des vendeuses de piment et de maïs,
c'est toute cette foule d'ingénieux petits commerçants et de quó-

mandeurs qui sont l'apanage de toute ville latine. Et par-dessus
cela, c'est un ciel embrasé qui dore les êtres et les choses, qui
leur confère de la noblesse et de la beauté.

Jules Berraut (Le Temps).

Exercices sur des questions d'examen.

1. Que désigne-t-on par l'expression « isthme européen » ? —
2. Quelles sont les ressources de la Roumanie ? — 3. Quels sont
les principaux cours d'eau roumains ? — 4. Entre quels États
la Pologne avait-elle été divisée ? — 5. Quelles sont les races qui
habitent le territoire de la Pologne ?

Constantza, le grand port roumain sur la mer Noire ; là s'élèvent
des magasins à grains avec élévateurs et voies d'accès.

A Cracovie, le château de Wawel, résidence des rois de Pologne
jusqu'au XVI° siècle, est devenu une sorte de panthéon national.

Entre la *mer Noire* et la *mer Baltique*, la **Roumanie**
et la **Pologne**, qui ont une petite frontière commune,
occupent l'*isthme européen*, appuyé aux Carpates, en face
des immenses plaines russes.

La Roumanie. — La *Roumanie* a une forte unité
physique. Elle est solidement établie sur le bastion des
Carpates et du plateau de *Transylvanie*, montagnes anciennes, de terrain granitique, en partie usées, relevées à
l'époque secondaire avec des sommets de 2 500 mètres
(V. la 25° leçon, p. 61).

Toutes les eaux roumaines vont au *Danube*, sur sa
rive gauche, et dessinent autour des massifs centraux des
rayons d'une régularité curieuse : *Maros* à l'ouest, *Aluta*
ou *Oltu* au sud, *Sereth* et *Pruth* à l'est. Le *Dniester* qui,
au delà de la Bessarabie, fait frontière du côté de
l'Ukraine et de la Russie, est comme le fossé de la défense
nationale.

Le **Danube** à partir des *Portes de fer* est large et abondant ; sa rive roumaine, basse, a été formée de ses alluvions. Cette région présente ainsi beaucoup de ressemblance avec la vallée du Pô, à la même latitude. Le grand
fleuve se jette dans la mer Noire par de larges embouchures en delta.

La Roumanie comprend la Moldavie, la Valachie, la
Transylvanie, la Bessarabie. Elle groupe ainsi *tous les
Roumains* : soit 300 000 kilomètres carrés et 17 millions
d'habitants, d'une même race, d'origine latine.

Composée de terrains très variés, plateaux calcaires et
plaines d'alluvions, la Roumanie a de grandes richesses
de toutes sortes. Ses montagnes sont couvertes d'immenses
et belles **forêts** : d'où le nom de *Transylvanie*, qui
signifie forêt d'au delà des monts. Sur les pentes et dans
la plaine, elle cultive un peu de vigne, du maïs, et surtout
de grandes quantités de *blé* : elle est un des principaux
marchés à blé de l'Europe.

Elle possède quelques mines d'or dans les monts
Bihar en Transylvanie, et surtout, au-dessus de la plaine
de Valachie, de riches nappes de **pétrole** très activement
exploitées.

Bucarest, la capitale, une des belles villes de l'Europe,
avec 300 000 habitants, est située sur une des plus importantes voies ferrées du continent, en direction d'*Odessa*.

Par son port de *Constantza*, près des embouchures du
Danube, la Roumanie est désormais une des principales
puissances de la mer Noire. Ses grands paquebots, par
les détroits du *Bosphore* et des *Dardanelles*, s'en vont à
la Méditerranée et la parcourent tout entière. Un magnifique avenir s'ouvre devant elle : la Roumanie est une
des portes de l'Orient.

La Pologne. — La *Pologne* est essentiellement composée d'une *plaine basse*, marécageuse, comprise entre les
dernières pentes des Carpates et les plateaux côtiers de la
mer Baltique.

Son unité géographique est faite par la *Vistule* : on
peut dire que la Pologne est *le pays de la Vistule*.

La Vistule, beau fleuve de 1 100 kilomètres, donc un
peu plus long que notre Loire, prend sa source en
Moravie, près de Cracovie. Puis, au bas des Carpates, elle
dessine une courbe gracieuse de la montagne à la plaine
et à la mer et se jette dans la Baltique à Dantzig.

Le peuple qui s'est établi là constitue une des plus
fortes nationalités de l'Europe. Mutilée, entièrement dé-
chirée par la Prusse, l'Autriche et la Russie, la **Pologne**
est aujourd'hui ressuscitée, plus vigoureuse que jamais.

Elle est à peu près grande comme la France — on
l'appelle quelquefois « la France de la Vistule » ; elle a
en effet 455 000 kilomètres carrés (l'Allemagne en a
472 000). Elle est peuplée de 30 millions d'habitants.
Varsovie, sa capitale, est une ville de près d'un million
d'habitants. Les cités historiques de *Poznan*, *Cracovie*,
Wilno et *Lvow*, représentent très fortement le glorieux
passé de la Pologne et son avenir plein de promesses.

Elle a toutes les ressources nécessaires à une grande
nation qui veut vivre libre et prospère.

La plaine est fertile, quoi qu'elle soit soumise à l'influence des grands vents froids qui viennent des plaines
russes. Elle est cultivée en *orge* et *seigle*, en *betterave à
sucre*, en *pomme de terre*, en *lin* et *chanvre*.

Les plateaux adossés aux Carpates sont riches en
mines de **houille** : *Beuthen* dans la Haute-Silésie, *Tar-
nowitz*, *Czestochowo*. Dans la montagne, on exploite le
pétrole et les pittoresques mines de *sel gemme* de *Wieliczca*.

L'activité industrielle de la Pologne est déjà remarquable : *Varsovie*, *Lodz*, *Lublin* ont des *raffineries* de
sucre et d'importantes *filatures*.

Des voies de communication d'intérêt général facilitent le commerce intérieur et extérieur. Des *canaux* réunissent la Vistule aux fleuves russes et allemands.

La Pologne est le lieu de passage de la grande voie
ferrée européenne qui va de l'Allemagne à la Russie :
Poznan, *Varsovie*, vers Moscou.

Dantzig, à l'embouchure de la Vistule, étant une ville
libre, la Pologne a créé un port national sur la Baltique à
Gdynia.

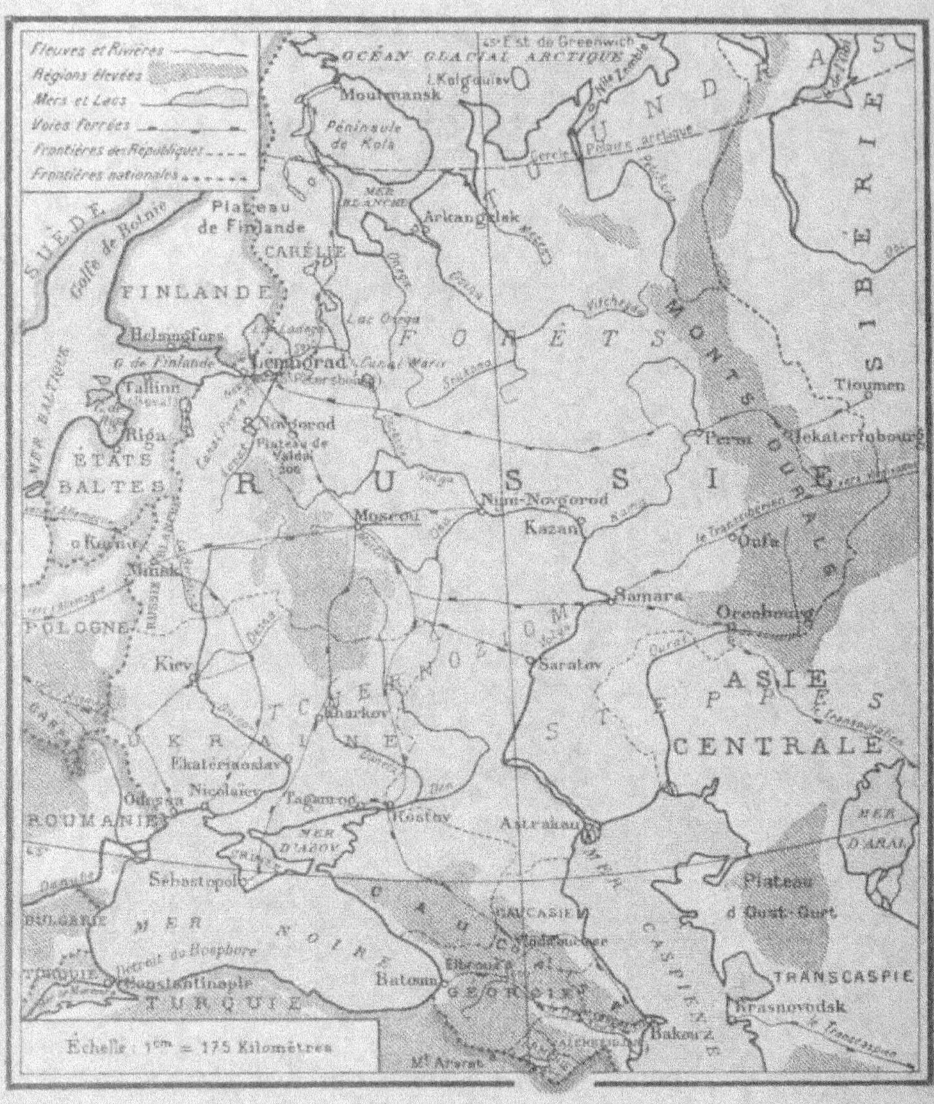

REMARQUE. — La carte ci-dessus donne à la Russie, entre la mer Caspienne et la mer Blanche, les limites traditionnelles qui séparent l'Europe de l'Asie. Mais il faut remarquer qu'au point de vue politique, ces limites ne correspondent nullement à celles des territoires qui composent l'U. R. S. S. L'U. R. S. S., en effet, est formée de six républiques d'importance inégale : 1° la République fédérative russe; 2° la République fédérative de Transcaucasie; 3° la République de Russie blanche; 4° la République de l'Ukraine; 5° la République du Turkménistan; 6° la République de l'Uzbékistan. La République fédérative russe est le plus important de ces groupements territoriaux puisqu'à elle seule elle réunit 11 républiques et 13 territoires autonomes, s'étendant jusqu'à l'Extrême-Orient.

Exercices sur des questions d'examen.

1. Que signifie cette phrase : les mers qui baignent la Russie sont fermées? — 2. Quelles sont les ondulations les plus élevées de la plaine russe? — 3. Pourquoi la Néva a-t-elle un débit important? — 4. Quelles sont les ressources les plus importantes de la plaine russe?

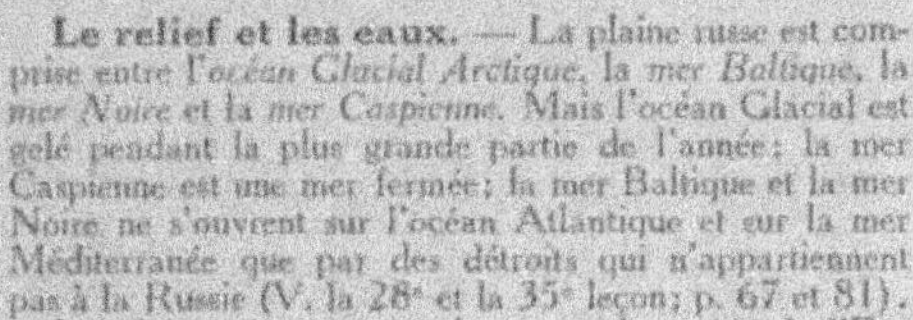

La rentrée de la récolte de blé dans le Tchernoziom russe, la région la plus fertile de la Russie.

Les quais de la Néva à Leningrad : le fleuve est couvert de glace et l'on y circule en traineau.

Le relief et les eaux. — La plaine russe est comprise entre l'*océan Glacial Arctique*, la *mer Baltique*, la *mer Noire* et la *mer Caspienne*. Mais l'océan Glacial est gelé pendant la plus grande partie de l'année; la mer Caspienne est une mer fermée; la mer Baltique et la mer Noire ne s'ouvrent sur l'océan Atlantique et sur la mer Méditerranée que par des détroits qui n'appartiennent pas à la Russie (V. la 28e et la 35e leçon; p. 67 et 81).

La plaine russe est grande comme la moitié de l'Europe : environ 5 millions de kilomètres carrés, dix fois la France.

Elle est encadrée par des montagnes d'origines et de hauteurs diverses : au nord par des montagnes anciennes, donc peu élevées, le plateau de *Finlande* qui n'a que 300 mètres et les monts **Ourals** 1 600 mètres; au sud par des montagnes plus récentes et plus élevées, les **Carpates**, et surtout le **Caucase** et l'**Ararat** dont les points culminants ont 5 600 mètres.

La plaine elle-même est presque absolument plate puisque les légères ondulations du plateau de *Valdaï* ne dépassent pas 300 mètres. Ainsi les fleuves de la Russie, abondamment alimentés par les neiges, coulent avec une extrême lenteur. Ce sont les voies *naturelles de la Russie* et les traits essentiels de sa géographie physique.

Ils divergent du centre de la plaine vers les quatre grandes mers qui la limitent.

L'océan Glacial et la mer Blanche reçoivent la *Petchora* et la **Dvina**.

La **Néva** n'a que 58 kilomètres de longueur; elle a un débit plus abondant que celui du Rhin, car elle emporte les eaux du lac *Onéga* et du lac *Lagoda*; elle passe à Leningrad et se jette dans le golfe de Finlande.

La mer Noire reçoit deux grands fleuves, le **Dniêpr** et le **Don**, celui-ci par l'intermédiaire de la mer d'*Azov*.

La mer Caspienne reçoit les eaux de l'*Oural*, et surtout celles de la **Volga** qui, née au plateau de Valdaï, traverse presque toute la plaine russe de l'ouest à l'est jusqu'à *Kazan*, puis du nord au sud jusqu'à *Astrakhan*. Elle reçoit à *Nijni-Novgorod* l'*Oka*, grossie de la *Moskowa*.

La direction de la Volga et de ses affluents marque les chemins de l'Asie.

L'organisation politique de la plaine russe. — Sur un aussi vaste territoire, les populations sont diverses.

La région centrale, dans les hautes vallées de la Volga, de l'Oka, de la Duna et du Dniêpr., est occupée par les *Grands-Russes*, ou *Moscovites*, qui sont la principale famille de la grande race slave.

Vers le sud, le bassin moyen et inférieur du Dniêpr et tout le bassin du Don forment l'*Ukraine*, habitée par les *Petits-Russes*, ou *Ukrainiens*, population robuste et laborieuse qui a envoyé des colons jusqu'aux extrémités de l'Asie à travers la Sibérie.

La région de la Volga moyenne et de la Volga inférieure, jusqu'aux monts Ourals, est le pays des *Tatars*, ou *Tartares*, qui descendent des Mongols, venus d'Asie.

Au nord, dans la région froide, vivent de rares tribus de *Samoyèdes*, accablés par la rigueur du climat. Au sud, les populations du *Caucase* forment une race particulière, mêlée de Tatars et d'Arméniens.

Toutes ces populations, qui comptent aujourd'hui plus de 150 millions d'habitants (20 par kilomètre carré), forment l'**Union des Républiques Soviétiques Socialistes (U.R.S.S.)**; elles reçoivent leurs directions politiques générales de **Moscou** qui est la capitale de l'U.R.S.S.

Les ressources et l'activité économique de la plaine russe. — La grande étendue de la plaine russe, depuis le cercle polaire jusqu'au 45e degré de latitude nord, et ses différents terrains, lui assurent des ressources variées. Ses productions agricoles dépendent naturellement du climat.

Au nord les régions de la *Petchora* et de la *Dvina*, vastes étendues neigeuses et glacées, n'ont, pendant les quelques semaines de l'été, qu'une végétation de *mousses* et de *lichens* que paissent les *rennes*; ce sont des **toundras**, sans valeur économique.

La Russie centrale, autour de *Moscou*, jusque vers *Kiev* au sud-ouest et *Kazan* à l'est, est couverte de **forêts**. Dans les clairières des forêts, les habitants de cette région se livrent aussi à l'*élevage* et à la *pêche*; car les rivières sont très poissonneuses, notamment la *Volga*.

La plus riche région agricole de la Russie, celle des **terres noires** ou **tchernoziom**, couvre la plus grande partie de l'*Ukraine* autour de *Kiev* et de *Kharkov*. On y cultive le *lin* et le *chanvre*, la *betterave à sucre*, la *pomme de terre*, mais surtout le **blé**, car la Russie est *un des principaux greniers à blé de l'Europe*. Elle en exporte de grandes quantités par le port d'Odessa.

La plaine russe est limitée en ressources industrielles; cependant les monts *Ourals* ont d'importantes mines d'*or* et de *platine*, et le bassin du *Donetz* quelques gisements houillers. La Transcaucasie, autour de **Bakou**, possède des puits de **pétrole** qui sont, avec ceux des États-Unis, les plus importants du monde (V. la 40e leçon : *la Plaine russo-sibérienne*).

OCÉAN GLACIAL ARCTIQUE
Zone des Toundras
Islande
Pêche de la Morue
Pêche du Hareng
LAPONIE
Kola
Limite Nord de la Culture des Céréales
Région minière de l'Oural
Platine
Or
SIBÉRIE
RUSSIE (URSS)
FINLANDE
Forêts
ILES BRITANNIQUES
MER DU NORD
MER BALTIQUE
Lin et Chanvre
LATVIE
LITHUANIE
Élevage
Forêts
Montée des Steppes russes
ASIE
Betterave à sucre
Zone
Blé de la Terre Noire
Prairies
ALLEMAGNE
Lin et Chanvre
POLOGNE
Pêcheries
FRANCE
Zone des Cultures
Blé
Pétrole
ROUMANIE
Limite de la Culture de la Vigne
MER CASPIENNE
ESPAGNE
Élevage
Vins
Moutons
Zone des Cultures méditerranéennes
ITALIE
YOUGOSLAVIE
BULGARIE
MER NOIRE
TURQUIE
ASIE MINEURE
PERSE
MÉDITERRANÉE
MAROC ALGÉRIE
TUNISIE
AFRIQUE
Culture de la Zone méditerranéenne
SYRIE
Échelle 1/19.260.000 Kilomètres
Océans et Lacs
Fleuves
Voies ferrées
Frontières
Lignes maritimes
Régions agricoles (Céréales)
Régions de Grandes Forêts
Régions de grande activité industrielle

Les grandes régions agricoles. — Les zones naturelles de végétation sont du nord au sud : la zone des *toundras*, la zone des *forêts*, la zone des *prairies*, et la zone des *cultures méditerranéennes*.

On fait encore beaucoup d'**élevage** en Europe, quoique les prairies y soient de plus en plus remplacées par des champs cultivés.

On élève le gros *bétail* en Irlande et en Angleterre, en France, en Hollande, en Allemagne, en Pologne, en Russie, en Hongrie (chevaux) et d'importants troupeaux de *moutons* en Angleterre (Cheviots, Southdowns), en France (Champagne, Causses), en Espagne, en Allemagne, en Tchécoslovaquie (Moravie).

La grande culture européenne est celle des **céréales**: *blé, seigle, avoine, orge*. Toute l'Europe cultive les céréales, puisque c'est le cercle polaire qui marque la limite septentrionale de la culture de l'orge. Les grandes régions de la culture du blé sont la plaine russe, dans les Terres Noires, la France (Beauce, Brie, Picardie, Saône supérieure, Bassin aquitain), la Hongrie, la Roumanie, la vallée du Pô en Italie.

Dans presque toute l'Europe centrale et orientale, comme en France, on cultive la *betterave à sucre* ainsi que la *pomme de terre*.

La France, l'Italie et l'Espagne sont les pays producteurs de **vins**. La France fait aussi du *cidre* et, ainsi que les pays du nord et du centre de l'Europe, de la *bière*.

Parmi les matières premières nécessaires à l'industrie, l'Europe du nord fournit beaucoup de *bois*, — l'Europe centrale, de la France à la Pologne, a du *lin* et du *chanvre*, — la France et l'Italie se procurent de la *soie brute* par la culture du mûrier et l'élevage du ver à soie.

Mais l'Europe manque de laine parce qu'elle n'a plus assez de prairies pour l'élevage du mouton, — et de coton, parce que la plante qui le produit ne croît que dans les pays chauds. Il lui faut en importer.

Les grandes régions industrielles. — Les grandes régions industrielles sont déterminées par la nature du sol, c'est-à-dire par la présence de la houille, du fer, du cuivre, du pétrole; la **houille** surtout a, jusqu'à présent, favorisé le développement de l'activité industrielle. La « houille blanche » commence à y apporter d'autres modifications.

Entrée du tunnel du Saint-Gothard à Goeschenen en Suisse. Il conduit de l'autre côté des Alpes dans la vallée du Tessin.

Aujourd'hui, les grandes régions industrielles de l'Europe, où la densité de la population est la plus forte, où sont les plus puissantes usines métallurgiques ou textiles, sont : les *îles Britanniques* (vallée de la Clyde, Newcastle, Leeds, Manchester, Birmingham, Londres, — ce qu'on a appelé « le pays noir ») ; — la *France*, dans son Massif central, Lyon, Saint-Étienne, le Creusot, — dans le Nord: mines de houille, Béthune, Lens, Lille, Roubaix, Tourcoing, Valenciennes, — en Lorraine et en Alsace, mines de fer, industrie textile de Mulhouse; — la *Belgique*, dans le Hainaut et la vallée de la Sambre; — l'*Allemagne*, notamment dans la région du Rhin, dans la vallée de la Ruhr, en Saxe et en Silésie; — la *Pologne* a de puissantes industries textiles; — la *Tchécoslovaquie* a des verreries et de grandes usines métallurgiques; — l'*Italie* tire un grand profit de ses chutes d'eau et développe beaucoup ses industries électriques; elle devient une des grandes puissances industrielles de l'Europe.

Les grandes voies commerciales de l'Europe. — Le système des voies de communication en Europe est à peu près complet. Les fleuves et les canaux sont généralement bien aménagés. Les fleuves allemands notamment sont reliés par un système remarquable de canaux. En France, la grande *voie du Rhône*, reliée *au Rhin*, sera la grande transversale du nord au sud. Ailleurs, le grand *canal Ludwig*, qui en Bavière unit le Main avec le Danube supérieur, permet des communications par eau entre le Rhin et la mer du nord d'une part, et la mer Noire d'autre part, c'est-à-dire la traversée de toute l'Europe.

De bonnes *routes* conduisent à travers tout le continent; la France en particulier en possède un système complet et parfait. Il permet le développement considérable de la circulation par *automobiles*.

De grandes *voies ferrées* parcourent l'Europe d'un bout à l'autre et en tout sens, notamment de Paris ou Anvers à Cologne, Berlin, Varsovie, Moscou, vers l'Asie, — de Paris ou Calais à Strasbourg, Munich, Vienne, Bucarest et Odessa, — de Paris, par le tunnel du Simplon, à Milan, Venise, Belgrade, Constantinople ou Athènes, — de Paris, par le tunnel du Mont-Cenis, vers l'Italie, Rome et Brindisi, — de Paris vers l'Espagne, Madrid, Cadix ou Lisbonne.

Ces grandes voies se prolongent au delà de l'Europe par d'autres voies transcontinentales ou maritimes, à travers le vaste monde.

Exercices sur des questions d'examen

1° *Pourquoi l'importance de l'élevage a-t-elle diminué en Europe? Quels sont encore les principaux pays d'élevage?* — 2° *Quelles matières premières l'agriculture européenne fournit-elle à l'industrie?* — 3° *Où se trouvent les principaux centres industriels en Angleterre, en France, en Belgique, en Allemagne?* — 4° *Montrez comment le canal Ludwig permet de passer de la mer du Nord à la mer Noire.* — 5° *Quelles sont les grandes voies ferrées qui traversent l'Europe?*

25. L'Europe physique. Le sol de l'Europe.

Lac de Gosau au pied du Dachstein, en Autriche; glaciers et forêts de sapins.

Comme celui de la France, le sol de l'Europe est formé de terrains appartenant à toutes les époques géologiques.

L'*Europe septentrionale* est la plus ancienne partie du continent. Elle se compose surtout de plateaux granitiques qui atteignent à peine 1 000 m. d'altitude en Ecosse et en Angleterre. Les montagnes de la Scandinavie sont plus élevées; elles étaient autrefois couvertes de glaciers, dont les lits forment actuellement des fiords.

L'*Europe centrale* a des restes de terrains anciens (plateau de Bohême), mais elle a été fortement modifiée par les dislocations de l'époque tertiaire (Pyrénées, Alpes, Carpates, Caucase). L'érosion des montagnes, surtout de leurs parties calcaires, a comblé les vallées et formé de *vastes plaines* comme celle de l'Allemagne du Nord.

L'*Europe méridionale* a aussi d'anciens massifs (en Espagne, dans le sud de l'Italie, dans les Balkans). Elle est encore agitée par des *manifestations volcaniques* (l'Etna, le Vésuve).

L'*Europe orientale* est formée de l'immense *plaine russe*, au relief à peine sensible, autrefois couverte de glaciers dans le Nord (lacs Ladoga et Onéga).

26. Europe physique : climats, eaux, zones de végétation.

Végétation méditerranéenne : forêt de pins parasols près de Ravenne (Italie).

Le *45e degré de latitude nord* passe à Bordeaux, à Trieste et aux embouchures du Danube; l'Europe appartient donc à la *zone tempérée*. Elle a dans le nord des hivers longs et froids; au centre, un climat continental; au sud, un climat méditerranéen.

Les *fleuves* de l'Europe septentrionale, alimentés surtout par les pluies, sont courts; quelques-uns ont cependant une grande importance, comme la *Tamise* et la *Clyde*. Ceux de l'Europe centrale sont les plus grands; ils sont alimentés par les glaciers des Alpes : ainsi le Rhône, le Rhin, le Pô, le Danube (2 850 km. de long). La plaine russe a le fleuve le plus long de l'Europe : la Volga.

La *végétation* naturelle de l'Europe est celle des *prairies* et des *forêts* (sapins, chênes, hêtres). Les prairies naturelles, transformées par la culture, deviennent de fertiles terres à *céréales* (Russie). Il y a encore en Europe des animaux sauvages (ours, loups, sangliers); il y a surtout des *animaux domestiques* (bœufs, chevaux, moutons).

400 millions d'hommes y vivent, la plupart de race *indo-européenne*, parlant les langues germanique, latine ou slave, et de religions protestante, catholique, orthodoxe et juive.

27. Les îles Britanniques.

A Londres le palais du Parlement britannique sur les bords de la Tamise.

L'Irlande est un plateau de granit de faible altitude. Elle a un climat tiède et humide, des prairies propres à l'élevage. Elle forme deux Etats indépendants, mais rattachés à la couronne d'Angleterre : l'Etat libre d'*Irlande*, capitale Dublin; l'*Ulster*, capitale Belfast.

L'Ecosse est, elle aussi, en grande partie granitique. Ses Hautes Terres ne dépassent pas 1 300 mètres; et ses Basses Terres, peu étendues, ont de riches mines de houille et une région industrielle de grande activité, dont Glasgow est la ville principale.

L'Angleterre de l'ouest, faite de vieilles montagnes, a également des bassins houillers (Newcastle) et d'importants centres industriels : *Sheffield* (aciéries). *Manchester* (cotonnades), *Birmingham* (fer), — et un grand port : *Liverpool*.

L'Angleterre de l'est, aux terrains secondaires et tertiaires, se prête à l'élevage; on y cultive aussi le blé. Londres, la capitale, est aussi le premier port de l'Angleterre.

L'Angleterre, puissance industrielle, importe des produits alimentaires (blé) et des matières premières (laine et coton). Elle a les premières marines marchande et militaire du monde.

28. La Scandinavie et la mer Baltique.

La SCANDINAVIE est établie sur un plateau ancien de granit et de schiste. Elle a de grands lacs d'origine glaciaire, comme le *Wener* et le *Wetter*. La NORVÈGE a des forêts de *sapins* (papiers) et des *pêcheries*. OSLO, la capitale, et *Bergen* sont de grands ports de pêche. La SUÈDE pratique la culture des céréales et exploite, en Dalécarlie, des mines de fer. STOCKHOLM et *Göteborg* en sont les principales villes.

La mer Baltique, ou la « Méditerranée du Nord », baigne plusieurs États : la FINLANDE, république indépendante, capitale Helsingfors ; l'*Esthonie*, la *Latvie*, la *Lithuanie* ; l'*U. R. S. S.* (Union des Républiques Socialistes Soviétiques) ; la ville libre de *Dantzig* aux embouchures de la Vistule ; l'*Allemagne*, avec les ports de Stettin, Lübeck, Kiel.

Le DANEMARK est à la sortie de la mer Baltique. Il possède le Groenland, l'Islande, les îles Féroé. Il se compose lui-même d'une presqu'île, le *Jutland*, et de plusieurs îles. Les Danois font surtout de l'élevage ; grand commerce de beurre avec l'Angleterre. La capitale COPENHAGUE — 500 000 habitants — commande le passage de la mer du Nord à la Baltique.

Maisons en bois, en Norvège. La Norvège est une riche région forestière de l'Europe.

29. La Suisse.

La SUISSE se trouve au milieu du soulèvement alpestre dont elle possède les massifs les plus élevés. Ses hauteurs s'abaissent vers le nord en un plateau de 200 à 300 mètres limité par les chaînes du Jura français. Elle jouit d'un climat d'une incomparable pureté.

On peut dire que la Suisse est « le château d'eau » de l'Europe. Le RHÔNE, le RHIN avec ses principaux affluents, le TESSIN affluent du Pô, l'INN affluent du Danube, y prennent leur source. Elle a de beaux lacs : lacs *Léman*, de *Thoune*, de *Brienz*, des *Quatre-Cantons*, de *Zurich*.

La Suisse est une *République* démocratique, composée de 22 cantons groupés en un gouvernement fédéral qui siège à BERNE. Ses 4 millions d'habitants sont de langue italienne, française ou allemande.

Pays laborieux, la Suisse pratique l'*élevage* sur les pâturages de ses montagnes (lait, fromage, chocolat au lait) ; elle a d'actives *manufactures* de métallurgie, de soieries, cotonnades, dentelles, broderies. Elle constitue aussi un centre important de *voies ferrées* qui traversent les Alpes par les tunnels de l'*Arlberg*, du *Saint-Gothard*, du *Lœtschberg*, du *Simplon*.

La vallée de Lauterbrunnen en Suisse ; au fond le massif de l'Oberland bernois.

30. L'Europe centrale : Tchécoslovaquie, Autriche et Hongrie.

L'Europe centrale est occupée par trois États :

La TCHÉCOSLOVAQUIE est composée du plateau de *Bohême*, du massif des *Tatras* et de la vallée de la *Morava*. Les eaux de la Bohême sont recueillies par l'*Elbe* et la *Moldava*, qui passe à PRAHA (Prague), la capitale ;

L'AUTRICHE est dominée par les grands massifs des *Alpes orientales*, qui fournissent d'abondantes rivières comme l'*Inn* et la *Drave*. Le DANUBE, entre Passau et Vienne, a un cours resserré. VIENNE a 2 millions d'habitants ; c'est une des plus belles villes de l'Europe ;

La HONGRIE est une vaste plaine faite des alluvions quaternaires apportées par le Danube et ses affluents. Les terrains argileux, compris entre le Danube et la Tisza, se prêtent à l'*élevage* des troupeaux de bœufs et de moutons ; la plaine méridionale est fertile en CÉRÉALES : un des greniers à blé de l'Europe.

La Tchécoslovaquie a 140 000 kilomètres carrés et 13 millions d'habitants. L'Autriche 83 000 kilomètres carrés et 6 millions 1/2 d'habitants ; la Hongrie 92 500 kilomètres carrés et 8 millions d'habitants.

Costumes nationaux en Tchécoslovaquie : villageoises en jupes richement brodées.

31. L'Allemagne.

Un burg, vieux château féodal, aux bords du Rhin.

L'Allemagne est formée : au sud, de terrains anciens relevés par le soulèvement alpin; au nord, d'une longue prairie d'alluvions quaternaires. Elle se divise ainsi en trois régions naturelles : l'*Allemagne du Sud*, au pied des Alpes, arrosée par le Danube; l'*Allemagne Rhénane* et la plaine arrosée par l'*Oder* et l'*Elbe*.

L'Allemagne a de grandes richesses agricoles : *céréales, pommes de terre, betteraves à sucre*; son activité industrielle est considérable : houille, mines, industrie métallurgique et textile dans les bassins de la *Ruhr*, de la *Saxe* et de la *Silésie*.

Elle est traversée par les grandes voies ferrées qui vont de l'Europe occidentale vers la plaine russe; ses fleuves sont réunis par un excellent système de canaux. HAMBOURG, ville libre, à l'embouchure de l'Elbe, est un des plus grands ports du monde.

Le Reich allemand est une grande république composée de 25 États. Les plus importants sont : la *Prusse*, la *Bavière*, la *Saxe*, le *Wurtemberg*. Superficie : 472 000 kilomètres carrés; population : 60 millions. La capitale est BERLIN (4 000 000 d'hab.).

32. La Belgique et la Hollande.

Laitière belge avec charrette traînée par un chien.

La *Belgique orientale* a un relief schisteux de 150 à 200 mètres que traverse la *Meuse*. La *Belgique occidentale*, ou région de la *Flandre*, est basse et arrosée par l'*Escaut*.

La Hollande est à peine au-dessus du niveau de la mer; la *Meuse* et le *Rhin* y ont leurs embouchures.

La Belgique exploite de riches bassins houillers, notamment dans les vallées de la Sambre et de la Meuse (Charleroi, Liège), régions qui sont en même temps très industrielles. La Flandre fait beaucoup d'élevage (Gand).

La BELGIQUE a pour capitale *Bruxelles*. Ses grandes villes sont : *Gand*, *Liège* et *Anvers* qui est un des principaux ports de l'Europe. Elle possède en Afrique tout le bassin du *Congo*.

La HOLLANDE, pays de fermes et de jardins admirablement cultivés, fait un commerce actif de beurre, de fromage et de fleurs (jacinthes, tulipes).

Elle a un très grand port : *Rotterdam*, et deux villes importantes : *Amsterdam* et LA HAYE, qui est sa capitale. Elle possède la plupart des îles de la Sonde.

33. La péninsule Ibérique.

Course de taureaux, spectacle populaire en Espagne.

La péninsule Ibérique, méditerranéenne à l'est, atlantique à l'ouest, est faite de plateaux de granit et de schiste, relevés par les soulèvements récents des *Pyrénées* et de la *Sierra Nevada*.

Les plateaux de *Castille* (600 à 700 m. de hauteur) ont un climat continental et les fleuves (Douro, Tage, Guadiana) sont souvent secs en été. Ils sont riches en minerais : *houille et fer* dans les monts Cantabres, *cuivre* dans la vallée du *Rio-Tinto*. MADRID en est la principale ville et la capitale de l'ESPAGNE.

Tout le long de la côte de la Méditerranée s'étend la zone des *huertas* de *Valence*, *Murcie*, *Elche*, *Alicante*, *Malaga* bien arrosée et cultivée en orangers et en vignes. La plus belle région de l'Espagne est l'*Andalousie*, ou vallée du *Guadalquivir*, avec sa plaine de *Grenade*, ses villes de *Cordoue*, de *Séville*, son port de *Cadix*.

Le PORTUGAL comprend essentiellement les vallées inférieures du *Douro* et du *Tage*; il a de riches vignobles dans la région de *Porto*; sa capitale, LISBONNE, est construite sur un vaste port naturel.

34. L'Italie.

Aux pieds des hauts massifs, les anciens glaciers ont creusé une magnifique région de lacs. L'*Italie septentrionale* est un point de concentration de grandes voies ferrées internationales.

La *vallée du Pô* est une plaine comblée par les alluvions quaternaires. Le Pô coule dans l'axe de cette plaine entre les *Alpes* et l'*Apennin*; il aboutit à une région de lagunes où s'est bâtie Venise. Plaine bien arrosée et chaude, donc fertile, industrielle aussi, surtout à Milan, grâce à la force motrice développée par les chutes d'eau de la montagne.

Femme italienne en costume national traditionnel.

L'*Italie péninsulaire* est dominée par les plissements récents de l'*Apennin* (2 291 m. au Gran Sasso). Elle a des *volcans* encore en activité, comme le *Vésuve*, au fond de la baie de Naples. ROME, la capitale, a un glorieux passé historique.

L'Italie possède de grands ports : GÊNES sur la Méditerranée; TRIESTE, *Fiume*, *Zara* sur l'Adriatique. Son activité industrielle et commerciale est considérable. Elle a des colonies : la *Lybie*, l'*Erythrée*. C'est une grande puissance latine.

35. La péninsule des Balkans.

Eyzones, soldats de la garde hellénique, en grand costume.

La péninsule des Balkans est établie sur un massif de terrains anciens modifié par des plissements plus récents.

Elle se rattache à l'Europe centrale par les pays du Danube. Le royaume des *Serbes, Croates, Slovènes* ou YOUGOSLAVIE a pour principale rivière la *Save*, qui passe à Liubliana, descend ensuite vers Agram et se jette dans le Danube à BELGRADE, la capitale; c'est un pays de forêts et de prairies. La BULGARIE, capitale SOFIA, comprend surtout la rive droite du Danube, des *Portes de fer* à la *Dobroudja*; la vallée de la Maritza y est fertile (culture des roses).

La GRÈCE est un pays surtout maritime. Elle cultive l'olivier, la vigne, les fèves, le tabac; l'activité se porte principalement sur les côtes et les petites îles de la Méditerranée et de la mer Égée. ATHÈNES et son port LE PIRÉE groupent plus de 500 000 habitants.

La TURQUIE ne possède plus en Europe que la région des Détroits, où la ville de CONSTANTINOPLE commande le passage de la Méditerranée à la mer Noire et de l'Europe à l'Asie Mineure.

36. La Roumanie et la Pologne.

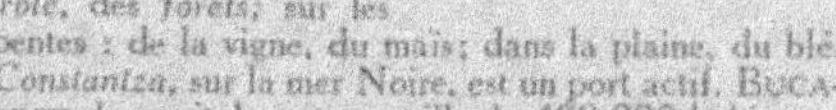
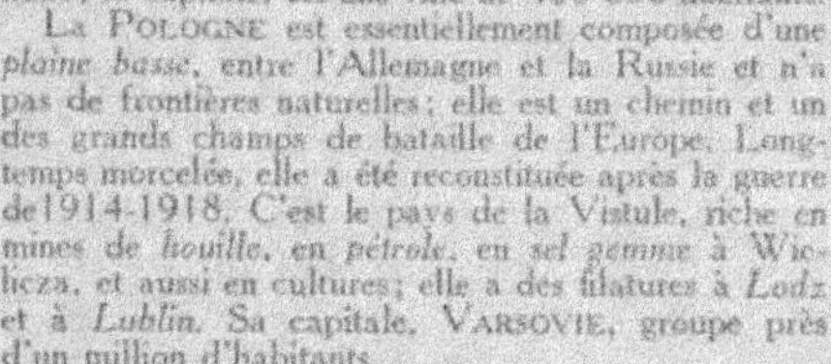

Chapelle creusée dans les mines de sel de Wielicza.

La ROUMANIE comprend la *Moldavie*, la *Transylvanie* et la *Bessarabie*, soit 17 millions d'habitants de même race. Elle est dominée par les Carpates; toutes ses eaux vont au *Danube*.

Le Dniester la sépare de l'Ukraine et de l'U.R.S.S.

Elle a dans ses montagnes : de l'or, du pétrole, des *forêts*; sur les pentes : de la vigne, du maïs; dans la plaine, du blé. *Constantza*, sur la mer Noire, est un port actif. BUCAREST, la capitale, est une ville de 400 000 habitants.

La POLOGNE est essentiellement composée d'une *plaine basse*, entre l'Allemagne et la Russie et n'a pas de frontières naturelles; elle est un chemin et un des grands champs de bataille de l'Europe. Longtemps morcelée, elle a été reconstituée après la guerre de 1914-1918. C'est le pays de la Vistule, riche en mines de *houille*, en *pétrole*, en *sel gemme* à Wielicza, et aussi en cultures; elle a des filatures à *Lodz* et à *Lublin*. Sa capitale, VARSOVIE, groupe près d'un million d'habitants.

La Pologne a un passé glorieux et un avenir plein de promesses.

37. La plaine russe.

Un traîneau de paysans russes, traîné par trois chevaux.

La plaine russe est grande comme la moitié de l'Europe, comme dix fois la France. Elle est encadrée par le plateau de *Finlande*, les monts *Ourals*, les *Carpates*, le *Caucase* (5 600 m.).

L'océan Glacial reçoit la *Petchora* et la *Dvina*; c'est la zone des *toundras*.

Vers la Baltique coule la *Néva*, de faible longueur (58 km.), mais d'un débit supérieur à celui du Rhin.

Dans la mer Noire se jettent deux grands fleuves : le *Dniepr* et le *Don*. Le *Dniepr* traverse la république de l'*Ukraine*, capitale *Kiew*, immense plaine dont la *terre noire*, très fertile, produit en abondance du blé exporté par le port d'*Odessa*.

La *Volga* se jette dans la mer Caspienne. Elle traverse d'abord la *Russie des forêts*, où elle reçoit les eaux de la Moskowa, rivière de MOSCOU, capitale de l'U.R.S.S. Elle coule ensuite à travers les *steppes* et se jette dans la mer Caspienne, sur les bords de laquelle se trouve Bakou dont la région est extrêmement riche en pétrole. La plaine russe est l'intermédiaire entre l'Europe et l'Asie.

38. L'Europe économique.

Mineurs au travail dans une galerie où ils abattent la houille.

L'Europe est le plus petit des continents, mais ses ressources naturelles sont en pleine exploitation. On y fait encore beaucoup d'*élevage*.

Cependant les principales richesses agricoles de l'Europe sont les *céréales*, la *betterave à sucre* et la *pomme de terre*.

Jusqu'à présent, la houille avait déterminé le développement de l'activité industrielle qui est surtout grande en Angleterre, en France, en Belgique, en Allemagne. Mais l'utilisation de la « *houille blanche* » va modifier la carte des régions industrielles; c'est ainsi que l'Italie, qui tire un grand profit de ses chutes d'eau, voit ses usines se développer rapidement.

Les *fleuves* et les *canaux* sont généralement bien aménagés, surtout en Allemagne où le grand *canal Ludwig* permet des communications par eau entre la mer du Nord et la mer Noire. Il y a aussi de bonnes routes, particulièrement en France. Enfin, de grandes voies ferrées parcourent l'Europe en tout sens; elles se prolongent par des voies transcontinentales à travers l'Asie et par des lignes de navigation à travers tout le vaste monde.

LECTURE. — A LA RECHERCHE DE L'EAU DANS LE DÉSERT DE GOBI (1900). — De l'eau, de l'eau! Ce souci domine tous les autres. Depuis douze jours, les chameaux n'ont pas bu. Coûte que coûte, il faut atteindre une source. En vérité, la situation est absolument critique. Si nous n'arrivons pas à un puits, l'un après l'autre les chameaux tomberont comme dans ma tragique expédition de Takla-Makan en 1894... La situation est aggravée par la tempête. Les tourbillons de sable ne nous laissent distinguer que les environs absolument immédiats de nos pistes; tout l'horizon demeure complètement invisible.

Voici encore des pistes de chameaux sauvages, celles-là toutes fraîches. Quoique oblitérées par le sable de l'ouragan, elles sont encore très visibles. Ces animaux allaient s'abreuver ou venaient de boire. Donc en suivant ces traces, soit dans un sens, soit dans un autre, on arriverait certainement à un point d'eau. Mais d'ici à ce puits mystérieux, il y a peut-être des jours et même des semaines de route...

Voici les pistes d'un troupeau de vingt chameaux sauvages. Nous les suivons... Je presse le pas. Mon chien, Yolldach, galope en avant. Dix minutes plus tard, je l'aperçois buvant au milieu d'une nappe de glaçons. Nous sommes encore une fois sauvés! Enfin, nous allons pouvoir nous reposer et nous refaire avant de traverser de nouveau cette lugubre mer de sable. Le puits est saumâtre, mais naturellement les glaçons produisent une eau potable... Les hommes partis en éclaireurs découvrent des touffes de végétaux desséchés; les chameaux vont faire bombance. Ces pauvres bêtes sont maintenant soumises au supplice de Tantale: elles ont devant elles de l'eau en abondance, mais avant de les abreuver, il faut attendre qu'elles se soient dûment reposées. Les chevaux, eux, peuvent boire sans inconvénient dès leur arrivée et de suite, à belles dents, ils croquent les glaçons comme des morceaux de sucre.

Sven Hedin. — *Dans les Sables de l'Asie* (Félix Juven, édit.)

Exercices sur des questions d'examen.

1. Quelle est, en kilomètres carrés, la superficie de l'Asie? — Quel est le chiffre de sa population? — 2. Quels sont les cours d'eau de l'Asie qui se jettent dans les mers intérieures (V. sur la carte)? — 3. Quels sont ceux qui se jettent dans l'océan Glacial Arctique, dans l'océan Pacifique, dans l'océan Indien? — 4. Quelle est la région du monde qui reçoit le plus d'eau?

39. L'ASIE PHYSIQUE

En Sibérie : les bords de l'Angara, cours supérieur de l'Iénisséi, suivis par une voie de chemin de fer, dans la région du lac Baïkal.

Paysage à Ceylan : végétation tropicale. Un chariot traîné par des bœufs est chargé de caisses de thé.

Le pays des grands plateaux. — L'Asie a une superficie de 43.000.000 de kilomètres carrés, c'est-à-dire qu'elle est quatre fois plus grande que l'Europe. Elle a 800 millions d'habitants, le double de la population de l'Europe, plus de la moitié de la population de la Terre entière.

Elle offre, dans des proportions plus grandes, certaines ressemblances avec l'Europe.

Ses principaux massifs montagneux sont, comme ceux de l'Europe, dans sa région centrale ; ils sont également de formation récente : l'**Himalaya** est de la même époque géologique que les Alpes. Mais les massifs asiatiques sont beaucoup plus importants et plus élevés que les massifs européens, et l'Europe apparaît, à cet égard, comme une miniature de l'Asie. Les montagnes de l'Asie ont leurs points culminants à plus de *8 000 mètres*, et elles s'étalent sur d'immenses étendues, en forme d'énormes plateaux : le seul plateau du **Tibet** a 2 000 000 de kilomètres carrés, c'est-à-dire quatre fois la France.

Ainsi l'Asie est beaucoup plus massive que l'Europe, et l'on trouve à l'intérieur de cet immense continent une région dont les eaux n'ont aucun écoulement vers les océans qui bordent les côtes. Cette région, plus étendue que l'Europe elle-même, comprend principalement les bassins de la mer Caspienne et de la mer d'Aral.

Les montagnes de l'Asie font suite aux plissements européens dans la direction générale de l'ouest à l'est : ainsi les plateaux de l'*Asie Mineure* se prolongent au delà de l'*Ararat* et du *Caucase* par les plateaux de l'*Iran* et au delà du *Pamir* par ceux du *Tibet* et de l'*Himalaya*.

L'Asie a aussi, comme l'Europe, trois péninsules méridionales, mais plus grandes, plus massives et plus élevées : l'*Arabie*, l'*Inde* et l'*Indochine*.

Le pays des grandes plaines alluviales. — Tout autour des grands plateaux du centre de l'Asie, s'étalent de vastes *plaines d'alluvions*.

Dans la région intérieure, qui n'a pas d'écoulement vers les mers extérieures, les fleuves sont : la *Volga* et l'*Oural* qui vont vers la mer Caspienne, le *Syr-Daria* et l'*Amou-Daria* vers la *mer d'Aral*.

Dans l'Asie septentrionale l'*Obi* et l'*Iénisséi* s'en vont ensemble, parallèlement, vers l'*océan Glacial Arctique* ; la *Léna* et l'*Amour* parcourent les plateaux anciens de la Mandchourie et de la Sibérie orientale, l'une vers l'*océan Glacial*, l'autre vers l'*océan Pacifique*.

Dans l'Asie méridionale, le *Tigre* et l'*Euphrate*, descendus des plateaux de l'*Asie Mineure* et de l'*Ararat*, traversent la Mésopotamie et se réunissent pour former le *Chatt-el-Arab* et se jeter dans le *golfe Persique*. L'*Indus* et le *Gange*, descendus des hautes montagnes de l'*Himalaya*, ont formé de leurs alluvions énormes la grande *plaine indo-gangétique*. L'*Irraouaddy* et le *Mékong* coulent parallèlement à travers les plissements indochinois et forment à leurs embouchures de vastes deltas alluviaux.

Enfin, dans l'Asie orientale, le *Hoang-Ho* et le *Yang-tsé-Kiang*, descendus aussi des hauts plateaux du Tibet, ont couvert de leurs alluvions la vaste plaine chinoise.

On pourrait représenter l'hydrographie de l'Asie sous la forme d'un cercle ou d'une roue dont le moyeu serait dans les grands plateaux et dont les rayons seraient les fleuves divergeant en tout sens.

Les ressources naturelles de l'Asie. — Sur une aussi grande superficie, les climats sont très divers. Les plaines du nord sont très froides, et l'on a relevé en Sibérie les plus basses températures du globe. Les hauts plateaux, en grande partie inhabitables, sont même très difficiles à traverser.

Par contre, les régions méridionales, sous le tropique du Cancer, sont chaudes et bien arrosées. Les moussons de l'océan Indien et de l'océan Pacifique méridional déversent sur les flancs des hautes montagnes d'énormes quantités de pluies : la région du *Tcherrapoundji*, au pied de l'Himalaya près des embouchures du Gange, est celle qui reçoit le plus de pluies dans le monde entier.

Les plaines de l'*Indus* et du *Gange*, les deltas de l'*Irraouaddy* et du *Mékong*, les plaines chinoises du *Hoang-Ho* et du *Yang-tsé-Kiang*, sont parmi les régions les plus fertiles de la Terre ; le riz et le thé y poussent abondamment et peuvent nourrir des populations très serrées, véritables fourmilières humaines ; presque toute la population de l'Asie y est concentrée : 300 millions d'habitants dans l'Inde, et approximativement 450 millions en Chine.

Mais les *communications* ne sont pas faciles d'un point à l'autre de l'Asie. Il n'existe pas encore de grandes routes dans les hauts plateaux. Le continent n'est traversé de part en part que par le *chemin de fer transsibérien* qui, venu de *Moscou*, aboutit à *Vladivostok* et à *Péking*. Les principales voies commerciales de l'Asie sont les voies maritimes qui en font le tour par la mer *Rouge*, l'océan *Indien* et l'océan *Pacifique*.

LECTURE. — L'HIVER SIBÉRIEN. — Les voyageurs qui ont subi l'hiver sibérien dans toute sa rigueur en parlent avec un effroi mêlé d'admiration. Un silence infini pèse sur l'espace. Tout semble endormi : les ruisseaux, les herbes sont cachées dans la neige ou saisies par la gelée; les animaux sont blottis dans leurs tanières; les fleuves ont cessé de couler, et, comme leurs rives disparaissent sous la glace ou la neige, la terre, éblouissante de blancheur au centre du paysage, mais grise dans le lointain, n'offre pas un objet sur lequel puisse s'arrêter la vue. Ni ligne brusque, ni couleur vive ne rompent l'uniformité de l'espace. Le seul contraste avec la morne étendue de la terre est celui de l'inaltérable azur, où chemine le soleil, en s'élevant de quelques degrés à peine au-dessus de l'horizon. L'astre se lève et se couche, avec des contours nets, sans cette auréole rougeâtre qui l'entoure d'ordinaire au bord de l'horizon; la force de ses rayons est telle que la neige fond sur le côté des toits exposé à la lumière, tandis qu'à l'ombre la température varie de 24 à 30 degrés au-dessous du point de glace. La nuit, quand l'aurore boréale n'étend pas dans le ciel ses draperies multicolores et n'éclate pas en fusées silencieuses, les étoiles et la lumière zodiacale brillent avec un singulier éclat; peut-être sur aucune autre partie de la Terre ne s'étend un ciel aussi favorable aux astronomes. Dans cette région du pôle de froid, l'atmosphère est d'une clarté parfaite; on n'y voit aucun nuage, si ce n'est au bord des rivières, d'où s'échappe un épais brouillard composé de particules glacées, ou bien dans le voisinage des troupeaux, cachés par les amas de vapeurs que forme leur haleine; mais l'air qui contient de fins cristaux de brouillard n'est pas moins sec que l'atmosphère transparente. L'homme ose affronter ces froids terribles; mais les animaux restent blottis dans leurs trous; seul, le corbeau se hasarde dans l'air, d'un vol faible et lent, en laissant après lui une légère traînée de vapeur.

Élisée RECLUS. — *L'Asie russe* (Hachette, édit.).

Exercices sur des questions d'examen.

1. *Quelles sont les montagnes qui bordent l'Empire russe au sud?* — 2. *Définissez le Turkestan. Quelle en est la principale ville?* — 3. *Quelles sont les ressources de la Sibérie?* — 4. *Où se trouve le point le plus froid du monde? Quelle en est la température moyenne? La plus basse?* — 5. *Énumérez les grandes voies ferrées de l'Empire russe.*

Sur le lac Baïkal, en Sibérie, flottent d'assez forts navires; quelques-uns sont des brise-glace.

Vladivostok (mot qui signifie maître de l'Orient) est le terminus du chemin de fer transsibérien.

Avec la Russie d'Europe, la *Russie d'Asie* compte en tout 22 millions de kilomètres carrés ; deux fois la superficie de l'Europe. Elle est donc immense; mais elle est presque entièrement soumise à un climat très froid, et n'a d'issue que sur des mers fermées ou des mers froides: même *Vladivostok*, sur l'océan Pacifique, à la même latitude que Rome, est bloquée par les glaces pendant une partie de l'année.

Du golfe de Finlande à la mer du Japon, la plaine russo-sibérienne occupe à peu près toute la partie septentrionale du vaste continent qui forme l'Europe et l'Asie. Mais elle est limitée au sud par de formidables systèmes montagneux : le *Caucase* et l'*Ararat*, la bordure de l'*Iran*, le *Pamir*, les monts *Altaï* et *Saïan*, qui lui font des frontières naturelles.

Elle comprend l'*Asie centrale*, c'est-à-dire le bassin de la *mer d'Aral*, — la *Sibérie occidentale*, c'est-à-dire les bassins de l'*Obi* et de l'*Iénisséi*, — enfin la *Sibérie orientale* et l'*Extrême-Orient* jusqu'à l'océan Pacifique.

L'Asie centrale. — La mer Caspienne ne reçoit pas de rivière importante sur sa côte orientale. La mer d'Aral reçoit les eaux du *Syr-Daria* et de l'*Amou-Daria*. Tout le pays compris entre la mer Caspienne et les hauts plateaux du Pamir s'appelle le **Turkestan**. Il est occupé dans sa plus grande étendue par des déserts; mais les hautes vallées, abritées dans les plis de la montagne et alimentées par les eaux qui en descendent, sont fertiles, et, comme en latitude elles se rapprochent du tropique du Cancer, elles produisent les fruits des pays chauds : on y cultive le **mûrier**, la **vigne** et surtout le **coton**.

En particulier, la vallée supérieure du *Syr-Daria*, ou *Fergana*, est très riche, et compte de grandes et belles villes entourées de riants jardins, comme **Tachkent**, capitale du Turkestan, qui a plus de 200 000 habitants.

La Sibérie occidentale. — La *Sibérie occidentale* occupe le fond d'une ancienne dépression qui était recouverte par les eaux de l'Océan et dont la mer Caspienne et la mer d'Aral sont les résidus : elles continuent même à décroître. Les fleuves de la Sibérie occidentale se traînent à travers de vastes marécages qui sont gelés une grande partie de l'année: la circulation s'y fait le plus souvent en traîneau. L'*Obi* et l'*Iénisséi* viennent des monts *Altaï*; l'*Obi* est grossi de l'*Irtych*, au moins aussi important que lui; l'*Iénisséi* est grossi de l'*Angara* qui est le déversoir du lac **Baïkal** : le lac Baïkal a 600 kilomètres de longueur, soit la distance de Paris à Bordeaux.

Les montagnes renferment des ressources minières très importantes, notamment de l'**or**, dans la région de *Barnaoul*, comme dans les monts Ourals. Il y a quelques cultures de **céréales** dans la vallée de l'Irtych. Des pêcheries existent aux embouchures, mais elles sont peu accessibles en ces régions désolées.

L'ensemble de ce pays a donc peu de valeur économique; il est surtout intéressant comme lieu de passage.

La Sibérie orientale et l'Extrême-Orient. — La *Sibérie orientale* fait contraste avec la Sibérie occidentale : elle est montagneuse autant que l'autre est plate et marécageuse. Elle est fondée sur les anciens massifs de terrain primaire qui se prolongent jusqu'au détroit de Behring et qui, par delà ce détroit, sont continués par les premiers plissements américains.

La **Léna**, née près du lac *Baïkal*, coule sinueuse et encaissée à travers les plateaux où se trouvent le point le plus froid du monde, près de *Verkhoïansk* : la température moyenne de l'année y est de 17° au-dessous de zéro; le thermomètre y descend en hiver à — 50°.

Ces plateaux sont couverts de **forêts** de sapins, bouleaux, mélèzes, où vivent de nombreux animaux à **fourrures**. Le centre du commerce des fourrures est à *Irkoutsk*, sur le lac Baïkal, à la sortie de l'Angara.

Le fleuve *Amour*, descendu par plusieurs sources des monts Saïan, s'en va vers l'océan Pacifique. Avec son affluent de droite, l'*Oussouri*, il forme la frontière entre les pays de l'U. R. S. S. et l'Empire chinois.

Sur les côtes de la mer d'Okhotsk et de la mer de Behring, existent de riches *pêcheries de saumon*; mais elles ne sont guère accessibles qu'aux pêcheurs japonais. Toute cette région du Pacifique est volcanique, comme le Japon : un volcan actif du Kamtchatka atteint 4 820 mètres au mont *Klioutchef*.

Les grandes voies commerciales. — Ces immenses espaces de l'Empire russe sont surtout de grands chemins entre l'Europe et les régions les plus populeuses de l'Asie. Ils sont traversés par les voies ferrées les plus importantes du monde entier par leur longueur : le *Transcaucasien*, continué par le *Transcaspien*, et le *Transouralien* se rencontrent au delà du Turkestan, à *Tachkent*; ils ne sont pas encore réunis aux chemins de fer anglais de l'Inde. Le *Transsibérien* et le *Transmandchourien*, par *Vladivostok* et *Port-Arthur*, ouvrent les communications de la Russie et de toute l'Europe avec la Chine et le Japon. De Paris à Péking il y a en ligne droite 12 000 kilomètres : presque le tiers de la circonférence de la Terre.

La Russie et l'Empire russe sont donc surtout le lieu de passage entre l'Europe et l'Extrême-Orient.

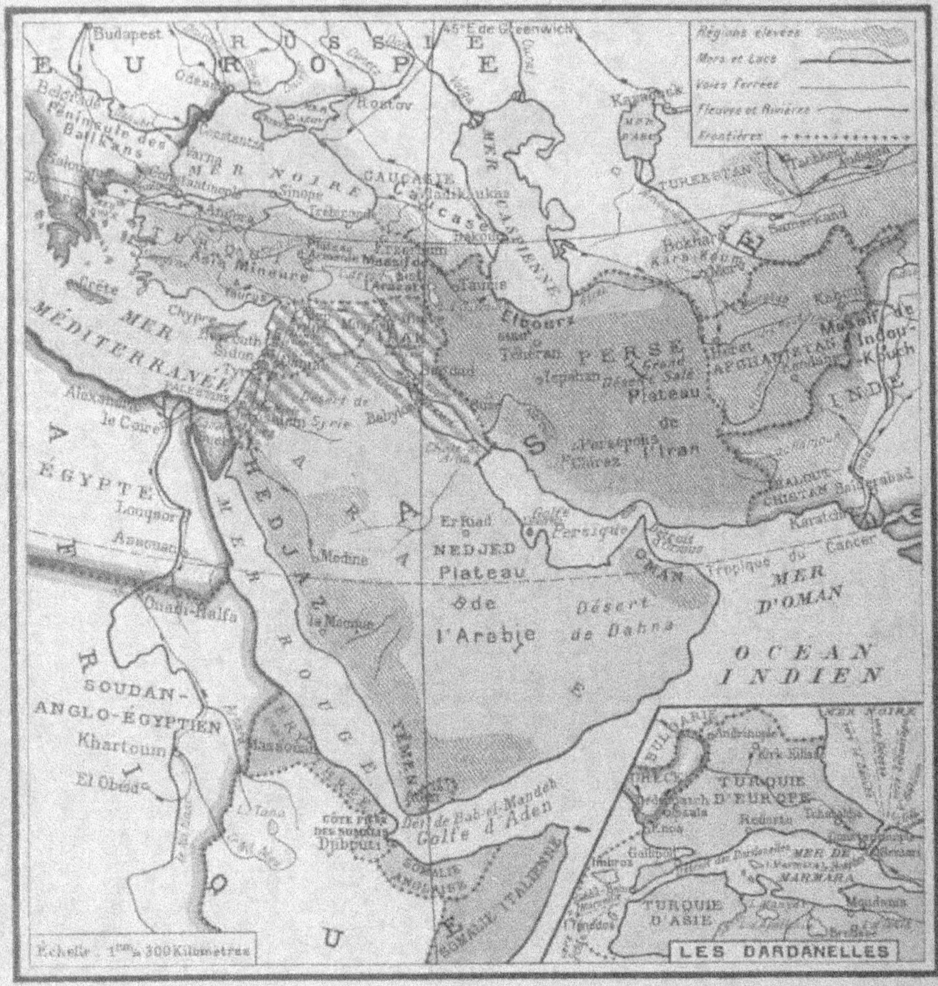

LECTURE. — LA MER MORTE. — Voici des notes de voyage prises en 1853, et qui sont encore exactes aujourd'hui :

« Pendant que nous avons suivi la plage, nos Bédouins se sont mis en quête des morceaux de bitume et de soufre que le lac rejette fréquemment sur ses bords. Ils en ont ramassé bon nombre qu'ils m'apportent; mais ce qu'ils me montrent en triomphe, c'est un petit poisson mort qu'ils ont trouvé sur la grève. Au premier moment, nous sommes tentés de croire à une erreur de plus de la part des écrivains qui ont tant parlé sur la mer Morte. Ce poisson recueilli à quelques lieues des rivières a d'ailleurs toute l'apparence extérieure d'un poisson de mer. En faut-il conclure que des êtres de cette classe vivent dans le lac? Nos Bédouins seuls peuvent fixer notre opinion sur ce point. Je les interroge les uns après les autres, et de leurs réponses, parfaitement concordantes entre elles, résulte pour nous la certitude que nul poisson n'apparaît qu'acci- dentellement dans ces eaux saturées de sel. Les flots du Jourdain et de l'Arnos entraînent fréquemment les poissons qui s'aventurent trop près de l'embouchure de ces rivières, à la poursuite des proies qu'elles emmènent à la mer. Une fois entrés dans les eaux du lac, ces animaux ne tardent pas à y subir une espèce d'empoisonnement qui ne leur permet plus de revenir en arrière, et ils meurent assez promptement. Leurs corps surnagent alors, et la moindre brise les rejette sur la plage. »

F. DE SAULCY. — *Voyage autour de la mer Morte.*

Exercices sur des questions d'examen.

1. Quelles sont les grandes divisions géographiques de l'Asie occidentale? — 2. Quelles sont actuellement les principales villes de la Turquie? — 3. Comment, au point de vue géographique, peut-on diviser le plateau qui constitue l'Arabie? — 4. Dites ce qui constitue l'importance de la mer Rouge? Où les puissances européennes s'y sont-elles installées? — 5. Que savez-vous du Jourdain et de la mer Morte?

Le désert d'Arabie ne présente que des collines dénudées, un sol
pierreux et sablonneux avec de maigres buissons.

La Mecque, capitale religieuse des musulmans : au centre,
le temple de la Kaaba, visité par des milliers de pèlerins.

L'Asie occidentale est traversée par des plissements
montagneux qui prolongent les plis européens vers les
grands plateaux de l'Asie centrale. Le plateau de
l'*Asie Mineure* est rattaché au plateau de l'*Iran* par
le massif de l'*Ararat*. Au sud, le plateau ancien de
l'*Arabie* est limité par les deux profondes dépressions de
la *mer Rouge* et du *golfe Persique*. Entre les plateaux
de l'Asie Mineure et de l'Iran d'une part, de l'Arabie de
l'autre, la *Syrie* et la *Mésopotamie* ouvrent la grande
route continentale de l'Inde.

La Turquie. — La *Turquie* ne possède en Europe
qu'un très petit territoire autour de **Constantinople**, elle
ne consiste plus guère désormais que dans le plateau
d'*Asie Mineure* : appuyé sur le *Taurus*, haut d'environ 3 500 mètres et sur le mont *Ararat* qui atteint
5 000 mètres, ce plateau a une hauteur moyenne de
1 000 mètres. Ses rivières ne sont que des torrents
sinueux, rapides et irréguliers.

La Turquie a environ 500 000 kilomètres carrés :
c'est à peu près la superficie de la France. Mais elle ne
compte que 9 millions d'habitants ; sa capitale est
Angora. Il convient de citer au nombre de ses villes importantes : *Erzeroum*, principal centre de l'Arménie. —
Sinope et *Trébizonde*, ports assez actifs sur la mer Noire,
et **Smyrne**, un des plus grands ports de la Méditerranée.

La Turquie possède quelques richesses minières, quelques vallées fertiles ; elle est traversée par la grande voie
ferrée qui va de *Constantinople* à *Bagdad*.

Le plateau de l'Iran. Perse et Afghanistan.
— Au delà de l'Ararat, le plateau de l'*Iran* a 2 500 000
kilomètres carrés : 5 fois l'étendue de la France. Ses
bords sont relevés : le massif de l'*Elbourz* a 5 500 mètres, celui de l'*Hindou-Kouch* 6 000. Ses eaux extérieures s'en vont vers le golfe Persique, ou vers le Turkestan et l'Inde. Ses vallées sont riches.

La *Perse* a de très belles villes entourées de magnifiques
jardins : **Téhéran**, la capitale, avec 300 000 habitants,
Ispahan, *Tauris* ; — en **Afghanistan** les villes sont **Hérat**,
Kandahar, *Kaboul*. Certaines traditions placent le légen-
daire paradis terrestre dans ces beaux jardins d'orangers
et de roses.

Au total, le plateau de l'Iran, en grande partie désertique, est peuplé seulement de 15 millions d'habitants ;
mais il peut avoir encore une grande importance commerciale, étant sur la route de l'Inde.

L'Arabie. — L'*Arabie* est un immense plateau dont
la superficie est d'environ 3 millions de kilomètres carrés.

L'intérieur est un vaste désert de sable et de pierres :
on l'appelle l'*Arabie Pétrée* ou pierreuse ; les eaux courantes y sont rares et forment des *ouadis*, sortes de ravins,
qui descendent vers le golfe Persique ; les habitants, groupés en tribus nomades, dont la principale est celle des
Wahabites, sont sous l'autorité nominale du sultan du
Nedjed ; ils élèvent de très belles races de chevaux et de
chameaux et sont farouchement attachés à leur indépendance.

Les bords du plateau se relèvent à 2 000 ou 2 500 mètres, dans le *Hedjaz*, l'*Yémen* et l'*Oman*. Ce sont
les belles vallées de l'*Arabie Heureuse* ; on y fait la
culture du *café de Moka*, de la *gomme*, des *dattes*. Là
se trouvent les villes saintes de la religion musulmane,
La Mecque et **Médine**, où se rendent chaque année des
centaines de milliers de pèlerins. La mer Rouge, du canal
de Suez au détroit de *Bâb-el-Mandeb*, constitue la grande
route maritime de l'Inde. L'Angleterre y possède *Aden*,
la France Obock et *Djibouti*, l'Italie *Massaouah*.

La Palestine, la Syrie et la Mésopotamie.
— La *Palestine* est un plateau pierreux troublé de volcanisme : le *Jourdain* y parcourt une vallée creuse et se
jette dans la *mer Morte*, qui se trouve à 390 mètres au-
dessous du niveau de la mer Méditerranée.

Jérusalem, sur ce plateau, est peuplée de 100 000 habitants. Les chrétiens du monde entier y vénèrent, autour
de l'église et des chapelles du *Saint-Sépulcre*, le souvenir
de la vie et de la mort de Jésus.

En *Syrie* de belles vallées s'allongent entre les plis du
Liban. Le *Djebel-Druse* est un haut massif volcanique.
La côte a toujours eu des ports actifs, autrefois *Tyr* et
Sidon, aujourd'hui **Beyrouth**. Damas, au bord du désert,
est une très grande ville de plus de 300 000 habitants,
dont les bazars font un grand commerce de tapis, de cuir,
de cuivre repoussé.

La fertile vallée du *Tigre* et de l'*Euphrate* forme la
Mésopotamie. Elle a eu de vieilles et glorieuses civilisations, autour de *Ninive* et de *Babylone* qui ne sont plus
que des ruines. **Bagdad** compte 200 000 habitants.
Dans la région de Mossoul on commence à exploiter
d'abondantes nappes de *pétrole* ; toute la vallée peut
donner de grandes richesses agricoles.

Mais la Mésopotamie est surtout le grand passage qui
conduit de la Méditerranée à Bombay ; elle fut de tout
temps la route des marchands qui s'en allaient chercher
les richesses de l'Inde.

LECTURE. — L'ÎLE DE CEYLAN. — ...Mais soudain, comme nous dévalons la montagne, je pousse un cri d'admiration.

Jamais je n'oublierai ce spectacle, mais hélas! jamais je ne pourrai le décrire. Et à quoi bon, puisque jamais un lecteur ne me croira qui n'a vu la jungle de Ceylan.

Des arbres qui ont l'air de bondir, de danser, de danser de joie, délirants de sève et de lumière. Des arbres qui s'enlacent, qui se tiennent par les branches, qui se rejoignent de rameau à rameau; des arbres de toutes espèces, groupés au gré de la fantaisie la plus folle, échelonnés au hasard de la montagne, par bouquets ou par bouqueteaux, et que séparent des forêts de fleurs violentes ou des cactus plus hauts que nos peupliers.

Tous, dans le matin vermeil, ont l'air ivres, étirent leurs bras, brandissent leurs fleurs, gonflent leurs fruits. Tous rivalisent à qui montera plus haut, toujours plus haut, vers la lumière nourricière.

Des bambous métalliques partent comme des fusées; des cocotiers font éclater en plein ciel leurs gerbes pluvieuses; des péronias dressent comme des baldaquins d'énormes plumes pourpres, — d'énormes plumes qui sont des fleurs. Des talipots hissent à trente mètres des candélabres de muguets. Des palmes gonflées d'azur suspendent des parachutes. Des canéficiers érigent des fleurs en or, et d'autres des bouquets de fruits bleus. D'autres encore portent à la fois leurs fruits avec leurs fleurs, chargés comme d'immenses sapins de Noël. Des rhododendrons ont douze mètre et des pommiers-roses en ont vingt; et des arbres inconnus, inouïs, montent et flambent comme des incendies...

De cette orgie de feuilles, de fleurs, de troncs, de branches, de plants, s'exhale une joie lyrique, furieuse, passionnée, et l'air est moins embaumé qu'alourdi des fortes senteurs de cette foule végétale.

La piste descend en lacets l'incroyable montagne, et plonge à nouveau sous d'interminables tunnels de verdure.

FRANCIS DE CROISSET,
La Féerie cinghalaise (Bernard Grasset, édit.)

Exercices sur des questions d'examen.

1. Que savez-vous de la vallée de Kachmire? — 2. Pourquoi le Gange est-il vénéré des Hindous? — 3. Décrivez le delta commun du Gange et du Brahmapoutre. — 4. Quels sont les prolongements de l'empire anglais des Indes à l'est et à l'ouest? — 5. Montrez l'importance de l'îlot de Singapour.

A Bombay, construction de style anglais au milieu de la végétation tropicale ; chariots traînés par des bœufs.

La grande mosquée d'Aurengzeb à Bénarès ; à gauche, le monument réservé à l'incinération des morts.

L'Himalaya. — L'*Himalaya* est la masse montagneuse la plus élevée du monde ; il fait barrière au nord de l'Inde, mais il n'est que le talus méridional du *Tibet*.

A l'ouest, le plateau de *Pamir* le rattache au plateau de l'*Iran*. Au pied du Pamir, la vallée de *Kachmire*, à 1 800 mètres de hauteur, parmi des montagnes de 5 000 à 6 000 mètres, jouit du plus heureux climat. Au centre de l'Himalaya, le *mont Everest* atteint 8 840 mètres. Sur les flancs de ces hautes chaînes les moussons de l'océan Indien apportent des pluies abondantes, qui font de cette région la plus arrosée du monde (le Tcherrapoundji).

Les vallées de l'Indus et du Gange. — L'*Indus* et le *Gange* prennent leur source dans le même massif du *Kailas*. Mais l'Indus, après avoir suivi une profonde vallée longitudinale dans l'intérieur de la montagne, s'éloigne perpendiculairement de la ligne des hautes chaînes, et perd une grande partie de ses eaux dans la traversée du désert de *Thar* ; dans son cours moyen, ses affluents principaux arrosent avec lui le pays qu'on appelle *Pandjab*, riche en blé. Principales villes : *Lahore* et *Amritsar*. Il forme la porte de l'Inde, du côté de l'Afghanistan et des frontières de l'Empire russe, — porte qui est défendue par les établissements militaires de *Peschawer* et de *Rawalpindi*.

Le *Gange* et le *Brahmapoutre* sont de plus puissants fleuves que l'Indus, parce qu'ils restent parallèles à la montagne et en reçoivent des masses d'eau sans cesse renouvelées par les grandes pluies.

Le *Gange* et son affluent principal, la *Djemna*, sont très abondants, et, comme ils donnent à toute cette riche vallée du Bengale une admirable fertilité, ils sont vénérés comme les manifestations de la bonté divine, notamment à *Bénarès*, la ville sainte des *brahmanistes*.

Delhi, sur la Djemna, est la capitale de l'Inde. Toute cette vallée est extraordinairement peuplée, car elle produit en abondance le *riz*, le *thé*, l'*opium*, la *canne à sucre*. L'Inde entière a près de 300 millions d'habitants dont 200 millions au Bengale. Le delta commun du Gange et du Brahmapoutre, chaud et marécageux, est une vaste *jungle* : épais fourré de roseaux, d'arbres et de lianes, où vivent et grouillent des tribus d'éléphants, de tigres, de singes, de serpents, et des myriades d'insectes de toutes sortes. **Calcutta**, sur l'*Hougli*, un des bras du delta, a un million d'habitants.

Le Deccan. — Le *Deccan*, qui forme la presqu'île triangulaire de l'Inde, est un plateau de terrains anciens, en grande partie usé, et qui fait ainsi contraste avec les jeunes et hautes montagnes du système de l'Himalaya.

Sa bordure occidentale, formée par les *Ghattes*, est la plus élevée ; dans sa partie méridionale, elle dépasse 2 500 mètres.

Dans la région septentrionale du Deccan, le long de la *Nerbuda* et du *Tapty*, le sol, d'origine volcanique, se prête très heureusement à la culture du **coton** : c'est la fortune de l'Inde. Le port de **Bombay** exporte beaucoup de coton vers l'Europe. Il y a aussi dans l'Inde d'importants gisements houillers et l'on commence à y fabriquer des cotonnades pour les pays de l'Extrême-Orient.

La pente générale du plateau du Deccan est vers l'est : la plupart de ses rivières coulent en ce sens, à travers des régions forestières. *Haiderabad* et *Bangalore* sont les principales villes de l'intérieur ; près de *Golconde* se trouvent des mines de diamant. La côte du *Coromandel*, dont la principale ville est Madras, et l'île de Ceylan sont riches en riz, thé, canne à sucre.

L'Indochine. — La presqu'île de l'*Indochine*, entre l'Inde et la Chine, est formée par un faisceau de plis montagneux détachés de l'Himalaya et du Tibet ; l'un de ses plis se prolonge pour former la presqu'île de *Malacca*.

Ces plis séparent les vallées des grands fleuves, l'*Iraouaddi*, le *Salouen*, le *Ménam* et le *Mékong*.

La vallée de l'Iraouaddi et celle du Salouen forment la *Birmanie* ; *Bhamo* et *Mandalé* en sont les principales villes et **Rangoun** le grand port, exportateur de *riz*. La Birmanie prolonge ainsi jusqu'au Mékong l'Empire anglais de l'Inde, comme le *Béloutchistan* le prolonge vers l'ouest ; d'ailleurs les Birmans sont de la même race et de la même civilisation que les Hindous, et leur pays forme bien une dépendance naturelle de l'Inde.

Au contraire, le royaume de Siam, qui comprend surtout le bassin du Ménam, a une population de race jaune, parente de celle de la Chine ; on y cultive aussi beaucoup de *riz*. Le Siam n'est peuplé que de 10 millions d'habitants ; **Bangkok**, la capitale, à elle seule, en a 800 000 : c'est la plus grande ville de toute l'Indochine.

Le **Mékong** forme dans son cours moyen la limite des possessions françaises du Tonkin et de l'Annam ; son delta, au Cambodge et en Cochinchine comme celui du fleuve Rouge au Tonkin, est en pays français. (V. p. 53.)

A l'extrémité de l'Indochine, la presqu'île de *Malacca* se termine par l'îlot de **Singapour**, où se trouve le grand port anglais qui commande le détroit enserré entre la presqu'île de Malacca et l'île de Sumatra, et le passage entre l'océan Indien et l'océan Pacifique.

Singapour est ainsi le *Gibraltar de l'Extrême-Orient*.

LECTURES. — LES RUES DE PÉKING. — A certaines heures, c'est, dans les grandes artères, un fourmillement de piétons, de cavaliers et de voitures qui rappelle les rues les plus affairées de Londres et les boulevards les plus encombrés de Paris.

Tout y occupe et y amuse les yeux : charrettes tartares et carrioles chinoises, chaises à porteurs bleues ou vertes suivant le rang et la dignité du propriétaire, longues files de chameaux des caravanes de Mongolie, conduisant, portant ou traînant leur cargue, puis, de chaque côté de la chaussée, sous des évents en plein air, des musiciens ou des jongleurs, des charlatans et des nécromants, des écrivains publics et des bouquinistes, des fripiers et des brocanteurs, des savetiers et des bourreliers, des barbiers et des pédicures, des cuisiniers et des pâtissiers, des débitants de fruits et des marchands de thé, tous les métiers forains possibles, donnant lieu à une infinie variété de scènes populaires et pittoresques.

Maurice PALÉOLOGUE. — *Les Capitales du Monde* (Hachette, édit.).

AVRIL AU JAPON. — L'un des caractères distinctifs de la race japonaise, c'est l'amour de la fleur et, en vérité, la vie sans les fleurs ne serait, pour la plupart des Japonais, que marasme et monotonie.

...La fleur de cerisier vient avec le mois d'avril; elle a vite aboli le souvenir des jours mornes et sombres, des vents froids et de la pluie d'hiver. Il n'est pas jusqu'à Tokio, cette ville immense, qui ne devienne alors un lieu charmant. L'herbe des jardins et des parcs a repris sa verte fraîcheur; les cerisiers s'alourdissent d'une épaisse floraison dont la teinte rose et blanche se mêle à la nuance écarlate des pêchers; sur la pente des collines, les érables bourgeonnent et mettent une note cramoisie parmi la verdure. Les plantes fleuries foisonnent, mais c'est à la fleur de cerisier que va la tendresse des Japonais en ce temps de l'année. La nature a étalé sous les arbres un tapis blanc et rose; comme le dirait un poète du Japon : « un nuage couleur de nacre tombé du ciel ensoleillé. »

Clive HOLLAND. — *Au Japon* (Vuibert et Nony, édit.).

Exercices sur des questions d'examen.

1. Quels sont les fleuves qui descendent du plateau du Tibet? — 2. Que savez-vous des cours d'eau de la Mongolie? — 3. Où se trouve, en Chine, la région la plus peuplée et la plus cultivée? — 4. Comment les climats sont-ils répartis au Japon?

Au Japon : rivage découpé, collines volcaniques recouvertes de végétation ; au fond, le volcan Fousi-Yama.

La grande muraille de Chine : elle défendait les riches plaines chinoises contre les invasions mongoles.

Le relief de l'Extrême-Orient. — A partir du plateau de *Pamir*, le relief de l'Asie orientale se dispose en un grand éventail : au sud-est, l'arc de l'*Himalaya* se prolonge par les rameaux du plateau indochinois jusqu'au détroit de *Malacca* ; au nord-est, les monts *Tian-Chan*, qui ont encore près de 7 000 mètres au *Khan-Tengri*, se prolongent par les monts *Altaï* et les monts *Saïan*, et, au delà, par les plis de la Sibérie orientale, jusqu'au détroit de *Behring*.

Ce grand éventail embrasse les hauts plateaux chinois, les plaines chinoises, et la bordure des îles qui constituent l'Empire du Japon.

Les hauts plateaux chinois. — Entre les deux branches de l'éventail, droit vers l'est, le pli des monts *Kouen-Lun* et *Altyn-Tagh* coupe en deux cet angle immense, et partage les hauts plateaux chinois en deux parties sensiblement égales : au sud, le plateau du **Tibet** d'une hauteur moyenne de 4 000 à 5 000 mètres ; au nord, le désert de *Gobi* ou plateau de **Mongolie** d'une hauteur moyenne de 1 000 mètres.

Le haut plateau du Tibet forme la plus formidable masse montagneuse qu'il y ait sur la Terre : quatre fois plus grand que la France, il est fait de plusieurs plis parallèles de 5 000 à 6 000 mètres. Il est extrêmement difficile à traverser : il l'a été particulièrement par des explorateurs français, Gabriel Bonvalot et Dutreuil de Rhins.

Ce plateau est généralement sec ; mais ses flancs, sur lesquels pluies et neiges tombent en chutes abondantes, constituent le plus puissant réservoir d'eau du monde entier. Les fleuves qui en descendent : l'*Indus*, le *Gange*, le *Brahmapoutre*, l'*Irraouaddi* et le *Mékong*, le *Yang-tsé-Kiang* et le *Hoang-Ho*, débouchent dans l'océan Indien ou dans l'océan Pacifique.

La vallée supérieure du *Brahmapoutre* est la seule partie peuplée du Tibet ; là se trouve le foyer de la *religion bouddhiste*, celle de la Chine et du Japon, c'est-à-dire de 500 millions d'hommes. A *Lhassa*, capitale du Tibet, réside le *dalaï-lama*, pontife suprême de cette religion.

La **Mongolie** est presque toute désertique ; comme le Sahara en Afrique, elle est une grande route de caravanes.

Les plaines chinoises. — Sur la rive droite de l'Amour, la **Mandchourie** est une plaine assez fertile en céréales, arrosée par le *Soungari* qui va à l'Amour, et par le *Lia-Ho*, qui tombe dans le golfe de *Petchili*. La capitale de la Mandchourie est **Moukden**, terminus des voies transsibériennes et clef de l'Extrême-Orient.

La **Chine** proprement dite est une grande plaine d'alluvions de *terre jaune*, apportées par les vents du désert mongolique, ou par ses deux grands fleuves, le *Hoang-Ho* et le *Yang-tsé-Kiang*. Là se trouve *Péking*, la capitale, et *Tien-tsin*, dans la vallée du *Pei-Ho*.

Le **Yang-tsé-Kiang** se rapproche de la région tropicale ; il arrose une des plus riches régions du monde, un grand foyer de civilisation ; dans la vallée du grand fleuve, autour de **Han-Kéou** et de **Nanking**, on cultive, avec les soins les plus minutieux, le riz, le *thé*, le *mûrier* ; on fabrique des *soieries*, des *bronzes*, des *laques* et d'admirables *poteries*. La plus grande partie de la population, évaluée à 350 millions, se presse dans cette riche vallée. **Chang-Haï** en est le débouché pour le commerce extérieur.

Dans la région méridionale de la Chine, sous le tropique, la vallée du *Si-Kiang* est aussi très fertile, et cette région, dans le *Se-Tchouen* et le *Yun-Nan*, est riche en *mines*. Sa principale ville, **Canton**, fait depuis longtemps le commerce avec l'Occident.

Le Japon. — Depuis la pointe du *Kamtchatka* jusqu'à l'île *Formose*, les îles du Japon bordent la côte asiatique sur une longueur aussi grande que celle qui va de Dunkerque au *Sénégal*. Baignées par l'océan *Pacifique*, qui a, près des *Kouriles*, des profondeurs de plus de 8 000 mètres, elles sont volcaniques et souvent ravagées par des tremblements de terre ; un proverbe du pays dit : « Nous vivons sur le dos d'une baleine. » Le sommet le plus élevé du Japon, le **Fousi-Yama**, atteint 3 750 mètres.

La région septentrionale est froide ; elle vit de l'exploitation des *forêts* et des *pêcheries*. Mais, à partir de la baie de *Senday*, sous l'influence du courant chaud, le *Kouro-Sivo*, le climat prend les caractères des régions tropicales, et, comme il pleut beaucoup, la végétation est très active. La région de la *Souvonada*, ou de la mer Intérieure, tout le long de la côte méridionale du Japon, est extrêmement riche, peuplée et admirablement cultivée, en *riz*, *thé*, *mûrier*. Les grandes villes, **Tokio**, la capitale, *Yokohama*, *Osaka*, *Kioto*, *Kobé*, *Nagasaki*, fabriquent des *soieries*, des *bronzes*, des *papiers*, et l'art et l'industrie japonais sont très remarquables. Le Japon a aussi maintenant de puissants chantiers de constructions navales ; on l'a appelé l'Angleterre de l'Extrême-Orient.

Peuplé de 60 millions d'habitants, le Japon cherche des débouchés pour sa population et pour son industrie. Il s'est emparé de la **Corée** et de **Port-Arthur**.

Le Japon a une civilisation très ancienne et très distinguée, et il s'est élevé dans les dernières années au rang des plus grandes puissances de la Terre.

LECTURE. — L'ÉLEVAGE DU MOUTON. — Cette industrie formidable s'est développée dans les cent dernières années. L'histoire de ses origines touche presque au roman. Le continent ne possédait pas de moutons indigènes et, lorsqu'il y a un peu plus d'un siècle, des vaisseaux anglais voguaient le long des côtes à la recherche de ports et que l'on établit le noyau de la colonie là où se trouve maintenant Sydney, il était difficile de se procurer des vivres.

On commença à amener par-ci par-là des moutons d'Irlande et de l'Inde, dans la Nouvelle-Galles du Sud. Puis, en 1797, on y apporta quelques beaux mérinos du Cap et on les répartit entre six ou sept colons, parmi lesquels le capitaine John Mac Arthur. Mais tous les petits troupeaux ainsi constitués disparurent : ils furent probablement mangés. Seul le capitaine conserva ses moutons du Cap qu'il croisa avec ceux qui se trouvaient déjà dans l'île.

Plus tard, quand George III mit en vente les descendants des troupeaux dont on lui avait fait présent, Mac Arthur acquit plusieurs des meilleurs, en payant la plus grosse somme qui eût jamais été déboursée pour des achats de ce genre. Il avait l'intention de les emmener en Australie, mais, chose curieuse, il en fut quelque temps empêché par une ancienne ordonnance qui taxait de crime l'exportation hors d'Angleterre de moutons vivants... Cette difficulté fut heureusement surmontée et il put les amener dans la Nouvelle-Galles du Sud. Au moyen d'un élevage judicieux, il commença à nourrir les animaux pour leur laine. Sa méthode a toujours été continuée jusqu'à nos jours ; si bien qu'il n'y a pas de moutons au monde qui portent une laine aussi abondante que ceux d'Australie. Elle est épaisse, frisée, longue et d'une finesse merveilleuse ; on la considère comme le meilleur produit pour les énormes filatures d'Angleterre, de France, d'Allemagne et des États-Unis.

John FOSTER FRASER
L'Australie (Pierre Roger et Cie, édit.)

Exercices sur des questions d'examen.

1. Quelles sont les productions des îles Philippines? — 2. Indiquez par des chiffres — et des comparaisons avec la France — l'importance de l'empire hollandais. — 3. Par quoi l'Australie se distingue-t-elle de l'Asie? — 4. Quel est le détroit qui marque la limite entre la faune et la flore de l'Australie et celles de l'Asie? (V. page 21). — 5. Où se trouve la Nouvelle-Zélande? Décrivez les deux grandes îles qui la constituent. — 6. Citez les îles de l'Océanie qui constituent des étapes maritimes importantes.

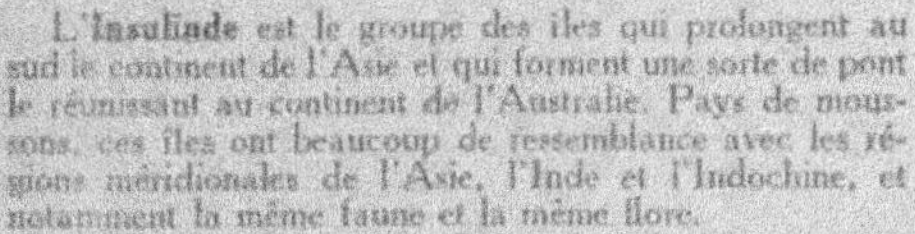

Habitation d'un riche colon à Sumatra ; à gauche palmier à huile, au milieu le nangka aux énormes fruits.

Paysage australien dans la Nouvelle-Galles du Sud ; l'élevage des bœufs et des moutons se fait sur d'immenses domaines.

L'**Insulinde** est le groupe des îles qui prolongent au sud le continent de l'Asie et qui forment une sorte de pont le réunissant au continent de l'Australie. Pays de moussons, ces îles ont beaucoup de ressemblance avec les régions méridionales de l'Asie, l'Inde et l'Indochine, et notamment la même faune et la même flore.

Cependant, le *détroit de Bali*, à l'est de *Java*, marque une coupure très nette : là, commencent à apparaître les espèces animales et végétales de l'Australie, qui sont très différentes de celles de l'Asie.

Les îles Philippines et les îles de la Sonde. — Les *îles Philippines* et les *îles de la Sonde* sont volcaniques, comme celles du Japon ; elles appartiennent ainsi au « cercle de feu » du Pacifique. Elles ont un relief très accentué : *Sumatra* et *Java* ont plusieurs volcans actifs.

Les **îles Philippines**, dont les deux principales sont *Luçon* et *Mindanao*, appartiennent aux États-Unis, mais elles revendiquent leur indépendance. Elles sont riches en *canne à sucre*, *chanvre* et *tabac*. **Manille**, leur capitale, compte plus de 300 000 habitants.

Les **îles de la Sonde**, dont les principales sont *Sumatra*, *Java*, *Bornéo*, *Célèbes*, les *Moluques*, appartiennent à la Hollande. Elles lui font un magnifique empire colonial, un des plus beaux du monde : 2 millions de kilomètres carrés, avec 40 millions d'habitants.

Situées sous l'équateur, chaudes et humides, elles ont de grandes *forêts* où dominent les *palmiers*, pleines de singes de toute espèce, des ouistitis et des orangs-outans. *Java* est en pleine exploitation ; elle produit le *café* en grande quantité, et aussi la *canne à sucre*, le *tabac*, le *cacao*, le *caoutchouc*. Ses grandes villes, *Batavia*, *Sourabaya*, ont plus de 100 000 habitants. *Bornéo*, la plus grande île du monde, *Sumatra*, presque aussi grande, ont encore beaucoup de terres à mettre en culture.

L'Australie. — L'*Australie* est un plateau de terrains anciens, massif comme l'Afrique, de 7 millions de kilomètres carrés : les trois quarts de l'Europe. Parce qu'il est ancien, il est en grande partie usé. Son relief n'a quelque importance qu'à sa bordure sud-est, où le *mont Kosciuzko* arrive à 2 200 mètres.

Séparée depuis longtemps des autres continents, l'Australie a des espèces particulières de végétaux et d'animaux : belles forêts d'*eucalyptus* ; *kangourous*, mammifères à poche ; *ornithorynques*, qui ont un corps de loutre avec un bec de canard.

L'Australie est en partie désertique. Elle n'a de ressources que le long de ses côtes. Sa région septentrionale appartient à la zone tropicale, et se prête aux mêmes cultures que les îles de la Sonde, surtout à celle du *café*. La région méridionale est tempérée. On y cultive le *blé*. Mais surtout les grands bassins du *Murray* et de son affluent le *Darling* sont très favorables à l'élevage des *moutons* : il y a en Australie près de 100 millions de moutons et ce pays fournit de la laine aux manufactures de l'Europe.

L'Australie exploite aussi d'importantes mines *d'or* presque dans toutes les montagnes de son pourtour : à *Ballarat*, *Bathurst*, *Mont-Morgan*, dans la région de *Perth*. Grâce à ces richesses, ses villes se sont très vite développées. Les principales sont **Adélaïde**, **Melbourne** et **Sydney** (plus de 500 000 habitants).

Elle fait partie de l'Empire anglais, mais son gouvernement, qui siège à **Canberra**, est autonome ; elle forme une fédération de plusieurs États : *Victoria*, la *Nouvelle-Galles du Sud*, *Queensland*, l'*Australie-Occidentale*, l'*Australie-Méridionale*, la *Tasmanie*. On peut l'appeler « l'Angleterre du Pacifique ».

Les autres îles du Pacifique. La Polynésie. — *Polynésie* signifie « nombreuses îles » ; il y a des milliers d'îles dans l'océan Pacifique. Les unes sont volcaniques, comme les îles *Sandwich* ou *Hawaï*, qui appartiennent aux États-Unis, ou les îles de la *Nouvelle-Zélande* qui font partie de l'Empire britannique ; les autres sont formées par des *coraux* et s'appellent des *atolls* : elles sont généralement circulaires ou demi-circulaires.

Les plus importantes de ces îles secondaires de l'océan Pacifique sont les deux grandes îles qui forment la **Nouvelle-Zélande** ; disposées en arc de cercle, en face de la côte orientale de l'Australie, elles ont à peu près les mêmes richesses que celle-ci.

Il ne peut pas y avoir d'importantes ressources agricoles dans les innombrables petites îles de l'océan Pacifique, quoiqu'elles appartiennent à la zone tropicale. La *Nouvelle-Calédonie*, qui appartient à la France, possède de très riches mines de *nickel* ; on y cultive aussi la *vanille* et le *café*.

D'autres petites îles du Pacifique appartiennent encore à la France ; elles tirent leur principal intérêt de leur situation sur les grandes lignes de navigation.

Sydney, *Melbourne* en Australie, *Auckland* dans la Nouvelle-Zélande, *Papéiti* dans l'île de Tahiti, *Batavia*, *Manille*, *Honolulu* dans les îles Hawaï, sont les principales stations du commerce du Pacifique, dans les directions de *Yokohama* au Japon, de *San-Francisco*, du *détroit de Magellan*, ou du *canal de Panama*.

LECTURE. — LA MAISON DU PAYSAN ÉGYPTIEN. — La vie présente ne compte pas en Égypte. On ne bâtit de vrais monuments que pour les morts.

Il n'y a que pour lui-même que l'homme vivant ne songe pas à bâtir. Il vit dehors, au grand soleil, de janvier à décembre, et sa maison n'est qu'un gîte pour la nuit. Il doit travailler dans son champ ou dans le champ d'autrui, de janvier à décembre, sans un jour de repos sur cette terre qu'on ne laisse jamais chômer; il n'a pas besoin d'un abri comme le paysan de nos contrées pour les longues soirées de l'hiver.

De plus, dans le Delta, tout ce qu'il faudrait pour construire une maison solide lui manque; il n'a ni la pierre, ni la chaux; le bois est chose rare et précieuse, que l'on réserve pour la saquieh ou pour la charrue. Tout ce qu'il possède, c'est cette terre même du Nil, ce limon dont il vit et sur lequel il vit. Ce limon est d'ailleurs le plus docile des matériaux; il se pétrit sans effort, avec un peu d'eau, et, dans cette zone où l'air dessèche tout, il se durcit rapidement et devient aussi dur que peut devenir l'argile. Il est trop aisé et trop peu coûteux pour que le fellah recoure à d'autres moyens. Souvent même, dans le petit village, il ne se donne pas la peine de mêler à l'argile quelques débris de paille et d'en faire de petites briques crues; à fortiori, il ne songera pas à faire venir un Barbarin de la Haute-Égypte, plus habile que lui, qui puisse élever un four à briques et cuire l'argile; ce sont là fantaisies de grands propriétaires, ou mieux d'industriels récemment installés en Égypte. Le fellah préfère à tout cela l'argile du Nil pure et simple, que sa femme elle-même peut pétrir; il préfère la case de boue que sa femme peut édifier.

Quant au toit, c'est un problème plus grave, c'est le gros problème de la maison du fellah. Aussi, dans certains cas, il s'en passe; on vit sous le ciel la nuit comme le jour. Cela pourtant est rare, car on couvre au moins la maison par des palmes ou par de la paille de dourah ou de canne à sucre. Presque toujours d'ailleurs, on fait un toit.

Jean BRUNHES. — *Géographie humaine* (Félix Alcan, édit.).

Exercices sur des questions d'examen.

1. Citez les grands lacs et les hauts reliefs qui jalonnent à l'est la dislocation que l'Afrique a subie? — 2. Dites ce qui caractérise les zones tropicales? — 3. Comment se succèdent les zones de climat sur la carte d'Afrique? — 4. Citez deux fleuves d'Afrique qui ne se jettent pas à la mer. — 5. Décrivez le cours du Nil.

Les chutes Victoria sur le Zambèze; le fleuve tombe avec fracas dans une cassure de la grande faille de dislocation.

Le mont Kenia, bien qu'il soit presque sous l'équateur, porte à son sommet des neiges persistantes.

Le relief de l'Afrique. — L'*Afrique* a 30 millions de kilomètres carrés; elle est donc trois fois plus grande que l'Europe.

Elle est, comme le Deccan, l'Australie, le Brésil, constituée par un énorme plateau de terrains anciens (V. la 4ᵉ leçon page 11).

C'est dans sa partie méridionale, au sud de l'équateur, que ce grand plateau est le mieux conservé. Il est relevé par endroits sur ses bords : les monts *Drakenberg*, au-dessus du cap de Bonne-Espérance, atteignent 3 400 mètres aux sources du fleuve Orange; le mont *Cameroun*, au fond du golfe de Guinée, dépasse 4 000 mètres; on rencontre des altitudes de 1 000 ou 1 500 mètres dans le *Fouta-Djalon* vers les sources du Sénégal et du Niger, — et des sommets de plus de 4 000 mètres dans l'*Atlas marocain*.

A l'intérieur se trouvent des dépressions en forme de bassins fermés plus ou moins creux, comme celui du *Congo moyen* ou du lac *Tchad*. Il y a certaines régions qui sont au-dessous du niveau de la mer, notamment les *chotts de la Tunisie méridionale*.

Ce plateau de terrains anciens a subi une puissante dislocation qui l'a grandement bouleversé, le long d'une ligne qui va du nord au sud depuis les *grands lacs*, où le *Congo* prend sa source, jusque vers la *mer Rouge* et la *Palestine*. Le long de cette faille de dislocation, on remarque de profondes cuvettes : les grands lacs *Nyassa*, *Tanganyika*, *Victoria*, *Rodolphe*, et les plus hauts sommets de l'Afrique : le *Kenia*, le *Kilimandjaro*, le *Rouenzori* qui atteignent environ 6 000 mètres de hauteur.

On trouvera probablement dans ces régions disloquées de grandes richesses minières.

Les zones de climat et de végétation. — L'Afrique est traversée en son milieu par l'**équateur**. Donc, de part et d'autre de cette ligne équatoriale, les climats et les zones de végétation se répartissent de la façon la plus régulière.

La *zone équatoriale*, qui correspond au bassin du *Congo*, se caractérise par des pluies presque quotidiennes, orageuses et très abondantes, qui ont pour conséquence une végétation luxuriante de forêt vierge.

De part et d'autre s'étendent deux zones tropicales : l'une au nord correspond au *Soudan*, c'est-à-dire au *bassin du Niger* et au *bassin moyen du Nil*; l'autre au sud correspond au *bassin du Zambèze*. Elles se caractérisent par l'existence de deux saisons : la saison chaude pendant laquelle il pleut chaque jour, comme dans la zone équatoriale, et la saison moins chaude pendant laquelle il ne pleut plus pendant environ six mois. La végétation est celle des *savanes* ou prairies de hautes herbes. Ces deux saisons alternent de l'une à l'autre zone : quand la région du Niger a sa saison chaude et humide, de mars à septembre, la région du Zambèze a sa saison sèche, et réciproquement.

Viennent ensuite deux zones désertiques : l'une au nord, le *Sahara*; l'autre au sud, le désert de *Kalahari*; vastes étendues de sable et de pierres, avec de rares oasis. Le Sahara beaucoup plus étendu que le Kalahari est le type du *grand désert*.

Enfin, les deux zones tempérées sèches se ressemblent par l'aspect et même par l'étendue : l'une au nord correspond aux plateaux de l'*Atlas*; l'autre au sud correspond aux plateaux du *Cap* et du *Transvaal*.

Si l'on pliait la carte d'Afrique en deux, le long de la ligne de l'équateur, ces diverses zones correspondantes se retrouveraient à peu près au niveau les unes des autres.

Les grands fleuves de l'Afrique. — Le bassin fermé du *lac Tchad*, alimenté surtout par le *Chari*, occupe une grande partie de l'Afrique centrale. Il existe encore quelques autres bassins fermés, mais moins importants, notamment celui du *Koubango* qui se perd dans la dépression du *lac Ngami*, au bord du désert de Kalahari.

Les quatre grands fleuves de l'Afrique sont : le **Congo**, le **Niger**, le **Zambèze**, le **Nil**.

Le **Congo**, dont le bassin appartient presque tout entier à la zone équatoriale, est par suite le fleuve le plus abondant de l'Afrique. Il prend sa source dans le grand lac *Tanganyika*; il reçoit de puissants affluents; dans son cours moyen, il est comme une mer intérieure et arrose une région d'une végétation exubérante.

Le **Niger** et le **Zambèze** sont les fleuves des deux zones tropicales. Le Niger prend sa source dans le plateau du *Fouta-Djalon*; dans la saison chaude, il couvre ses deux rives de larges inondations dont on commence à utiliser les dépôts; il forme dans le fond du golfe de Guinée un immense delta. Le Zambèze subit au bas de ce plateau les hautes *chutes Victoria*; il reçoit dans son cours inférieur les eaux du grand *lac Nyassa* et il a son delta en face de Madagascar.

Le **Nil** est le plus important des fleuves de l'Afrique, car il en traverse toutes les zones. Il est formé de deux bras : le *Nil blanc*, qui vient des hautes montagnes de l'équateur et qui traverse tout le Soudan, et le *Nil bleu*, qui apporte les eaux et les neiges des montagnes de l'**Éthiopie**. C'est lui qui produit les inondations qui recouvrent et fertilisent l'Égypte pendant la saison chaude.

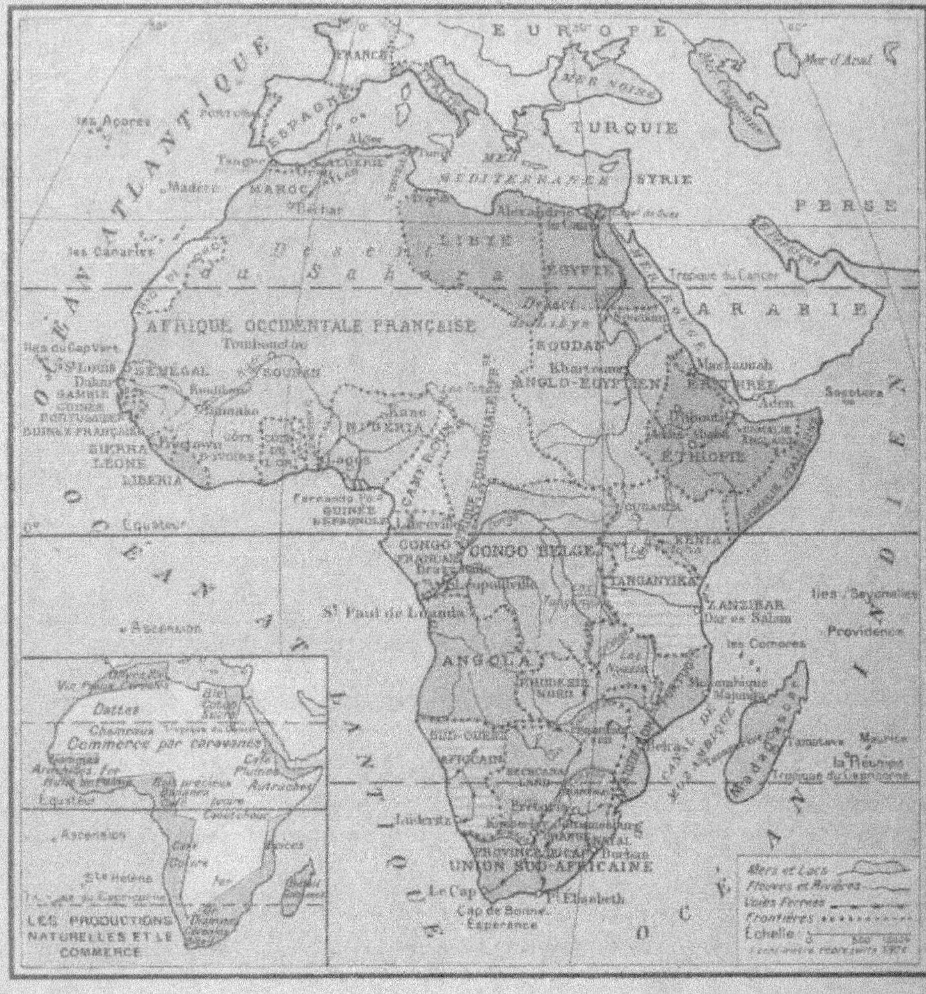

LECTURE. — L'ŒUVRE FRANÇAISE EN ALGÉRIE. — L'Algérie n'a point déçu la tentative des colons français. Travaillée, fertilisée, elle a, au contraire, éloquemment répondu à un effort encouragé par mille similitudes de terroir, de climat. Nous n'y avons pas trouvé, comme sur le Niger, comme à Madagascar ou en Indochine, des « spécialités » agricoles, une faune différente de la nôtre, des productions vraiment exotiques, mais des coteaux baignés par une mer labile, une terre soumise aux mêmes influences méditerranéennes que la terre de France. Alors, dès les premiers défrichements, après une période pénible d'appropriation, nous avons vu s'étendre, à travers le Sahel et la Mitidja, le large manteau des vignobles aux souples rayures.

Mais l'on ne songe pas assez, devant une telle résurrection, à rendre à nos premiers colons le juste hommage qui leur est dû. Leur œuvre dépasse l'œuvre romaine. Où les Romains trouvèrent des villes prospères, des terres cultivées, la France se heurta aux ossements d'un immense cadavre. En affermissant sa domination, en répandant ses mœurs et sa langue, Rome ne contraria ni sentiment national, ni foi religieuse. Il n'en alla pas de même pour nous. Aussi notre colonisation eut-elle ses héros et ses martyrs. Créons à eux, l'Algérie — cette Belle-aux-Sables-Dormant — a repris toutes les couleurs de la vie.

Edmond GOJON.
En Algérie avec la France (Eug. Figuière, édit.).

Exercices sur des questions d'examen.

1. *Comparer le sort des populations africaines avant et après l'intervention européenne.* — 2. *Quelle est l'importance du domaine colonial de la Belgique en Afrique?* — 3. *Que marque-t-il à l'Éthiopie, État indépendant?* — 4. *Pourquoi l'Angleterre cherche-t-elle à se maintenir en Égypte?* — 5. *Quelles sont les principales productions de l'Égypte?*

Au Caire : mosquées avec leurs minarets et leurs coupoles ;
au delà, immensité du désert de Libye.

Johannesburg, grande ville du Transvaal, est au centre de la région
des mines d'or, mais on y fait aussi un important élevage.

Les populations de l'Afrique. — L'Afrique a 150 millions d'habitants.

Au nord, elle est peuplée par des *Arabes*, ou par des *Berbères*, ou par des populations de race *hamite*, au teint cuivré, comme les *fellahs* d'Egypte et les *Abyssins* ou *Éthiopiens*. Mais les pays de l'Atlas ou ceux du Cap ont d'importantes colonies européennes.

L'Afrique est surtout peuplée par des **noirs** : elle est le *continent noir*. Ces populations sont restées généralement primitives, quoiqu'elles soient capables d'éducation. Beaucoup sont devenues *musulmanes*, ce qui représente pour elles un remarquable progrès. Mais l'Islam ne condamne pas l'esclavage et les populations de l'Afrique ont été décimées pendant des siècles par ce fléau, ainsi que par les guerres entre tribus, dont plusieurs étaient anthropophages.

L'intervention européenne a fait cesser la *traite* des nègres et les Européens ont commencé l'éducation des indigènes ; ils leur apprennent à tirer parti des ressources de leur sol par le travail et par l'échange ; ils ont entrepris la lutte contre les maladies épidémiques. Les temps actuels sont pour l'Afrique un âge heureux par comparaison avec le temps passé.

Les possessions européennes. — L'intérieur de l'Afrique n'a été exploré que dans le courant du XIX° siècle, car il est d'un accès difficile. Puis les Européens se partagèrent l'Afrique selon les positions acquises par chacun d'eux pendant la période d'exploration.

Ainsi la France possède une grande partie de l'Afrique, environ le tiers, de la côte de la Méditerranée à l'équateur, et la grande île de Madagascar.

L'*État du Congo* appartient à la Belgique ; c'est un magnifique empire, de plus de 2 millions de kilomètres carrés, avec environ 20 millions d'habitants ; on y fait surtout le commerce du caoutchouc et de l'ivoire ; sa capitale, *Léopoldville*, est un centre d'affaires très actif, sur le Congo inférieur.

Le *Portugal* occupe l'*Angola* et le *Mozambique*, séparés par les possessions anglaises du Zambèze.

L'*Italie* a la *Tripolitaine* ou *Libye*, *Massaouah* et la côte de l'*Erythrée*, avec une partie de la côte des Somalis, ce qui lui donne accès au commerce de l'Ethiopie.

L'*Angleterre* possède un immense empire en Afrique : dans l'Afrique occidentale, la *Gambie*, la *Sierra Leone*, la *Côte de l'Or*, la *Nigeria* qui s'étend jusqu'au lac Tchad et comprend les embouchures du Niger, et, en face de ces rivages, dans l'océan Atlantique, l'île de l'*Ascension* et celle de *Sainte-Hélène*.

L'*Afrique australe anglaise*, depuis le Cap jusqu'aux sources du Congo, à travers la zone tempérée et la zone tropicale, est dénommée *Union Sud-Africaine* ; bien qu'elle ait un gouvernement indépendant (V. plus loin), elle reconnaît la suzeraineté de la couronne d'Angleterre. L'*Union* comprend la *Province du Cap*, le *Natal*, le *Transvaal* et l'*État d'Orange*. Ces territoires, arrosés par le fleuve *Orange*, par son affluent le *Vaal*, et par le *Limpopo*, ont des prairies où l'on élève les *moutons*, les *chevaux* et les *autruches*. Ils sont surtout riches en mines d'**or** et de **diamant**, dans les régions de *Kimberley* et de *Johannesburg*. La région du Zambèze ou *Rhodésie* a de belles prairies naturelles ; mais les animaux sont décimés par la piqûre généralement mortelle de la mouche *tsé-tsé*.

L'Angleterre possède aussi une partie de la côte de l'*Afrique orientale*, depuis Zanzibar jusqu'aux grands lacs où le Nil prend sa source, en pleine région équatoriale.

Les États indépendants de l'Afrique. — Il y a peu d'États complètement indépendants en Afrique. La petite République nègre de *Liberia* n'a pas beaucoup d'importance.

L'**Union Sud-Africaine** s'est donné un gouvernement autonome ; elle a une population d'origine hollandaise : le nom du fleuve *Orange* vient de la maison d'Orange qui règne en Hollande, et le *Vaal* (V. la carte, page 104) rappelle un des bras du delta du Rhin.

L'*Abyssinie* ou **Ethiopie** est indépendante ; elle a pour capitale *Addis-Ababa* et environ 15 millions d'habitants ; mais les débouchés sur le rivage lui font défaut et son commerce dépend des puissances européennes qui y sont établies.

L'**Egypte** est indépendante ; les Anglais eux-mêmes l'ont proclamé le 1ᵉʳ mars 1922 ; mais il y a encore une garnison anglaise au *Caire*, car l'Egypte, par le canal de Suez, commande la route de l'Inde.

Cependant l'Egypte a une glorieuse histoire et une très vieille civilisation : c'est elle qui a conquis et organisé le *Soudan*. Son sol est extrêmement riche, grâce aux inondations du Nil ; on y cultive avec le plus grand succès le *blé*, la *canne à sucre*, et surtout le **coton**, dans le delta qui est particulièrement fertile. Peuplée de 15 millions d'habitants, elle a de très grandes villes : **Le Caire** (près d'un million d'habitants), qui se développe tous les jours ; **Alexandrie** (500 000 hab.) est un des plus grands ports de la Méditerranée. Le **canal de Suez**, œuvre franco-égyptienne, est devenu la grande route maritime vers l'Orient et l'Extrême-Orient.

LECTURE. — VISITE AU CANAL DE PANAMA. — La conception est grandiose. Il y avait là, un torrent, le Chagres, un rio tropical de caractère indomptable, tyran d'une vallée qu'il saccageait dans ses brèves colères, impossible à utiliser pour alimenter un canal, qu'il aurait comblé de gravier en une seule crue. Rivière. C'était une catastrophe; on en a fait un lac, et le voilà inoffensif. Mais il a fallu barrer sa vallée inférieure à son débouché dans la plaine côtière, à Gatun, par une digue longue de plus de 2 kilomètres, large à sa base de 800 mètres, haute de 35 mètres. Derrière cette digue, les eaux se sont accumulées et forment un immense lac de 6 500 hectares où les vaisseaux naviguent dans un chenal balisé.

H. GAY. — *De Québec à Valparaiso* (A. Colin, édit.).

Exercices sur des questions d'examen.

1. Quels sont les sommets les plus élevés des deux Amériques? — 2. L'Amérique n'a-t-elle pas, comme l'Afrique, deux zones désertiques? — 3. Comment iriez-vous, sans avoir de montagnes à franchir, de l'embouchure du Mackenzie à celle du Rio de la Plata?

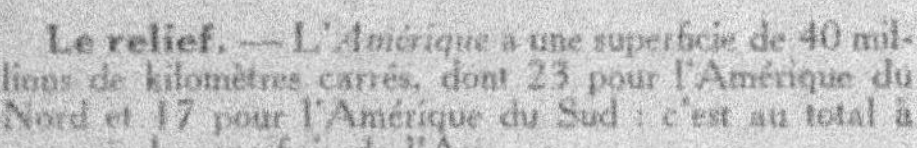

Une passe dans les montagnes de l'Alaska, territoire glacé de l'Amérique du Nord; on y va en traîneau vers le Klondyke.

Le volcan du Chimborazo s'élève environ à 6 000 mètres; il est couvert de neiges éternelles.

Le relief. — L'*Amérique* a une superficie de 40 millions de kilomètres carrés, dont 23 pour l'Amérique du Nord et 17 pour l'Amérique du Sud : c'est au total à peu près la superficie de l'Asie.

L'Amérique n'est pas physiquement un « nouveau monde » ; elle a des terrains très anciens, aussi anciens que ceux de l'ancien continent : mais ils sont usés : ainsi le plateau du *Labrador* n'a plus que 300 mètres comme la Finlande à laquelle il ressemble. Les *Apalaches*, dans les États-Unis, ne dépassent guère 2 000 mètres. Il en est de même pour le plateau du *Brésil*, où le mont *Itatiaya* seul atteint 2 700 mètres.

Comme l'ancien continent, l'Amérique a subi à l'époque tertiaire de puissantes dislocations, accompagnées de manifestations volcaniques, qui lui ont donné un relief très accentué tout le long de l'océan Pacifique. Mais, tandis qu'en Europe et en Asie, les grands plissements montagneux se sont produits d'ouest en est (c'est la direction des Alpes et de l'Himalaya), en Amérique les plissements montagneux se sont disposés du nord au sud, ou du nord-ouest au sud-est.

Dans l'Amérique du Nord, les *montagnes Rocheuses* ont près de 6 000 mètres aux environs du volcan de *Saint-Élie*, dans l'Alaska. Elles s'étalent ensuite vers le sud, sur une largeur de près de 2 000 kilomètres, avec des plis d'environ 4 000 mètres de hauteur qui enferment entre eux le plateau du *Grand Lac Salé*. Enfin elles se resserrent pour former les hauts plateaux du *Mexique*, où le *Popocatepetl* et l'*Orizaba*, qui sont des volcans, dépassent 5 000 mètres.

Dans l'Amérique du Sud, la *Cordillère des Andes* a les mêmes caractères et des altitudes semblables : 6 000 mètres au *Chimborazo*, au *Cotopaxi* sous l'équateur ; l'*Aconcagua*, dans les Andes Chiliennes, au-dessus de Valparaiso, arrive à près de 7 000 mètres.

Les montagnes de l'Amérique centrale et des Antilles sont également volcaniques, et l'éruption de la *montagne Pelée*, dans la Martinique, en 1902, a été terrible.

Les zones de climat. — L'Amérique, à cause de sa longue étendue presque d'un pôle à l'autre, présente toutes les zones de climat.

La *zone équatoriale* y correspond au bassin de l'*Amazone* et au Brésil septentrional.

La *zone tropicale* du sud correspond au Brésil méridional. La *zone tropicale du nord* correspond à la mer des Antilles, au golfe du Mexique et à l'Amérique centrale.

Les *deux zones désertiques* de l'Amérique sont peu étendues à cause de l'étroitesse du continent : c'est le *Gran Chaco* au sud, et le plateau du *Texas* au nord.

Les *deux zones tempérées*, caractérisées par les prairies naturelles, sont représentées, au sud par la *pampa* et les *savanes* de l'*Argentine*, — au nord, par les *savanes* et les *prairies* des *États-Unis* et du *Canada*.

Le continent américain n'a pas de *zone polaire* au sud, car il ne descend pas plus bas que le 50e degré. Par contre dans l'Amérique du Nord d'immenses régions glaciales, l'*Alaska*, le *Groenland*, s'étendent jusqu'à la banquise qui flotte sur le bassin polaire arctique.

L'exploration des régions polaires a été depuis un siècle l'occasion d'entreprises d'une remarquable hardiesse. Soit par traîneaux, soit par avions, on est arrivé à connaître à peu près la nature de ces immenses champs de glace.

Les grands fleuves de l'Amérique. — L'*Amazone* est le plus puissant fleuve de l'Amérique : il appartient à la zone équatoriale, comme le Congo ; il reçoit chaque jour des quantités considérables de pluies, et, comme il prend sa source dans les hautes montagnes de la Cordillère, il est alimenté par des masses de neige et de glace fondue. Les habitants du pays l'appellent « mare dolce », la mer d'eau douce.

Les deux fleuves principaux des deux zones tropicales sont : au sud, le **Rio de la Plata** qui reçoit ses eaux du plateau du Brésil et de la Cordillère des Andes; et au nord, le **Mississipi**, grossi du *Missouri* et de l'*Ohio*, qui entraîne les eaux de la grande plaine comprise entre les Apalaches et les montagnes Rocheuses.

Le *Saint-Laurent* est le déversoir d'une vaste chaîne de lacs : le lac *Supérieur*, le lac *Michigan*, le lac *Huron*, le lac *Érié* et le lac *Ontario*; ces deux derniers sont séparés par les chutes du *Niagara*.

Les régions froides et polaires de l'Amérique du Nord ont aussi de grands fleuves, surtout le *Yukon*, le *Nelson* et le *Mackensie*; ils ressemblent à ceux de la Sibérie occidentale; ils coulent lentement à travers des chaînes de lacs et sont souvent gelés.

La disposition du relief américain fait que ces bassins fluviaux sont à peine séparés les uns des autres; il serait facile de les joindre par des canaux qui seraient précieux pour le développement économique de tout le pays. Du nord au sud de l'Amérique, on peut suivre, au pied des montagnes, une longue dépression par le *Mackensie*, le *Nelson*, les *Grands Lacs*, le *Mississipi*, le *golfe du Mexique*, la *mer des Antilles*, l'*Orénoque*, l'*Amazone*, le *Parana* et le *Rio de la Plata*. Il n'y a rien de pareil dans les autres continents.

LECTURE. — L'EMPIRE DES MACHINES. — Pittsburg, tant de fois décrit par les voyageurs, me laisse une impression d'horreur mêlée d'admiration. Tout ce que notre Flandre industrielle, le sillon de Sambre, la Westphalie allemande ou le pays noir anglais peuvent offrir de brumes crasseuses, de forêts de cheminées crachant des torrents de fumée noire, de brumes empestées qui flottent éternellement autour des puits de mine, de fonderies, verreries et autres enfers humains, vous le retrouverez agrandi, intensifié, au creux des tristes montagnes de Pensylvanie. Du haut d'un des gratte-ciel de la cité, j'ai vu un soir la ligne infinie des usines; les langues de feu des fonderies et des verreries trouaient çà et là les nuées noirâtres.

Un souvenir inoubliable, c'est la visite aux aciéries de la compagnie Carnegie; ici, vingt fours à réverbère vomissent l'acier rutilant; là, des presses retentissantes manipulent ces blocs d'acier encore rouges, en forment des lingots qu'elles découpent avec une aisance surprenante; continuant leur route sur des séries de cylindres, ces lingots viennent se présenter à d'autres machines et docilement s'aplatissent en plaques de blindage ou s'étirent en poutrelles... et perpétuellement arrivent les trains de minerai rougeâtre, perpétuellement les fours vomissent le métal incandescent qui s'en va sans relâche de machine en machine dans un fracas épouvantable.

H. Gor. — *De Québec à Valparaiso* (A. Colin, édit.)

Exercices sur des questions d'examen.

1. Quelles sont les ressources de la partie Nord du Canada? — 2. Citez deux grandes villes de la région centrale des États-Unis? Indiquez ce qui fait leur importance? — 3. Citez une grande ligne continentale importante de l'Amérique du Nord. — 4. Nommez les États de l'Amérique centrale. — 5. Montrez quelle est l'utilité du canal de Panama.

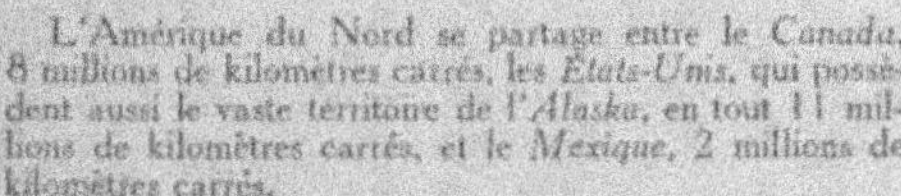

Plantation de figuiers en Californie; le terrain est rendu meuble par des pulvérisateurs à disques tirés par des tracteurs.

Le Capitole à Washington, siège du gouvernement fédéral des quarante-huit États composant les États-Unis.

L'Amérique du Nord se partage entre le *Canada*, 8 millions de kilomètres carrés, les *États-Unis*, qui possèdent aussi le vaste territoire de l'*Alaska*, en tout 11 millions de kilomètres carrés, et le *Mexique*, 2 millions de kilomètres carrés.

Le Canada. — Dans la partie orientale du *Canada*, le grand plateau du *Labrador* dépasse à peine 300 mètres; il est froid et stérile; mais sur ses rivages, comme sur les bancs de *Terre-Neuve*, il y a d'abondantes *pêcheries*, surtout de morue.

La région la plus importante du Canada, celle des *Grands Lacs* et du *Saint-Laurent*, a été peuplée d'abord par des *Français*, puis par des Anglais. Quoique le Canada forme aujourd'hui un *Dominion* autonome de l'empire britannique, les deux langues y sont toujours également parlées.

Le *Canada français*, le long du Saint-Laurent, est surtout agricole : il se livre à la culture du *blé* et à l'*élevage*; ses deux principales villes sont **Montréal** (300 000 habitants) et **Québec**. Le *Canada anglais* se livre surtout à l'industrie; sa principale ville est *Toronto* sur le lac Ontario. Là aussi se trouve la capitale de tout le Dominion, *Ottawa*.

Au delà des Grands Lacs, les immenses plaines qui s'étendent jusqu'aux montagnes Rocheuses et jusqu'aux régions polaires sont cultivées en blé autour des villes nouvelles de *Winnipeg*, *Régina*, *Calgary*. Plus au nord, elles sont couvertes de grandes forêts de sapins et d'érables (*bois, animaux à fourrures*).

A la frontière de l'*Alaska*, le Canada possède les riches mines d'**or** du *Klondyke*, autour de *Dawson-City*.

Le *Transcontinental Canadien*, de *Halifax* sur l'Atlantique à *New-Westminster* sur le Pacifique, est une des grandes voies ferrées du monde, car il représente le plus court chemin de l'Europe au Japon. (V. p. 27.)

Les États-Unis. — On trouve aussi aux *États-Unis* trois grandes régions naturelles.

La région orientale, faite de terrains anciens, dans le massif des *Apalaches*, jusqu'au bord des Grands Lacs, est une grande région industrielle, une des plus actives du monde, comparable au pays noir de l'Angleterre, à la région du Nord franco-belge, au bassin de la Ruhr en Allemagne. Elle dispose en effet de grandes quantités de **houille**, de **fer**, de **cuivre**, de **pétrole** : ressources qui ont permis à **Philadelphie**, *Baltimore*, *Pittsburg*, *Cleveland* de devenir d'énormes cités industrielles, pour les *draperies*, les *cotonnades*, les *soieries*, les *machines* de toutes

sortes. *Boston*, **New-York**, *Philadelphie*, *Baltimore* sont des ports d'une extraordinaire activité : **New-York** a 5 millions d'habitants. Là aussi se trouve la capitale des États-Unis, *Washington*.

La région centrale, c'est-à-dire la *grande Prairie* arrosée par le *Mississipi* et par ses affluents, comprend deux zones : la zone tempérée et la zone tropicale. La première se consacre surtout à l'*élevage* et aux grandes cultures de blé. **Chicago** (2 millions d'habitants) fait un grand commerce de **viandes**, de conserves et de peaux; *Saint-Louis* (800 000 habitants) est le principal centre du commerce du **blé**. Dans la zone tropicale, on cultive en grande quantité le *maïs*, le *tabac*, la *canne à sucre*, et surtout le **coton**, que l'on exporte, par la *Nouvelle-Orléans*, sur tous les marchés du monde.

La région des montagnes Rocheuses, où le *plateau du Grand Lac Salé* ne se prête qu'à l'élevage, a des mines de *cuivre* et d'*or* dans l'Etat de *Californie*. **San-Francisco** est le point de départ de la navigation vers les îles *Hawai*, les îles *Philippines* et les pays de l'Asie orientale; car *San-Francisco* est le terminus du *Transcontinental* qui vient de New-York par Chicago.

Peuplés de 120 millions d'habitants, pourvus abondamment de toutes les ressources agricoles et industrielles, les États-Unis sont aujourd'hui la plus grande puissance économique du monde.

Le Mexique. — Peuplé de 15 millions d'habitants, sur 2 millions de kilomètres carrés, le *Mexique* est surtout fait d'un grand plateau compris entre les deux plis des montagnes Rocheuses. Ce plateau, dominé par des volcans actifs, se prête à l'*élevage* des chevaux et des bœufs, dans de grandes fermes ou *haciendas*. Il est aussi très riche en mines, surtout en mines d'**argent**. **Mexico**, la capitale, au pied du *Popocatepetl*, au bord d'un lac ancien cratère, est une grande ville de 500 000 habitants.

Les côtes du Mexique sont chaudes, marécageuses et ravagées par de mauvaises fièvres autour de *Vera-Cruz*. Elles ont des forêts de *bois précieux* et des cultures de *café*, *cacao*, *canne à sucre*.

Les États de l'*Amérique centrale* : *Guatemala*, *Honduras*, *San-Salvador*, *Nicaragua*, *Costa-Rica*, *République de Panama*, ont le même climat et les mêmes ressources.

On peut dire que l'Amérique du Nord se termine au **canal de Panama**, comme le détroit de Magellan termine l'Amérique du Sud en permettant d'en faire le tour. Le canal de Panama rend plus accessibles les pays de la côte américaine de l'océan Pacifique.

LECTURE. — LE DÉVELOPPEMENT AGRICOLE DE L'ARGENTINE. — Pas un arbre, pas un buisson, pas une ondulation de terrain, pas une pierre dans cette immensité, rien que l'infini du sol en une ligne nette, que l'on dirait tirée au cordeau. Et cela dure pendant des centaines et des centaines de lieues, comme une Beauce qui serait deux fois plus grande que la France.

Depuis vingt ans déjà, que d'efforts, que de progrès! Dans ces domaines de plusieurs lieues aujourd'hui drapés de l'or des blés, de l'azur du lin, de la pourpre de la luzerne en fleur, rien n'existait autrefois que la verdure courte de la pampa broutée par des troupeaux de race inférieure. D'agriculture, il n'était pas question. On eût fait rire le gaucho en lui disant que le « campo » pouvait servir à autre chose qu'à l'élevage. Et cet élevage, combien rudimentaire, combien primitif il était! Il consistait à laisser pâturer les troupeaux (chevaux et bœufs) dans les immenses plaines du campo, suivant leur fantaisie. Aucune limite ne séparait les domaines. Le propriétaire ne savait pas lui-même où s'arrêtait le sien, souvent même il ignorait le nombre de têtes de son bétail. Quand il voulait en faire le recensement, l' « estanciero » lançait une armée de gauchos aux confins du pâturage avec mission de rabattre les bœufs vers un point déterminé où se faisait le marquage des bêtes nouvellement nées et la sélection des bœufs jugés bons pour la vente.

François CASTEX.
A travers l'Argentine moderne (Hachette, édit.)

Exercices sur des questions d'examen.

1. Comment peut-on caractériser, au point de vue des races, l'Amérique du Nord et l'Amérique du Sud? — 2. Quelles sont les ressources des Antilles? — 3. Quelles sont les dimensions du bassin de l'Amazone? — 4. Quel est le chemin de fer qui permet de traverser l'Amérique du Sud (point de départ et point d'arrivée)? — 5. Quelle est, pour la république Argentine, la proportion d'habitants au kilomètre carré?

Vue générale de Rio de Janeiro; au fond, l'entrée du port dominée par le « Pain de Sucre ».

Un des bras de l'Amazone roulant des eaux tumultueuses au milieu d'une végétation luxuriante.

La leçon générale de la page 109 a donné les caractères physiques de l'Amérique du Sud; ils en expliquent les conditions politiques et économiques.

Les États de l'Amérique centrale et de l'Amérique du Sud.

— Les Européens y ont encore quelques possessions : la France a quelques *Antilles* et une *Guyane*, — l'Angleterre, la *Jamaïque* et une *Guyane*, — il y a une *Guyane hollandaise*.

Les autres États de l'Amérique centrale et de l'Amérique du Sud sont indépendants. On a vu dans la leçon précédente ceux de l'Amérique centrale jusqu'au canal de Panama. Parmi les grandes Antilles, l'île de *Saint-Domingue* forme deux Républiques indépendantes : *Haïti* et *Saint-Domingue*. **Cuba** est une grande république de 120 000 kilomètres carrés peuplée de 2 millions d'habitants, avec *La Havane* pour capitale (500 000 habitants).

L'Amérique du Sud proprement dite est extrêmement divisée. Elle comprend : la **Colombie**, capitale *Bogota*; l'**Équateur**, capitale *Quito*; le **Venezuela**, capitale *Caracas*; le **Pérou**, capitale *Cuzco*; la **Bolivie**, capitale *Sucre*; le **Paraguay**, capitale *Assomption*; l'**Uruguay**, capitale *Montevideo*.

Les plus importants sont le **Chili**, qui, très allongé sur la côte de l'océan Pacifique, est plus grand que la France: 800 000 kilomètres carrés, avec 4 millions d'habitants; la capitale est *Santiago* (500 000 habitants) ; — la **république Argentine**, 3 millions de kilomètres carrés, avec 10 millions d'habitants, dont 2 millions dans la capitale *Buenos-Ayres*; — et le **Brésil**, 8 millions de kilomètres carrés, soit les 4/5 de l'Europe, avec 30 millions d'habitants, dont 1 million et demi dans la capitale, *Rio de Janeiro*.

Malgré cette division territoriale, l'Amérique du Sud a une réelle unité politique; car, sauf quelques populations indiennes de l'intérieur, elle est habitée tout entière par des populations d'origine *espagnole* ou *portugaise*, avec beaucoup d'immigrants *italiens*, entre lesquels il y a une grande parenté de race et de langue. Elle est bien l'**Amérique latine**.

Situation économique de l'Amérique du Sud.

— Les ressources de l'Amérique du Sud dépendent de son climat, qui est très varié, depuis la zone équatoriale jusqu'au voisinage de la zone polaire (V. la 47ᵉ leçon, p. 109).

La zone équatoriale est caractérisée par la *forêt vierge* ou *selva* du bassin de l'**Amazone**, qui est presque tout entière dans le *Brésil*; elle est faite des plus beaux arbres du monde, des arbres de 50 à 60 mètres de hauteur, châtaigniers, bois de teinture ou *braza* (qui a donné son nom au Brésil), bois précieux. On y exploite surtout le **caoutchouc**.

Les cultures des régions tropicales, dans les *Antilles*, les *Guyanes*, sur la côte du Brésil et sur celle du Venezuela et du Pérou, consistent surtout dans la **canne à sucre**, le *cacao* et le *tabac* (Antilles, Jamaïque, Cuba), le *café*. Le Brésil a presque le monopole de la culture du **café** : il en fournit les 3/4 de la production mondiale.

Les régions tempérées sont surtout couvertes de prairies naturelles ou de savanes, que l'on commence à transformer par la culture.

En particulier, dans la *république Argentine*, la **pampa**, semblable aux savanes de l'Amérique du Nord, est une immense plaine herbeuse plus grande que la France; on y a acclimaté des races d'animaux domestiques, *chevaux, bœufs et moutons*. L'Argentine a autant de *moutons* que l'Australie, environ 10 millions; elle exporte de grandes quantités de *cuir* et de *viande frigorifiée*. A mesure que la population s'accroît et que la main-d'œuvre est plus nombreuse, on remplace peu à peu la prairie par des *champs cultivés*, notamment aux environs de Buenos-Ayres, et déjà l'Argentine exporte beaucoup de **blé**.

L'Amérique du Sud a des ressources minières, de l'or et du *diamant* au Brésil; surtout, au nord du Chili, le *désert d'Atacama* donne d'abondantes provisions de minerai de **cuivre**.

L'Amérique du Sud n'a pas encore une grande activité d'industrie manufacturière; elle importe de l'Europe ou des États-Unis la plus grande partie des produits fabriqués dont elle a besoin.

Par le *canal de Panama* et le *détroit de Magellan*, elle est desservie par les grandes lignes de navigation qui vont au Pacifique : **Rio de Janeiro, Buenos-Ayres, Valparaiso**, sont de très grands ports.

Les relations des deux Amériques.

— Les deux Amériques sont habitées aujourd'hui par des populations qui sont pour la plupart d'origine européenne : *Anglo-Saxons* dans l'Amérique du Nord, *Latins* dans l'Amérique du Sud.

Ainsi l'Amérique est comme une *nouvelle Europe*.

Les relations entre les deux Amériques sont naturellement très étroites et faciles. L'Amérique du Nord a une plus grande activité industrielle; mais l'Amérique du Sud a commencé de prendre, à son tour, un développement économique considérable.

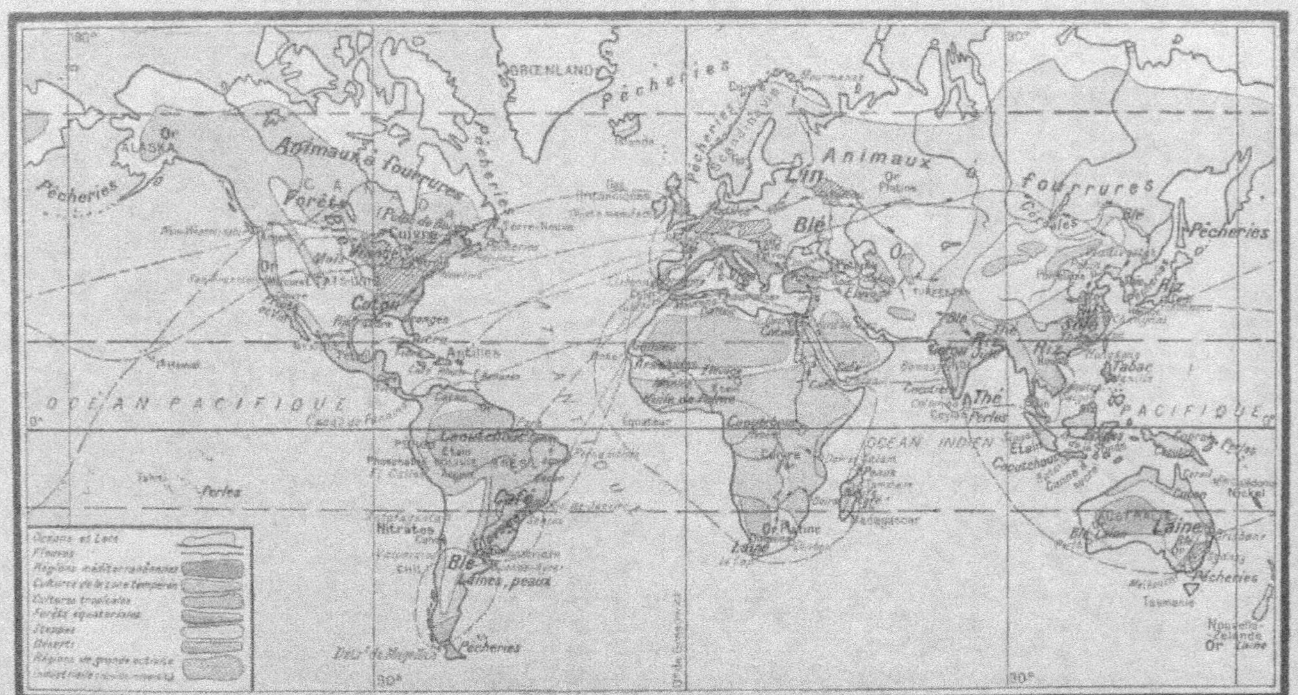

LECTURE. — L'EUROPE DANS LE PASSÉ ET DANS LE PRÉSENT. — Déjà la fin du XIXᵉ siècle nous avait révélé la vitalité et la puissance de certaines nations extra-européennes ; les unes, comme les États-Unis, nourries du sang même de l'Europe; les autres, comme le Japon, formées par ses modèles et ses conseils. En précipitant l'essor de ces nouveaux venus, en provoquant l'appauvrissement des vertus productrices de l'Europe, en créant ainsi un profond déséquilibre entre eux et nous, la guerre n'a-t-elle pas ouvert pour notre vieux continent une crise d'hégémonie et d'expansion?

Dépeuplée et appauvrie, l'Europe sera-t-elle apte à maintenir sur le monde le faisceau de liens économiques qui compose sa fortune privilégiée? Sera-t-elle toujours la grande banque qui fournissait des capitaux aux régions neuves? Sera-t-elle toujours la grande entreprise d'armement qui transportait de mer en mer les hommes et les produits de toute la Terre? Sera-t-elle toujours la grande usine qui vendait aux peuples jeunes ses collections d'articles manufacturés?

A. DEMANGEON. — Le Déclin de l'Europe (A. Colin, 1921).

Exercices sur des questions d'examen.

1. Quelles sont les ressources agricoles essentielles des pays tempérés, des pays tropicaux, des pays équatoriaux? — 2. Où se cultive surtout le coton? — le riz? — le blé? — le caoutchouc? — 3. Quelles sont les principales régions où l'on exploite les minerais des différents métaux? — 4. Quels sont les pays dans lesquels on trouve des mines de houille? — 5. Comment se répartit la population? — 6. Quel est le rôle des grandes voies de communication?

L'activité économique du monde est inégalement répartie, car elle dépend de la nature du sol, du climat et du travail de l'homme.

Agriculture. — Produits alimentaires. —

Les grandes régions agricoles peuvent être partagées selon le *climat tempéré* ou le *climat tropical*.

Le climat tempéré correspond aux pays où l'homme cultive surtout le *blé* : ainsi, en Europe, la France, la Hongrie, la Roumanie, la Plaine russe, — en Asie, le nord de l'Inde, le nord de la Chine, — dans l'Amérique du Nord, le Canada, les Etats-Unis, — dans l'Amérique du Sud, la république Argentine.

Une grande partie des pays à blé ont aussi de la *vigne*, surtout la France, l'Espagne, l'Italie, l'Algérie.

On y cultive encore la *betterave à sucre*, la *pomme de terre*, les *fruits*.

On y fait de l'*élevage* : en Europe de moins en moins à cause du développement de la culture, — davantage aux Etats-Unis, au Canada, en Australie, dans les pampas de la république Argentine.

Les pays chauds sont les pays du *riz* : l'Inde, l'Indochine, le sud des Etats-Unis, le Brésil, Madagascar. Ces pays produisent aussi la *canne à sucre*, le *café*, les *épices*, — comme les Antilles, et les îles de la Sonde. Le *tabac* est cultivé dans les pays chauds plus encore que dans les pays tempérés.

Ressources industrielles. —

Certains produits industriels dépendent aussi du climat. Ainsi les régions tempérées ont du *lin* et du *chanvre* : Pologne, Russie. Les moutons qu'on y élève donnent de la *laine* : en Europe, mais surtout en Australie et dans la république Argentine.

On cultive le *mûrier*, pour le ver à *soie*, en France, en Italie, en Chine, au Japon, aux Etats-Unis.

Le *coton* ne mûrit que dans les pays chauds : aux Etats-Unis, dans l'Inde, en Égypte, dans l'Afrique tropicale, notamment dans la région du Niger.

Les *bois* nécessaires à l'industrie varient aussi selon les climats. L'Europe, la Sibérie, le Canada, les Etats-Unis, le Chili, la république Argentine ont des *sapins*, des *chênes*, des *hêtres*, des *érables*. Les régions équatoriales ont les *bois précieux* de la forêt vierge, l'*ébène*, l'*acajou*, etc., les essences à *caoutchouc*.

Les *minerais* dépendent de la nature du sol. Le Cap

Le Bureau international du travail à Genève : on y centralise tous les documents et renseignements relatifs à l'organisation économique dans le monde.

et le Brésil ont du *diamant*; — l'Oural possède des gisements de *platine* et d'*or*. Les plus importantes mines d'*or* se trouvent au Cap et en Australie; celles d'*argent* au Mexique et au Pérou.

La *houille* se rencontre au bord des terrains primaires, en Angleterre, en France et en Belgique, en Allemagne, en Russie et aux Etats-Unis.

Le *minerai de fer*, le *cuivre*, apparaissent dans des terrains secondaires : en France, en Angleterre, en Allemagne, en Suède, aux Etats-Unis, au Chili.

Le *pétrole* est exploité surtout dans la région du Caucase, en Roumanie, aux Etats-Unis.

La *force motrice électrique* est en voie de remplacer la force motrice due à la combustion de la houille ou du pétrole; elle peut être multipliée à l'infini dans les pays de montagnes.

Les grands centres de population. —

On comprendra maintenant les raisons qui expliquent la formation des grands groupements de population.

Les hommes se sont groupés d'abord selon les ressources alimentaires : en Europe, dans les pays à céréales et à fruits, autour de la Méditerranée, en Égypte, en Mésopotamie, — de même dans l'Inde, la Chine et le Japon, où le riz croît abondamment.

De nos jours les populations se concentrent aussi dans les pays de grande activité industrielle : par exemple le « pays noir » en Angleterre, l'Écosse, le nord de la France, la Belgique, la Hollande; — le pays de la Ruhr, la Saxe et la Silésie en Allemagne, la Hollande, la Scandinavie, la Tchécoslovaquie, l'Autriche, l'Italie, — la partie méridionale du Japon, la partie orientale des Etats-Unis et du Canada.

Par contre, il y a encore des pays neufs, c'est-à-dire des pays où il y a beaucoup de place pour l'immigration ou pour le peuplement : ainsi l'Australie, qui est grande comme les 4/5 de l'Europe, n'a que 5 millions d'habitants. Les Etats-Unis, qui sont grands comme l'Europe, ont 120 millions d'habitants et l'Europe en a 400. L'Amérique du Sud pourrait aussi être beaucoup plus peuplée qu'elle ne l'est.

Les voies de communication. —

Les voies de communication contribueront à cet aménagement de toutes les régions de l'univers. Elles sont de plus en plus nombreuses et rapides pour les échanges de matières premières et de produits manufacturés.

Les automobiles ont donné aux routes une activité nouvelle.

Mais les hommes ont maintenant beaucoup d'autres moyens de communication : des voies ferrées continentales et transcontinentales, — de grandes lignes de navigation transocéanique, notamment par les canaux maritimes de *Suez* ou de *Panama*, — des voies aériennes régulièrement desservies.

En même temps les lignes télégraphiques, les câbles sous-marins, la télégraphie sans fil transmettent les nouvelles en quelques secondes tout autour de la terre.

---

(1) Cette dernière leçon sera le plus fructueuse si l'élève se reporte pour chaque paragraphe aux leçons précédentes qui y correspondent. Elle sera ainsi un excellent exercice de révision.

39. L'Asie physique et ses ressources naturelles.

Halte d'une caravane dans les régions désertiques du plateau de Mongolie.

L'Asie est quatre fois plus grande que l'Europe et elle a deux fois plus d'habitants.

Elle a des *ressemblances physiques avec l'Europe* : grandes plaines dans sa région septentrionale ; principaux massifs montagneux au centre, et de formation récente, comme les Alpes ; trois péninsules méridionales : l'*Arabie*, l'*Inde* et l'*Indochine*. Mais elle est plus massive ; ses points culminants sont plus élevés que ceux d'Europe, ses hauteurs centrales plus étendues : c'est un pays de *grands plateaux*.

C'est aussi un pays de *plaines alluviales* : ainsi la plaine indo-gangétique formée par l'INDUS et le GANGE, les vastes deltas de l'Indochine, la plaine chinoise constituée en grande partie par le HOANG-HO et le YANG-TSÉ-KIANG.

Les *climats* sont très divers : au Nord de la Sibérie est le pays le plus froid de la Terre ; les plateaux du Centre ont un climat continental et la sécheresse en fait d'immenses déserts. Mais les régions méridionales, que traverse le tropique du Cancer, sont chaudes, bien arrosées, fertiles, habitées par une population très dense qui se nourrit de *riz* et de *thé*. Une voie ferrée, le *Transsibérien*, traverse l'Asie.

40. La plaine russo-sibérienne.

Une tente servant d'habitation d'été aux Toungouses dans l'Asie septentrionale.

La plaine russo-sibérienne est immense, mais presque entièrement de climat froid ; elle n'a d'issue que sur des mers fermées ou froides ; elle est limitée au sud par de très hautes barrières montagneuses.

L'*Asie centrale*, dont le *Turkestan* est la partie la plus importante, est occupée dans sa plus grande étendue par des déserts : seules les vallées y sont fertiles (mûrier, vigne, coton), ainsi celle du *Syr-Daria* avec la belle ville de *Tachkent*.

La *Sibérie occidentale* occupe le fond d'une dépression autrefois recouverte par l'Océan : les fleuves (*Obi*, *Iénisséi*) y sont souvent gelés. Elle a des mines d'or, des cultures de céréales, des pêcheries.

La *Sibérie orientale* est montagneuse, avec des plateaux très étendus, couverts de forêts (sapins, bouleaux, mélèzes) où vivent des animaux à fourrures. La région du Pacifique est *volcanique* ; sur les côtes sont des *pêcheries de saumons*.

Les immenses espaces de l'U. R. S. S. constituent surtout de grands chemins entre l'Europe et les régions populeuses de l'Asie ; les voies ferrées qui y sont construites vont vers le sud jusqu'à *Tachkent*, vers l'est jusqu'à *Vladivostock* et *Port-Arthur*.

41. L'Asie occidentale de la Méditerranée à l'Inde.

Ruines de l'ancienne porte de Samarcande près de laquelle se tient un marché.

L'*Asie occidentale* est traversée par des plissements montagneux, prolongement des plis européens.

La Turquie ne possède plus en Europe que CONSTANTINOPLE ; elle comprend le plateau d'Asie Mineure appuyé sur le Taurus et le mont Ararat. Elle a 9 millions d'habitants. Sa capitale est ANGORA.

Le plateau de l'*Iran* est bordé par les massifs de l'*Elbourz* et de l'*Indou-Kouch* (6 000 m.). Ses vallées sont fertiles. La Perse et l'Afghanistan ont de belles villes : TÉHÉRAN et *Ispahan*, HÉRAT et *Kandhar*.

L'*Arabie* est, à l'intérieur, un vaste désert ; mais les bords ont de belles vallées où se cultivent le café, la gomme, les dattes ; là aussi se trouvent les villes saintes des musulmans : LA MECQUE et MÉDINE.

La *Palestine*, plateau pierreux, a la ville sainte des chrétiens : JÉRUSALEM, où Jésus fut crucifié. La Syrie a de belles vallées allongées entre les plis du LIBAN. *Beyrouth* sur la côte et *Damas* au bord du désert en sont les principaux centres. La *Mésopotamie*, vallée du *Tigre* et de l'*Euphrate*, a des nappes de pétrole dans la région de *Mossoul*, des terres fertiles, une grande ville, *Bagdad* ; elle est surtout un grand passage de tout temps fréquenté.

42. L'Inde et l'Indochine.

L'HIMALAYA, entre l'*Inde* et le *Tibet*, est la plus forte barrière montagneuse du monde. Le mont *Éverest* y atteint 8 840 m. L'INDUS et le GANGE y prennent leur source. La vallée de l'Indus est riche en blé; celle du Gange, appelée Bengale, est plus fertile encore (riz, thé, opium, canne à sucre). L'Inde est peuplée de près de *300 millions* d'habitants. DELHI en est la capitale. *Calcutta* est le grand port de l'embouchure du Gange.

Le DECCAN forme la presqu'île triangulaire de l'Inde; c'est un plateau de terrains anciens qui renferme des gisements *houillers*. La culture du COTON y est prospère dans le nord, celle du riz dans les deltas des fleuves qui presque tous coulent vers l'est. L'île de *Ceylan* est renommée pour ses cultures de *thé*.

La presqu'île de l'INDOCHINE est formée par un faisceau de plis montagneux détachés de l'Himalaya oriental et du Tibet. La vallée de l'*Iraouaddi* et celle du *Salouen* forment la *Birmanie*, prolongement de l'empire anglais de l'Inde; le royaume de *Siam*, capitale BANGKOK, de population de race jaune, comprend surtout le bassin du *Ménam*; le *Mékong* est le grand fleuve des possessions françaises.

Tisserands hindous travaillant à l'aide de métiers primitifs.

43. L'Asie orientale. La Chine et le Japon.

Les monts *Kouen-Lun* et *Altyn-Tagh* partagent les hauts plateaux chinois. Au sud, le PLATEAU DU TIBET est une formidable masse montagneuse où seule la vallée supérieure du Brahmapoutre est peuplée. Lhassa est la capitale du bouddhisme. Au nord, le plateau de *Mongolie*, désertique, est une route de caravanes.

La CHINE est une grande plaine d'alluvions de terre jaune arrosée par le Hoang-Ho et le Yang-tsé-Kiang. Dans cette plaine se trouve la capitale PÉKING et des villes très peuplées. On y cultive le *riz*, le *thé*, le *mûrier*; au bord de ces fleuves vit la majeure partie des 350 millions de Chinois.

Bordant la côte nord-est de l'Asie, le JAPON est formé d'îles volcaniques et il est souvent ravagé par des tremblements de terre.

Les côtes méridionales surtout sont admirablement cultivées en *riz*, *thé*, *mûrier*. Le Japon, de civilisation très ancienne, est devenu en un demi-siècle une puissance industrielle et moderne. Peuplé de 60 millions d'habitants, avec de grandes villes comme TOKIO, la capitale, *Yokohama*, *Osaka*, *Kioto*, il est, en face des États-Unis, le plus puissant État du Pacifique.

En Chine : emballage du thé en paquets et en caisses, pour l'exportation.

44. L'Insulinde et l'Australie.

Les îles de l'INSULINDE font une sorte de pont entre l'Asie et l'Australie. Mais la flore et la faune de ces continents sont très différentes.

Les îles *Philippines* appartiennent aux États-Unis. Elles cultivent la *canne à sucre*, le *chanvre*, le *tabac*. Les îles de la SONDE (*Sumatra, Java, Bornéo*) appartiennent à la Hollande : riche empire colonial qui produit du *café*, de la *canne à sucre*, du *tabac*, de la *vanille*, du *poivre*.

L'AUSTRALIE, plateau de terrains anciens, a une superficie égale aux 3/4 de celle de l'Europe. Si le centre est désertique, on cultive du café au nord, du blé au sud; on élève de grands troupeaux de bœufs et de moutons. On exploite aussi des mines d'or dans les régions montagneuses. Deux grandes villes : *Melbourne* et *Sydney*. L'Australie a un gouvernement autonome, mais fait partie de l'empire anglais.

Il y a des milliers d'autres îles dans l'océan Pacifique : les unes sont d'origine volcanique; les autres sont constituées par des *coraux*. Elles forment la *Polynésie*. La France y possède la *Nouvelle-Calédonie*, où se trouvent des mines de nickel. Ces petites îles présentent l'intérêt de servir d'étapes aux lignes de navigation du Pacifique.

Un village chez les aborigènes de Sumatra.

45. L'Afrique physique.

Une pirogue sur le Congo au milieu des grands arbres de la forêt équatoriale.

L'Afrique est trois fois plus grande que l'Europe. Elle est constituée par un *énorme plateau* de terrains anciens, morceau de l'ancien continent austral, à l'intérieur duquel sont des *bassins fermés*, comme celui du Congo. Une puissante dislocation l'a relevé à l'est : elle a creusé de grands lacs (*Nyassa, Tanganyika*) et élevé de hauts reliefs (*Kilimandjaro*).

L'Afrique est traversée en son milieu par l'équateur. De part et d'autre de cette ligne se trouve la *zone équatoriale* qui correspond au bassin du Congo, puis deux *zones tropicales* : l'une, au nord, comprend le bassin du *Niger* et le bassin moyen du *Nil*; l'autre, au sud, correspond au bassin du *Zambèze*. Ensuite viennent deux *zones désertiques* : le Sahara et le Kalahari, avec des oasis; puis deux *zones tempérées* sèches : plateaux de l'Atlas, plateaux du Cap et du Transvaal.

Les quatre grands fleuves de l'Afrique sont : le Congo, qui en est le plus abondant, parce qu'il appartient presque tout entier à la zone des pluies quotidiennes de l'équateur; le *Niger* et le *Zambèze*, enfin le Nil, le plus important, qui traverse toutes les zones de climat, et par ses inondations fertilise l'Egypte.

46. L'Afrique politique.

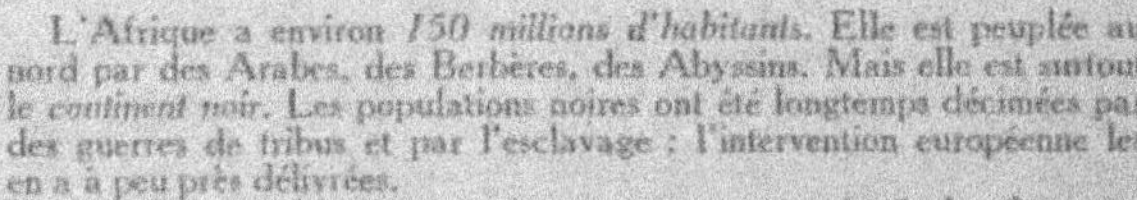

Les pyramides de Gizèh près du Nil, végétation de palmiers-dattiers.

L'Afrique a environ *150 millions d'habitants*. Elle est peuplée au nord par des Arabes, des Berbères, des Abyssins. Mais elle est surtout le *continent noir*. Les populations noires ont été longtemps décimées par des guerres de tribus et par l'esclavage ; l'intervention européenne les en a à peu près délivrées.

Le continent africain appartient presque tout entier à des États européens.

La *France* en possède environ le tiers depuis la Méditerranée jusqu'à l'équateur; elle a aussi Madagascar.

L'*Angleterre* y a aussi d'immenses possessions, surtout dans l'Afrique australe, depuis le Cap jusqu'aux sources du Congo : régions de prairies où l'on élève des moutons, des chevaux, des autruches, et riches en mines d'or et de *diamant* au Transvaal.

La *Belgique* a l'État du Congo; le *Portugal*, l'Angola et le Mozambique; l'*Italie*, la Tripolitaine et une partie de la côte des Somalis.

Il reste en Afrique peu d'États indépendants : la république de *Libéria*, l'*Éthiopie*, l'*Égypte*. L'Afrique australe anglaise se gouverne elle-même sous le nom d'*Union sud-africaine*.

47. L'Amérique physique.

Le grand cañon du Colorado profondément découpé dans un plateau de l'Arizona.

L'Amérique a une superficie totale de 40 millions de kilomètres carrés : celle de l'Asie. Elle a des *terrains anciens* à l'est (plateaux du *Labrador*, *Apalaches*, plateau du *Brésil*) et à l'ouest des montagnes dressées à l'époque des *dislocations tertiaires* (Montagnes Rocheuses; Cordillère des Andes, où l'Aconcagua atteint 7 000 mètres).

L'Amérique a, comme l'Afrique, *toutes les zones du climat* : *zone équatoriale* (bassin de l'Amazone) ; *zones tropicales* (Brésil du sud et Amérique centrale) ; *zones tempérées* (pampa et savane de l'Argentine; savanes et prairies des États-Unis) ; au nord une *zone polaire* de l'Alaska au Groenland.

Le plus puissant fleuve de l'Amérique est l'Amazone, dont le bassin situé dans la zone équatoriale reçoit d'immenses quantités d'eau : c'est « la mer d'eau douce » : il roule beaucoup d'alluvions. Les fleuves des régions tropicales sont, au sud, le Rio de la Plata; au nord le Mississipi. Le Saint-Laurent, fleuve très court, est le déversoir d'une vaste chaîne de lacs (lacs Supérieur, Michigan, Huron, Érié, Ontario).

48. Les États de l'Amérique du Nord.

L'Amérique du Nord se partage entre le CANADA, Dominion anglais, capitale *Ottawa*; les ÉTATS-UNIS, capitale *Washington*; le MEXIQUE, capitale *Mexico*.

Les régions les plus importantes du Canada sont à l'ouest : celle du *Saint-Laurent*, où l'on parle français et qui a des ressources agricoles (blé et élevage) ; celle des Grands Lacs, de langue anglaise et surtout industrielle, et dont la principale ville est *Toronto*. A l'ouest s'étendent de riches terres à *blé* et des *forêts* de sapins.

Les ÉTATS-UNIS (120 millions d'habitants) comprennent aussi trois grandes régions : l'est est une des régions industrielles les plus actives du monde, avec sa *houille*, son *fer*, son *cuivre*, son *pétrole*; à *Philadelphie*, à *Baltimore*, à *Pittsburg*, à *Cleveland*, d'immenses usines produisent des draperies, cotonnades, soieries, machines; NEW-YORK a 5 millions d'habitants. La région centrale est surtout agricole : blé, élevage au nord ; et, plus au sud, maïs, tabac, canne à sucre, coton. La région des *montagnes Rocheuses* est minière (cuivre, or).

Le MEXIQUE, grand plateau, se prête à l'*élevage* des bœufs et des chevaux; il a des mines d'*argent* et des forêts de *bois précieux*.

Abatage d'un sequoia en Californie: la taille des travailleurs en donne les dimensions.

49. Les États de l'Amérique du Sud.

Les populations de l'Amérique centrale et de l'Amérique du Sud sont surtout d'origine LATINE (française, portugaise, espagnole).

La MER DES ANTILLES est en quelque sorte la *Méditerranée américaine*; elle baigne les États de l'Amérique centrale, les *Grandes* et les *Petites Antilles*, les *Guyanes*, la COLOMBIE et le VENEZUELA. Ces pays sont riches en *bois précieux*, *canne à sucre*, *tabac*, *épices*, *café*, *cacao*.

A la région équatoriale appartiennent : la République de l'ÉQUATEUR (capitale Quito) ; le PÉROU (capitale Lima) où sont exploitées des mines d'argent. Le BRÉSIL, le plus grand État de l'Amérique du Sud, riche de ses mines (diamant, or, fer) et de ses cultures (*tabac*, *canne à sucre*, CAFÉ surtout) ; il exploite aussi les bois *précieux* et le CAOUTCHOUC des forêts de l'Amazone. Sa capitale est RIO DE JANEIRO.

Dans la région tropicale, la RÉPUBLIQUE ARGENTINE (capitale BUENOS-AYRES) a des mines de cuivre, de fer, de plomb, de grandes terres d'*élevage* (bœufs et moutons) dans la *pampa*, qui peu à peu deviennent des *terres à blé*. Le CHILI (capitale *Santiago*) a du cuivre en abondance. L'URUGUAY (capitale *Montevideo*) et le PARAGUAY (capitale *Assomption*) ont moins d'importance.

La récolte du caoutchouc au Brésil, par incisions faites dans le tronc des arbres.

50. La situation économique du monde.

L'activité économique des diverses régions du monde dépend de la *nature du sol*, du *climat* et du *travail de l'homme*.

Pour l'agriculture, le *climat tempéré* correspond aux pays du BLÉ, qui ont aussi la vigne, la betterave à sucre, la pomme de terre et pratiquent l'élevage. Le *climat tropical* correspond aux pays du RIZ, du thé, du café et de la canne à sucre.

Pour l'industrie, le *lin*, le *chanvre*, la *laine*, la *soie*, le *coton*, les *bois* dépendent du climat. Les minerais, métaux précieux, *houille*, *fer*, *pétrole* dépendent de la nature du sol, et la *force motrice électrique* dépend du relief.

Les hommes se sont groupés d'abord selon les ressources alimentaires, donc dans les pays à céréales et à fruits. Aujourd'hui, ils se groupent selon l'activité industrielle. C'est pourquoi la population humaine est encore et sera toujours très inégalement répartie. Ainsi, il y a en Afrique et en Amérique des pays neufs qui pourraient être beaucoup plus peuplés.

Les *voies de communication* rapprochent les hommes et les produits et répandent la vie et l'activité tout autour du globe.

Monument élevé à Berne pour symboliser l'union postale universelle.

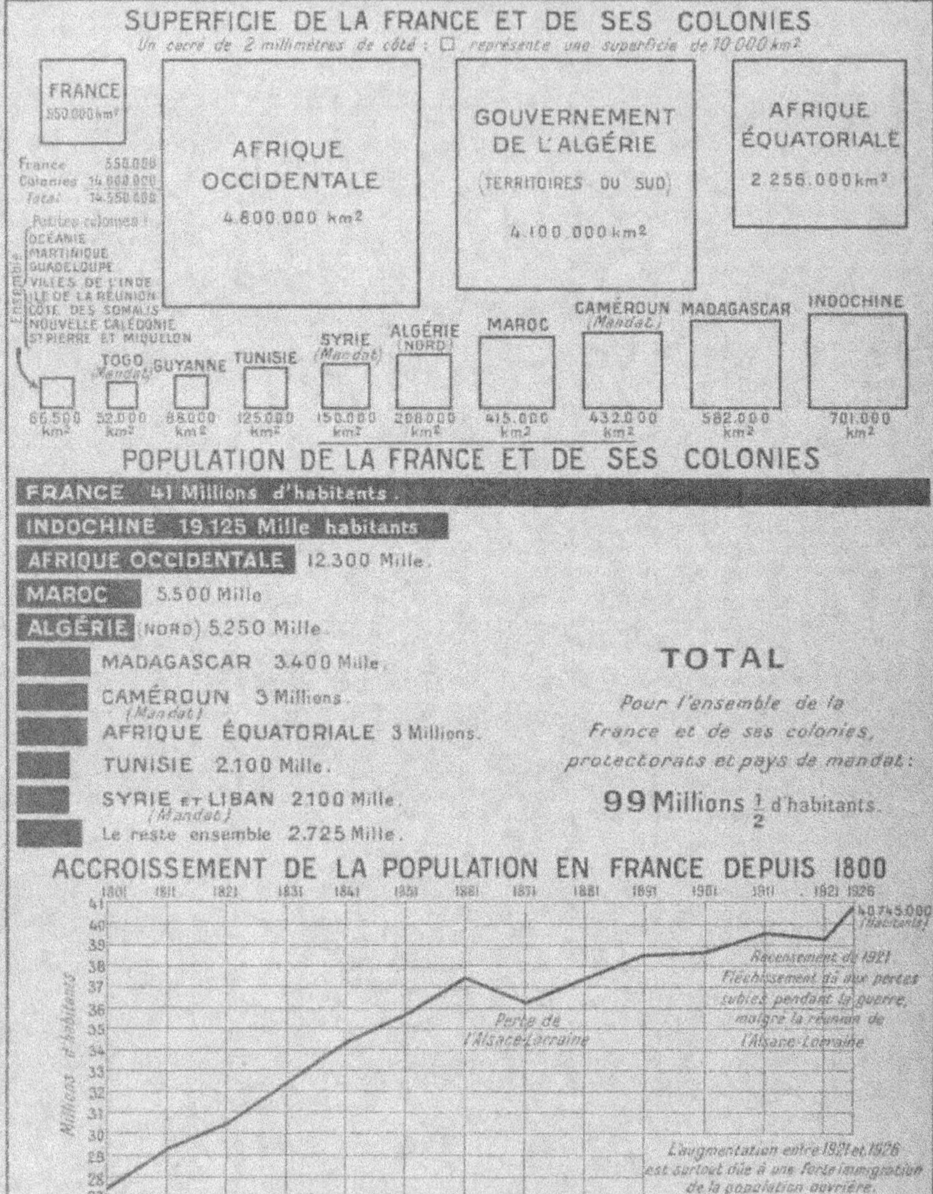
SUPERFICIE DE LA FRANCE ET DE SES COLONIES
Un carré de 2 millimètres de côté : ☐ représente une superficie de 10.000 km²
FRANCE
550.000 km²
France   550.000
Colonies 14.000.000
Total   14.550.000
Petites colonies :
OCÉANIE
MARTINIQUE
GUADELOUPE
VILLES DE L'INDE
ILE DE LA RÉUNION
CÔTE DES SOMALIS
NOUVELLE CALÉDONIE
St PIERRE ET MIQUELON
AFRIQUE OCCIDENTALE
4.800.000 km²
GOUVERNEMENT DE L'ALGÉRIE
(TERRITOIRES DU SUD)
4.100.000 km²
AFRIQUE ÉQUATORIALE
2.256.000 km²
TOGO (Mandat)
66.500 km²
GUYANNE
52.000 km²
TUNISIE
88.000 km²
SYRIE (Mandat)
125.000 km²
ALGÉRIE (NORD)
150.000 km²
MAROC
208.000 km²
CAMÉROUN (Mandat)
415.000 km²
MADAGASCAR
432.000 km²
INDOCHINE
582.000 km²
701.000 km²

POPULATION DE LA FRANCE ET DE SES COLONIES
FRANCE   41 Millions d'habitants.
INDOCHINE   19.125 Mille habitants
AFRIQUE OCCIDENTALE   12.300 Mille.
MAROC   5.500 Mille
ALGÉRIE (NORD) 5.250 Mille.
MADAGASCAR   3.400 Mille.
CAMÉROUN   3 Millions. (Mandat)
AFRIQUE ÉQUATORIALE 3 Millions.
TUNISIE   2.100 Mille.
SYRIE ET LIBAN   2100 Mille. (Mandat)
Le reste ensemble 2.725 Mille.
TOTAL
Pour l'ensemble de la France et de ses colonies, protectorats et pays de mandat :
99 Millions ½ d'habitants.

ACCROISSEMENT DE LA POPULATION EN FRANCE DEPUIS 1800
1801 1811 1821 1831 1841 1851 1861 1871 1881 1891 1901 1911 1921 1926
41
40   40.745.000 (Habitants)
39
38
37
36
35
34
33
32
31
30
29
28
27
Millions d'habitants
Perte de l'Alsace-Lorraine
Recensement de 1921
Fléchissement dû aux pertes subies pendant la guerre, malgré la réunion de l'Alsace-Lorraine
L'augmentation entre 1921 et 1926 est surtout due à une forte immigration de la population ouvrière.

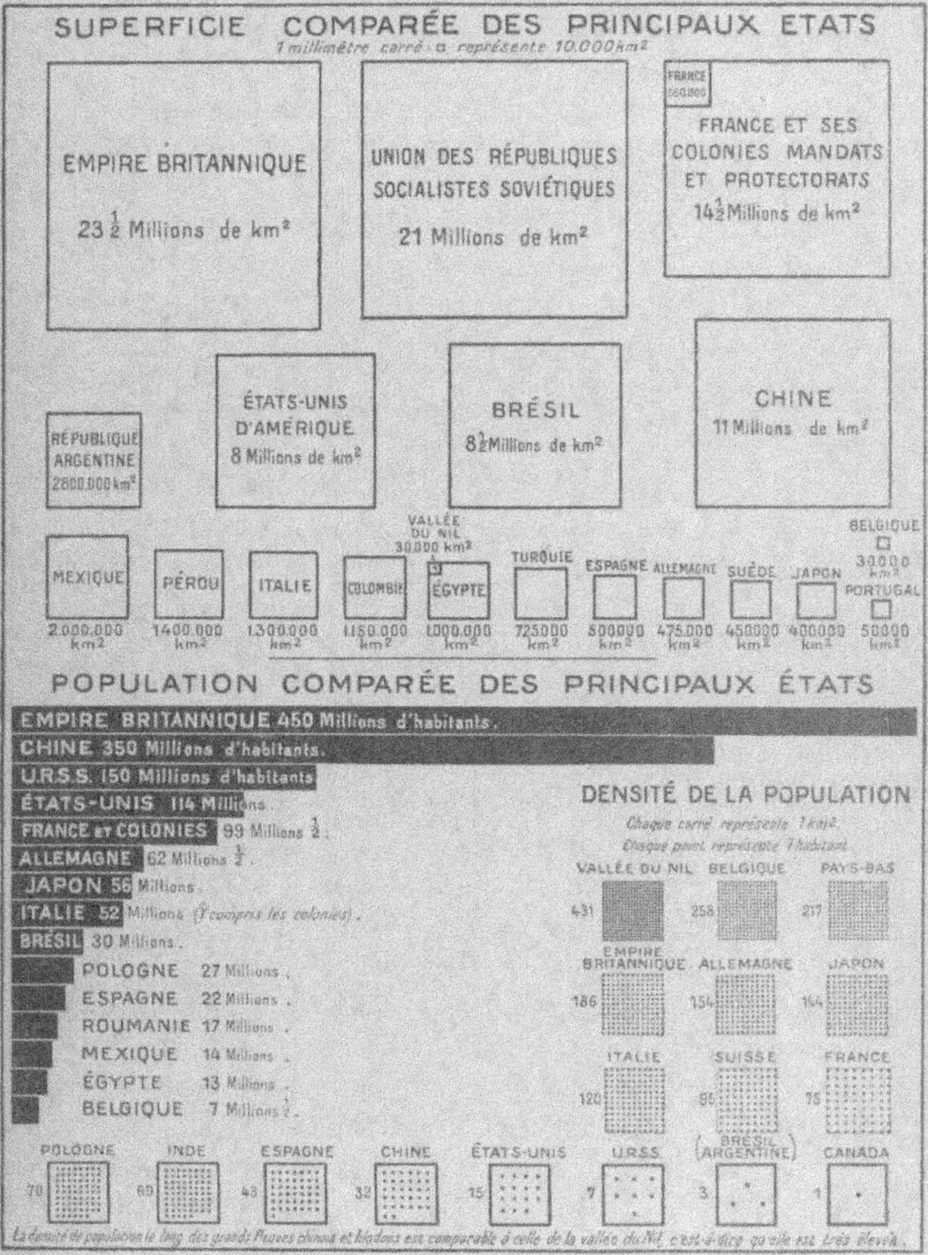

SUPERFICIE COMPARÉE DES PRINCIPAUX ÉTATS

1 millimètre carré a représenté 10.000 km²

EMPIRE BRITANNIQUE

$23\frac{1}{2}$ Millions de km²

UNION DES RÉPUBLIQUES SOCIALISTES SOVIÉTIQUES

21 Millions de km²

FRANCE 550.000

FRANCE ET SES COLONIES MANDATS ET PROTECTORATS

$14\frac{1}{2}$ Millions de km²

RÉPUBLIQUE ARGENTINE 2.800.000 km²

ÉTATS-UNIS D'AMÉRIQUE

8 Millions de km²

BRÉSIL

$8\frac{1}{2}$ Millions de km²

CHINE

11 Millions de km²

VALLÉE DU NIL 30.000 km²

MEXIQUE
2.000.000 km²

PÉROU
1.400.000 km²

ITALIE
1.300.000 km²

COLOMBIE
1.150.000 km²

ÉGYPTE
1.000.000 km²

TURQUIE
725.000 km²

ESPAGNE
500.000 km²

ALLEMAGNE
475.000 km²

SUÈDE
450.000 km²

JAPON
400.000 km²

BELGIQUE
30.000 km²

PORTUGAL
50.000 km²

POPULATION COMPARÉE DES PRINCIPAUX ÉTATS

EMPIRE BRITANNIQUE 450 Millions d'habitants.

CHINE 350 Millions d'habitants.

U.R.S.S. 150 Millions d'habitants

ÉTATS-UNIS 114 Millions.

FRANCE et COLONIES 99 Millions $\frac{1}{2}$.

ALLEMAGNE 62 Millions $\frac{1}{2}$.

JAPON 56 Millions.

ITALIE 52 Millions (Y compris les colonies).

BRÉSIL 30 Millions.

POLOGNE 27 Millions.

ESPAGNE 22 Millions.

ROUMANIE 17 Millions.

MEXIQUE 14 Millions.

ÉGYPTE 13 Millions.

BELGIQUE 7 Millions $\frac{1}{2}$.

DENSITÉ DE LA POPULATION

Chaque carré représente 1 kilo².

Chaque point représente 1 habitant.

VALLÉE DU NIL	BELGIQUE	PAYS-BAS
431	258	217
EMPIRE BRITANNIQUE	ALLEMAGNE	JAPON
186	154	144
ITALIE	SUISSE	FRANCE
120	95	75

POLOGNE	INDE	ESPAGNE	CHINE	ÉTATS-UNIS	U.R.S.S.	(BRÉSIL ARGENTINE)	CANADA
70	65	43	32	15	7	3	1

La densité de population le long des grands Fleuves chinois et hindous est comparable à celle de la vallée du Nil, c'est-à-dire qu'elle est très élevée.

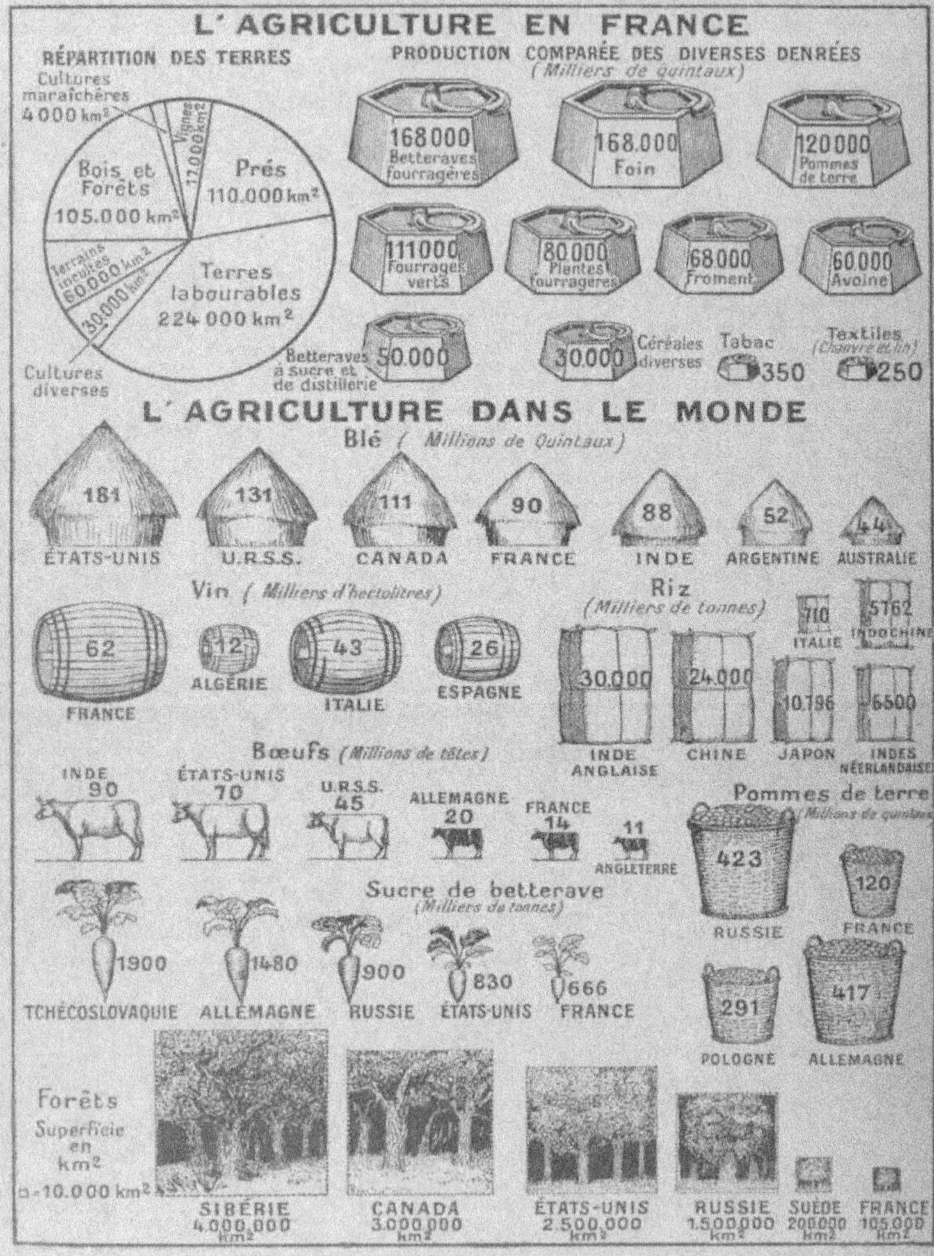

L'AGRICULTURE EN FRANCE
RÉPARTITION DES TERRES
PRODUCTION COMPARÉE DES DIVERSES DENRÉES
(Milliers de quintaux)
Cultures maraîchères 4000 km²
Vignes 17.000 km²
Bois et Forêts 105.000 km²
Prés 110.000 km²
Terrains incultes 60.000 km²
30.000 km²
Terres labourables 224.000 km²
Cultures diverses
168.000 Betteraves fourragères
168.000 Foin
120.000 Pommes de terre
111.000 Fourrages verts
80.000 Plantes fourragères
68.000 Froment
60.000 Avoine
50.000 Betteraves à sucre et de distillerie
30.000 Céréales diverses
Tabac 350
Textiles (Chanvre et lin) 250

L'AGRICULTURE DANS LE MONDE
Blé (Millions de Quintaux)
181 ÉTATS-UNIS
131 U.R.S.S.
111 CANADA
90 FRANCE
88 INDE
52 ARGENTINE
44 AUSTRALIE

Vin (Milliers d'hectolitres)
62 FRANCE
12 ALGÉRIE
43 ITALIE
26 ESPAGNE

Riz (Milliers de tonnes)
30.000 INDE ANGLAISE
24.000 CHINE
710 ITALIE
5162 INDOCHINE
10.796 JAPON
6500 INDES NÉERLANDAISES

Bœufs (Millions de têtes)
INDE 90
ÉTATS-UNIS 70
U.R.S.S. 45
ALLEMAGNE 20
FRANCE 14
11 ANGLETERRE

Pommes de terre
(Millions de quintaux)
423 RUSSIE
120 FRANCE
291 POLOGNE
417 ALLEMAGNE

Sucre de betterave
(Milliers de tonnes)
1900 TCHÉCOSLOVAQUIE
1480 ALLEMAGNE
900 RUSSIE
830 ÉTATS-UNIS
666 FRANCE

Forêts
Superficie en km²
= 10.000 km²
SIBÉRIE 4.000.000 km²
CANADA 3.000.000 km²
ÉTATS-UNIS 2.500.000 km²
RUSSIE 1.500.000 km²
SUÈDE 200.000 km²
FRANCE 105.000 km²

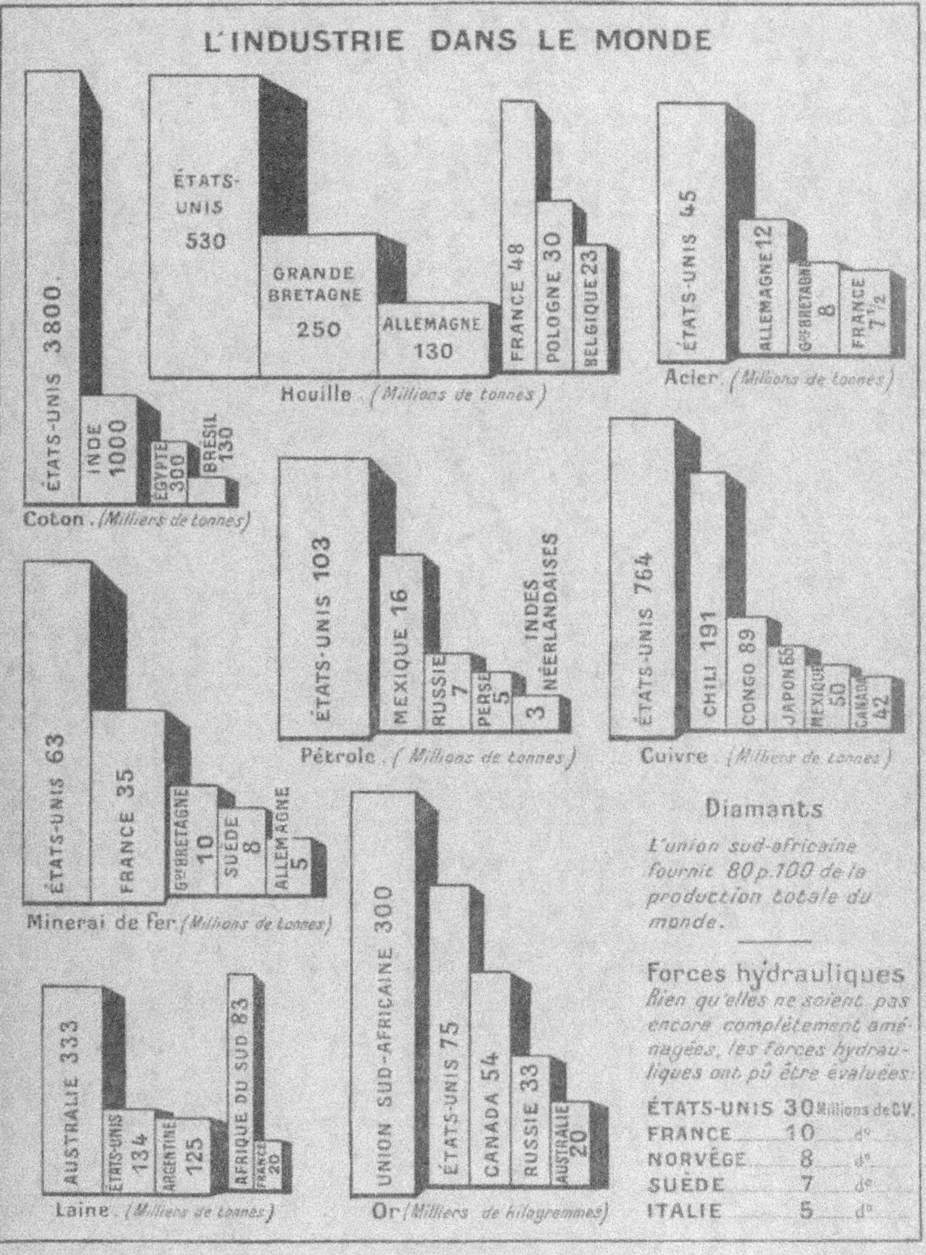

L'INDUSTRIE DANS LE MONDE
ÉTATS-UNIS 530
GRANDE BRETAGNE 250
ALLEMAGNE 130
FRANCE 48
POLOGNE 30
BELGIQUE 23
Houille (Millions de tonnes)
ÉTATS-UNIS 45
ALLEMAGNE 12
Gde BRETAGNE 8
FRANCE 7 ½
Acier (Millions de tonnes)
ÉTATS-UNIS 3800
INDE 1000
ÉGYPTE 300
BRÉSIL 130
Coton (Milliers de tonnes)
ÉTATS-UNIS 103
MEXIQUE 16
RUSSIE 7
PERSE 5
INDES NÉERLANDAISES 3
Pétrole (Millions de tonnes)
ÉTATS-UNIS 764
CHILI 191
CONGO 89
JAPON 55
MEXIQUE 50
CANADA 42
Cuivre (Milliers de tonnes)
ÉTATS-UNIS 63
FRANCE 35
Gde BRETAGNE 10
SUÈDE 8
ALLEMAGNE 5
Minerai de fer (Millions de tonnes)
AUSTRALIE 333
ÉTATS-UNIS 134
ARGENTINE 125
AFRIQUE DU SUD 83
FRANCE 20
Laine (Milliers de tonnes)
UNION SUD-AFRICAINE 300
ÉTATS-UNIS 75
CANADA 54
RUSSIE 33
AUSTRALIE 20
Or (Milliers de kilogrammes)
Diamants
L'union sud-africaine fournit 80 p.100 de la production totale du monde.
Forces hydrauliques
Bien qu'elles ne soient pas encore complètement aménagées, les forces hydrauliques ont pu être évaluées:
ÉTATS-UNIS 30 Millions de CV.
FRANCE 10 do
NORVÈGE 8 do
SUÈDE 7 do
ITALIE 5 do

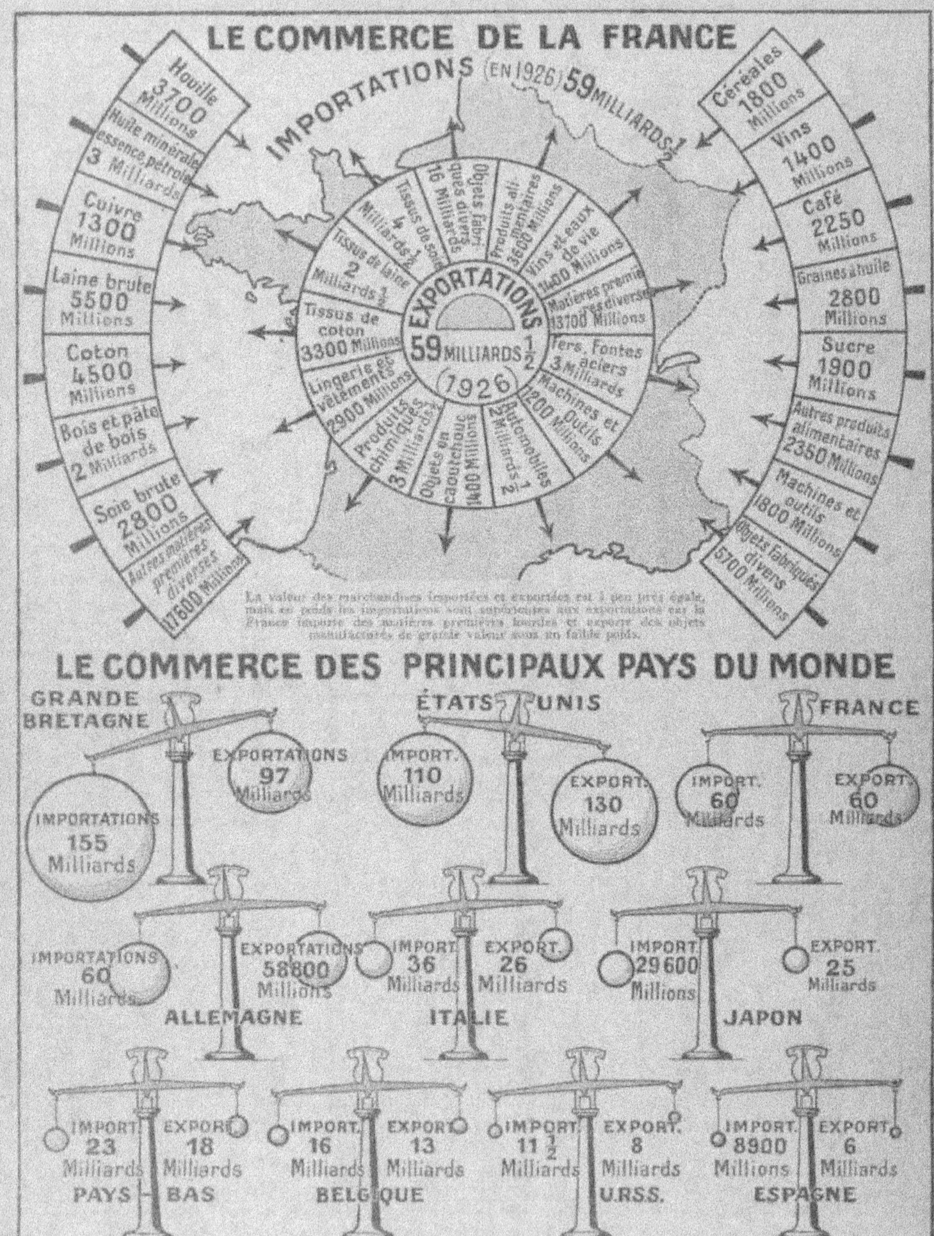

La valeur des marchandises importées et exportées est à peu près égale, mais en poids les importations sont supérieures aux exportations car la France importe des matières premières lourdes et exporte des objets manufacturés de grande valeur sous un faible poids.

LES VOIES DE COMMUNICATION EN FRANCE ET DANS LE MONDE

LONGUEUR COMPARÉE DES VOIES FERRÉES

ÉTATS-UNIS 415 000 km.

RUSSIE 73 000 km. — CANADA 64 900 km.

ALLEMAGNE 55 600 km. — FRANCE 41 800 km. — ANGLETERRE 31 500 km.

ÉTATS-UNIS 415 000 km.

ITALIE 20 700 km. — POLOGNE 19 600 km — ESPAGNE 16 000 km — JAPON 15 700 km — TCHÉCOSLOVAQUIE 13 700 km.

PRINCIPAUX PORTS DU MONDE

D'APRÈS LE TONNAGE DES NAVIRES ENTRÉS (*Milliers de tonnes*)

ANVERS 40.000 — HONG-KONG 40.000 — LONDRES 34.000 — HAMBOURG 33.000

SINGAPOUR 32.000 — NEW-YORK 30.000 — LIVERPOOL 25.000 — MARSEILLE 18.000 — ROTTERDAM 16.000 — GÊNES 9.000

PRINCIPAUX PORTS FRANÇAIS

CLASSÉS D'APRÈS LE TONNAGE DES MARCHANDISES MANUTENTIONNÉES (*Milliers de tonnes*)

MARSEILLE 7400 — ROUEN 6900 — LE HAVRE 4800 — BORDEAUX 4600 — DUNKERQUE 3800

NANTES 2000 — CAEN 1600 — St NAZAIRE 1200

Viennent ensuite: Boulogne, Cette, La Rochelle, Calais et Cherbourg. Ce dernier port viendrait en tête comme premier port de France si l'on considérait l'importance du tonnage des navires entrés et sortis en raison des escales des grands paquebots étrangers

LES VOIES DE COMMUNICATION EN FRANCE

CHEMINS DE FER 41 800 km. (*Un peu plus que le tour de la Terre*)

ROUTES NATIONALES 39 300 km. (*L'ensemble du réseau routier est 15 fois plus étendu*)

Fleuves et rivières 6 780 km. — Canaux 5250 km²

LES VOIES DE COMMUNICATION DANS LE MONDE

Câbles sous-marins 450 000 km. (*Plus de 10 fois le tour de la terre*)

Canal de Suez (1926)
4900 *Navires transportant*
26 *Millions de tonnes de marchandises*

Canal de Panama (1926)
5197 *Navires transportant*
26 *Millions de tonnes de marchandises*

Lignes télégraphiques (*km*)

ÉTATS-UNIS	435 000
RUSSIE	242 000
ALLEMAGNE	217 000
FRANCE	177 000
ANGLETERRE	111 000

Lignes téléphoniques (*Longueurs des fils om km*)

ÉTATS-UNIS	26 Millions
ALLEMAGNE	5 d°
ANGLETERRE	2 d°
FRANCE	1 Million

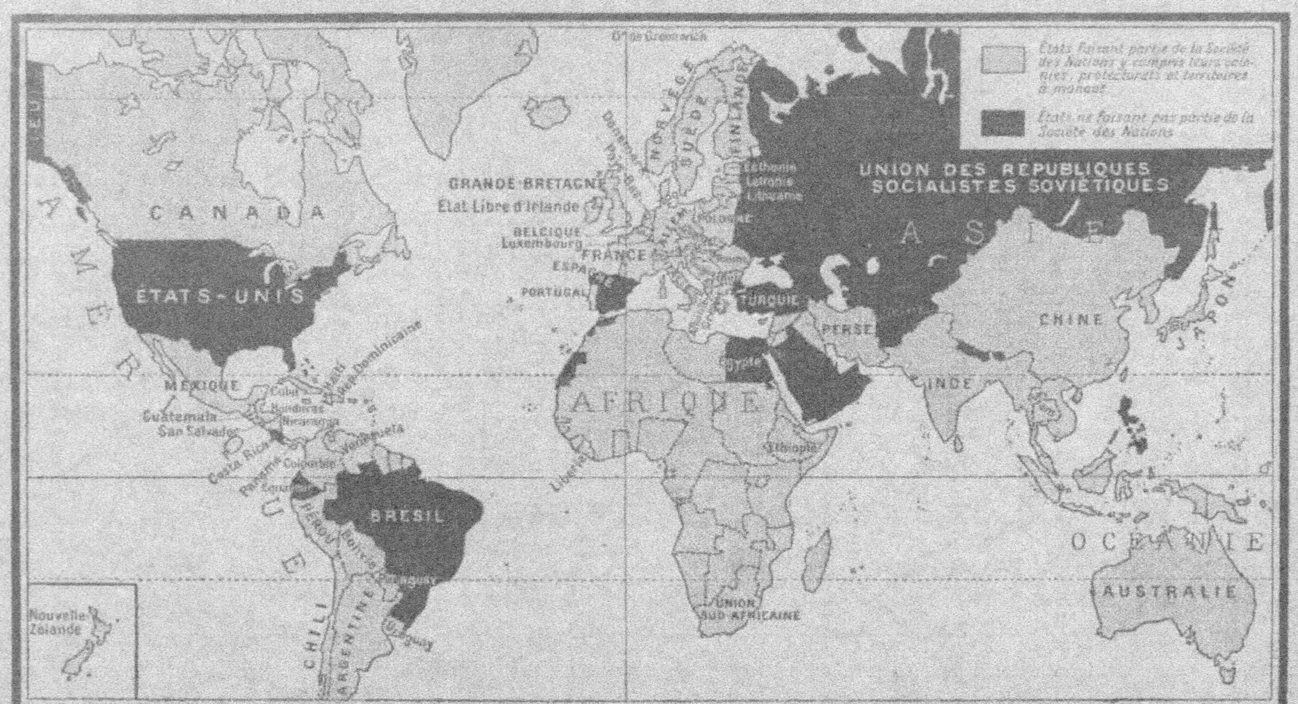

LA SOCIÉTÉ DES NATIONS. — La Société des Nations est une association d'États qui se sont engagés à respecter mutuellement leur territoire et leur indépendance et à les maintenir contre toute agression extérieure. Les États, qui en font partie, s'engagent à soumettre toutes les difficultés, qui pourraient amener une guerre entre eux, à des arbitres ou au Conseil de la Société des Nations. Si un membre de la Société recourt à la guerre malgré les engagements pris, tous les autres membres de la Société rompent avec lui les relations commerciales et financières. Le Conseil de la Société des Nations, en cas d'agression ou de danger d'agression menaçant un des membres de la Société, est chargé de rechercher tous les moyens propres à sauvegarder la paix.

La carte ci-dessus montre l'extension de la Société des Nations en 1928. On y voit figurer les cinquante-deux États qui font partie de cette Société. Les États qui n'en font pas partie sont le Brésil, le Costa-Rica, l'Égypte, l'Espagne, les États-Unis, l'Équateur, le Saint-Siège, la Turquie, l'Union des Républiques soviétiques socialistes. En Asie, en Afrique, en Océanie, de vastes territoires et de nombreuses populations, notamment les anciennes colonies de l'Empire allemand, sont gouvernés, en vertu d'un système de mandats confiés à certaines puissances au nom de la Société et sous son contrôle.

La Société s'occupe encore, par l'intermédiaire du Bureau International du Travail (v. la gravure p. 115), de préparer les règlements relatifs au travail, pour améliorer le sort des travailleurs dans les différents pays. Enfin elle étudie des questions intéressant le monde entier, telles que : la réduction des armements, la protection de l'enfance, le rapatriement des prisonniers de guerre ou des réfugiés.

PAGES	CARTES	LEÇONS	LECTURES	GRAVURES

PREMIÈRE PARTIE : GÉOGRAPHIE GÉNÉRALE.

PAGES	CARTES	LEÇONS	LECTURES	GRAVURES
4-5	La connaissance de la Terre avant Colomb.	1. La connaissance de la Terre avant Colomb.	Un grand géographe de l'antiquité : Ptolémée (P. CAMENA D'ALMEIDA).	Une galère des premiers temps de la Grèce. Un bâtiment des pirates normands.
6-7	Extension des connaissances géographiques après Colomb.	2. La connaissance de la Terre depuis Colomb.	Les derniers voyages de Colomb (P. CAMENA D'ALMEIDA). Vers le pôle (Fridtjof NANSEN).	Une caravelle du temps de Christophe Colomb. Le Norge, grand ballon dirigeable.
8-9	Les jours et les saisons.	3. La Terre dans l'espace.	A 72 000 kilomètres à l'heure (Camille FLAMMARION).	Le soleil de minuit. Le soleil à l'équinoxe dans la région équatoriale.
10-11	Les formes continentales avant les dislocations de l'époque tertiaire.	4. La formation de l'écorce terrestre.	Les volcans (Albert DAUZAT).	Reconstitution d'une forêt de fougères géantes.
12-13	Le relief terrestre.	5. Le relief terrestre.	La formation des montagnes (Albert DAUZAT).	Les grands glaciers de l'Himalaya.
14-15	Profondeur des mers et grands courants marins.	6. Les océans.	Le Gulf-Stream (Dr L. JOUBIN).	Le phare de Bell Rock en Écosse.
16-17	Répartition des températures moyennes et des pluies.	7. Les climats.	La neige et l'avalanche (Albert DAUZAT).	Paysage de climat froid. Influence des vents sur la forme des arbres.
18-19	Vallées glaciaires, fiords, deltas et plissements.	8. Les eaux courantes. Les côtes.	Les sources d'une rivière (Onésime RECLUS).	Terrains d'alluvions au bord du Nil. Polders de Hollande.
20-21	Répartition des principales espèces végétales et animales.	9. La flore et la faune.	La grande forêt équatoriale (Henri STANLEY).	Plantation de bananiers dans l'Amérique centrale. Dans l'Afrique du Sud, paysage de savanes.
22-23	Répartition des principales races humaines dans le monde.	10. Le peuplement humain.	Le peuplement d'une grande ville (Jean BRUNHES).	Un bateau d'émigrants.
24-25	Principaux produits agricoles et industriels du monde.	11. Exploitation de la nature.	Forces motrices (Charles GIDE).	Une cueilleuse électrique de coton. Une exploitation houillère en Angleterre.
26-27	La circulation des marchandises par terre et par mer.	12. Le commerce.	Grandes cités modernes (Émile VERHAEREN).	Le port de Hambourg. Train électrique de la Compagnie d'Orléans.
28-31	RÉSUMÉS DE LA GÉOGRAPHIE GÉNÉRALE. — *Gravures :* Une ancienne carte de la Terre; Un marin faisant le point; La Terre au solstice d'hiver; Couche de terrains plissés; Une montagne à neiges éternelles; Matelot filant une ligne de sonde; Lancement d'un ballon sonde; Blocs de rochers entraînés par les eaux; Un baobab géant dans l'Afrique centrale; Un crâne humain fossile; Puits de pétrole en Californie; Une grande gare de marchandises aux États-Unis.			

DEUXIÈME PARTIE : LA FRANCE ET SES COLONIES (Revision).

PAGES	CARTES	LEÇONS	LECTURES	GRAVURES
32-33	Carte géologique de la France.	13. Géologie et relief du sol français.	Beautés nationales du sol français (Jean BRUNHES).	La presqu'île de Crozon en Bretagne. Montpellier-le-Vieux dans les Causses.
34-35	Relief et hydrographie de la France.	14. Les eaux françaises.	Les lacs français (André DELEBECQUE).	Les gorges du Tarn. Le confluent de la Saône et du Rhône.
36-37	La France divisée par départements et anciennes provinces.	15. Géographie politique de la France.	Le paysan français (VIDAL DE LA BLACHE).	Une poissonnière. Un cimetière militaire du front.
38-39	Le Massif central.	16. Le Massif central.		Le lac Chambon dans le Puy-de-Dôme. Vieux pont sur la Vienne à Limoges.

PAGES	CARTES	LEÇONS	LECTURES	GRAVURES
40-41	Le pourtour du Bassin parisien.	17. Le Bassin parisien : son cadre.		Falaises de schiste à Granville. Les Dames de Meuse, près de Givet.
42-43	Le Bassin parisien.	18. Le Bassin parisien : son centre.	D'un village de mariniers à la capitale de la France (O. Reclus).	La moisson en Beauce. Un vignoble en Champagne.
44-45	Le Bassin aquitain.	19. Le Bassin aquitain.	Les vins de Bordeaux (Victor Cambon).	Le port de Bordeaux. La grande dune d'Arcachon.
46-47	Le couloir Saône-et-Rhône.	20. Le couloir Saône-et-Rhône.	Les chênes-lièges (Victor Cambon).	Un mas, ou ferme provençale. Une péniche sur le Rhône.
48-49	Les chemins de fer français.	21. Les voies de communication en France.	Les foires et les routes (Jean Brunhes).	Voiture motrice électrique. Une cabine d'avion.
50-51	Le domaine colonial français en Afrique.	22. Les colonies françaises en Afrique.	Une traversée du Sahara en automobile (Charles Géniaux).	Vue d'Alger. L'automobile Delingette en Afrique.
52-53	Madagascar, l'Indochine et les petites colonies françaises.	23. Madagascar, l'Indochine et les autres colonies.	Climat et végétation de Madagascar (E. Reclus).	Vue générale de Tananarive. Une plantation de caoutchouc en Cochinchine.
54-55	Productions minières et agricoles de la France et de ses colonies.	24. Ressources de la France et de ses colonies.	La mise en valeur des colonies.	La récolte des arachides. Charbonnages à Hongay (Indochine).
56-59	RÉSUMÉS DE LA GÉOGRAPHIE DE LA FRANCE ET DE SES COLONIES. — *Gravures :* Colonnes basaltiques dans le Massif central ; Le confluent de la Loire et de l'Allier ; La place de la Concorde à Paris ; Le puy de Dôme ; Une vieille ville bretonne ; La mare de Franchard dans la forêt de Fontainebleau ; Pont sur le Lot à Cahors ; L'église Notre-Dame de la Garde à Marseille ; Le tunnel du Rove ; Une rue du vieil Alger ; Pagode royale à Pnom-Penh ; Un champ de céréales.			

TROISIÈME PARTIE : L'EUROPE.

PAGES	CARTES	LEÇONS	LECTURES	GRAVURES
60-61	L'Europe physique.	25. L'Europe physique.		Le Cervin, l'un des plus hauts sommets des Alpes.
62-63	L'Europe : eaux, climats, zones de végétation.	26. L'Europe : climats, eaux et zones de végétation.		Le confluent du Rhin et de la Nahe.
64-65	Les Îles Britanniques.	27. Les Îles Britanniques.	L'Empire britannique (Ed. Driault).	Lac ou loch Lomond en Écosse. Fours à coke en Angleterre.
66-67	La mer Baltique et les États qui la bordent.	28. La Scandinavie et la mer Baltique.	Fiords norvégiens (Charles Rabot).	Stockholm, « la Venise du Nord ». Le Sogne-fjord en Norvège.
68-69	La Suisse.	29. La Suisse.	L'activité de la Suisse (Gabriel Wernle).	Le grand glacier d'Aletsch. Berne, la capitale de la Suisse.
70-71	Europe centrale : Tchécoslovaquie, Autriche et Hongrie.	30. Tchécoslovaquie, Autriche et Hongrie.	La figure de la nouvelle Europe centrale (Louis Eisenmann).	Le Danube à Bratislava. La Karlplatz à Vienne.
72-73	L'Allemagne.	31. L'Allemagne.	Le Rhin dans la trouée de Bingen (V. Hugo).	Un château des Alpes Bavaroises. Dusseldorf, type de ville industrielle.
74-75	Les pays de la mer du Nord : Belgique et Hollande.	32. La Belgique et la Hollande.	Une visite au port d'Anvers (J. Izart).	Le canal de Bruges en Belgique. Le port de Rotterdam.
76-77	Péninsule Ibérique.	33. La péninsule Ibérique.	Différences entre les Espagnols (Angel Marvaud).	Le pont d'Alcantara sur le Tage. Une rue à Elche dans les huertas.
78-79	L'Italie.	34. L'Italie.	La culture des fleurs sur la Riviera italienne (L. Bonnefon-Craponne).	Monuments antiques à Rome. Les usines Fiat à Turin.
80-81	Péninsule des Balkans.	35. La péninsule des Balkans.	Les nœuds de la péninsule des Balkans (Jean Cvijic).	L'Athènes antique : l'Acropole. Constantinople : le pont de Galata.

Imp. Larousse, 1 à 9, rue d'Arcueil, Montrouge (Seine). — 4-43.

Imp. Lahure, 1 & 9, rue d'Assouil, Montrouge (Seine). — 4-23.